新能源汽车

底盘构造与检修

主　编　李缘忠　郑　坤　卢德胜

副主编　杨华明　李代斌　许明疆
　　　　黎艳妮

参　编　黄马仕　黄祖栋　罗　锋
　　　　谭庆妙　覃浩源　林　松
　　　　易坤仁　茹奕洪　李钦德
　　　　陈显鑫

中国教育出版传媒集团

高等教育出版社·北京

内容简介

　　本书是职业教育新能源汽车类专业新形态一体化教材，以全国职业院校技能大赛竞赛车型吉利帝豪 EV450 为参考，结合其他主流新能源车型典型的底盘技术，根据新能源汽车机电维修岗位需求，对接相关职业技能等级证书标准要求编写而成。本书共分为 6 个学习项目，包含新能源汽车底盘概述，车轮与轮胎的检查、诊断和维修，转向系统的检查、诊断和维修，悬架系统的检查、诊断和维修，制动系统的检查、诊断和维修，传动系统的检查、诊断和维修。

　　本书提供了丰富的教学资源，包括电子课件、微课视频等，微课视频可通过扫描书上的二维码在线学习，全部资源可通过智慧职教平台（www.icve.com.cn）上的"新能源汽车底盘构造与检修"在线课程进行学习，详见"智慧职教"服务指南。

　　本书适用于职业院校新能源汽车类专业学生学习新能源汽车底盘维护与保养、检测与维修相关知识和技能，也适用于新能源汽车行业从业人员学习参考。授课教师如需本书的教学课件等资源，可发送邮件至 gzjx@pub.hep.cn 获取。

图书在版编目（CIP）数据

　　新能源汽车底盘构造与检修 / 李缘忠，郑坤，卢德胜主编. ––北京：高等教育出版社，2023.11

　　ISBN 978–7–04–061146–5

　　Ⅰ. ①新⋯　Ⅱ. ①李⋯ ②郑⋯ ③卢⋯　Ⅲ. ①新能源－汽车－底盘－结构－高等职业教育－教材②新能源－汽车－底盘－检修－高等职业教育－教材　Ⅳ. ①U463.1②U472.41

　　中国国家版本馆CIP数据核字（2023）第174444号

XINNENGYUAN QICHE DIPAN GOUZAO YU JIANXIU

策划编辑	姚 远	责任编辑	姚 远	封面设计	赵 阳	版式设计	童 丹
责任绘图	黄云燕	责任校对	王 雨	责任印制	刁 毅		

出版发行	高等教育出版社	网　址	http://www.hep.edu.cn
社　址	北京市西城区德外大街 4 号		http://www.hep.com.cn
邮政编码	100120	网上订购	http://www.hepmall.com.cn
印　刷	中农印务有限公司		http://www.hepmall.com
开　本	787mm×1092mm 1/16		http://www.hepmall.cn
印　张	18.25		
字　数	430 千字	版　次	2023 年 11 月第 1 版
购书热线	010–58581118	印　次	2023 年 11 月第 1 次印刷
咨询电话	400–810–0598	定　价	49.80 元

本书如有缺页、倒页、脱页等质量问题，请到所购图书销售部门联系调换

物　料　号　61146–00

"智慧职教"服务指南

"智慧职教"（www.icve.com.cn）是由高等教育出版社建设和运营的职业教育数字教学资源共建共享平台和在线课程教学服务平台，与教材配套课程相关的部分包括资源库平台、职教云平台和 App 等。用户通过平台注册，登录即可使用该平台。

- 资源库平台：为学习者提供本教材配套课程及资源的浏览服务。

登录"智慧职教"平台，在首页搜索框中搜索"新能源汽车底盘构造与检修"，找到对应作者主持的课程，加入课程参加学习，即可浏览课程资源。

- 职教云平台：帮助任课教师对本教材配套课程进行引用、修改，再发布为个性化课程（SPOC）。

1. 登录职教云平台，在首页单击"新增课程"按钮，根据提示设置要构建的个性化课程的基本信息。

2. 进入课程编辑页面设置教学班级后，在"教学管理"的"教学设计"中"导入"教材配套课程，可根据教学需要进行修改，再发布为个性化课程。

- App：帮助任课教师和学生基于新构建的个性化课程开展线上线下混合式、智能化教与学。

1. 在应用市场搜索"智慧职教 icve" App，下载安装。

2. 登录 App，任课教师指导学生加入个性化课程，并利用 App 提供的各类功能，开展课前、课中、课后的教学互动，构建智慧课堂。

"智慧职教"使用帮助及常见问题解答请访问 help.icve.com.cn。

前　言

　　本书以贯彻落实习近平新时代中国特色社会主义思想、党的二十大精神为总遵循,将工匠精神、技能报国等思政元素有机融入本书内容,从而推动职业教育德技并修的人才培养体系建设,落实立德树人根本任务。

　　本书以新能源汽车售后服务典型工作任务过程为框架,从识别底盘部件,到底盘各大系统的常规检查保养,再到各系统的检测与维修,由典型工作任务即学习任务串联,内容由浅入深。每一个学习任务通过若干实施步骤展开,通过引导性问题给学习者提供真实工作的代入感,并将素养、知识、技能的塑造融合到任务实施步骤中,逻辑清晰、目标明确。同时,也便于教师组织和实施教学。

　　本书分为六个学习项目,每个学习项目下设多个学习任务,每个学习任务都是相对独立的一个工作任务,共计17个学习任务。每个学习任务都从新能源汽车底盘典型工作任务出发,以典型工作任务为载体、完成任务为中心,将新能源汽车底盘相关知识及各大系统检修技能和职业素养进行有机结合。选取任务载体时,根据任务需要明确学习要求;根据学习要求组织完成任务所需的理论知识和实践技能。因此,任务的内容是由任务需要构建的,坚持"够用、实用"原则。

　　本书以"岗课赛证"融通为核心,以项目任务为载体,以信息技术为手段,以多元化应用为场景,同时把思政教育元素融入全书的开发。本书内容充分融入新能源汽车机电维修岗位必需的职业能力,对接相关职业技能等级证书标准、历年新能源汽车检测与维修技能竞赛标准,并结合新能源汽车维护典型工作任务,有效体现"岗课赛证"融通。

　　本书由广西交通运输学校李缘忠、柳州铁道职业技术学院郑坤和广西交通运输学校卢德胜担任主编,由广西交通运输学校杨华明、李代斌和柳州铁道职业技术学院许明疆、黎艳妮担任副主编,广西交通运输学校黄马仕、黄祖栋、罗锋、谭庆妙、覃浩源,广西交通职业技术学院林松、广西理工职业技术学校易坤仁、广西兴之创汽车技术有限公司茹奕洪、广西汽车集团有限公司李钦德、陈显鑫参与编写。

　　由于编者水平有限,书中难免有不妥及疏漏之处,竭诚欢迎读者和业内专家批评指正。

编者

2023 年 7 月

目　录

项目一 ▶▶▶

新能源汽车底盘概述

▶ 项目描述

　　底盘作为汽车的重要部位,其稳定性关乎新能源汽车的安全运行。从新能源汽车的设计结构来看,电池大多放置在底盘上,故在底盘设计上需重点考虑电池放置安全问题。例如,车辆长期处于潮湿环境中会导致底盘零部件滋生锈蚀,影响强度及刚度,进而缩短汽车使用寿命。

　　新能源汽车底盘大多沿用了传统汽车底盘结构,本项目学习新能源汽车底盘基础知识、结构分类及检修方法。本项目包含以下两个工作任务。

　　任务一:掌握新能源汽车底盘基础知识。

　　任务二:识别新能源汽车底盘系统布局与特征。

　　通过完成以上 2 个工作任务,能够正确地描述新能源汽车底盘的结构及分类,掌握新能源汽车底盘检修方法。

任务一 掌握新能源汽车底盘基础知识

一、任务描述

某品牌新能源汽车行驶中通过一段不平路面时,汽车底盘与地面发生磕碰。车主对电动汽车底盘结构不够了解,担心底盘系统零部件会出现问题,将汽车送往维修店。根据该车的故障现象,制订一份具体的新能源汽车底盘系统检查方案,并在检查过程中向车主解释新能源汽车底盘构造。

二、任务目标

实施步骤	素养目标	知识目标	技能目标
识别汽车底盘组成	良好的沟通表达和社交礼仪	熟悉汽车底盘的组成	掌握底盘基本检查方法
掌握新能源汽车底盘基础知识		描述汽车底盘的基础知识	

三、实施步骤

(一)识别汽车底盘组成

 技能实践

学院		专业	
姓名		学号	
小组成员		组长姓名	

一、任务描述	成绩:

电动汽车及混合动力汽车需要定期检查与维护,以排除安全及故障隐患,确保汽车工作在良好的状态下。汽车底盘更需要定期检查,确保其工作可靠。并学习如何制订汽车底盘保养维护计划

二、知识要点	成绩:

(1)传统汽车的底盘系统由_____、_____、_____和_____四部分组成。

(2)传动系统一般由_____、_____、_____、_____、_____和_____等组成。

续表

（3）行驶系统由汽车的_____、_____、_____和_____等组成。

（4）转向系统由_____、_____、_____和_____等构成。

（5）制动系统由_____、_____和_____等组成。

（6）电动汽车的底盘与传统汽车底盘的构成和作用基本一样，也是由_____、_____、_____和_____组成的。

（7）由于电动汽车没有了传统的燃油发动机，因此在传动系统上与传统汽车有了较大区别，没有了_____、_____和_____，只有驱动电机、_____、_____和_____，结构大为简化。

（8）简述悬架系统的作用。

（9）观察思考如何排放和加注驱动桥油。

（10）简述底盘检查的项目。

三、任务计划	成绩：

（1）制订计划。

根据电动汽车及混合电动汽车底盘保养，制订电动汽车及混合动力汽车底盘保养作业计划

电动汽车及混合动力汽车底盘保养作业计划		
序号	作业项目	操作要点
1	识别悬架系统	
2	识别减速器	
3	识别驱动桥	
4	识别传动轴	
5	识别制动系统	
6	识别转向系统	
计划审核	审核意见： 　　　　　　　　　　　　　　　　年　月　日 签字：	

续表

（2）根据任务计划完成小组分工。

主要操作人员		记录人员	
协助操作人员		审核人员	

（3）填写需要的仪器设备、工具、耗材。

序号	名称	数量	是否清点
1			□是　□否
2			□是　□否
3			□是　□否
4			□是　□否
5			□是　□否
6			□是　□否
7			□是　□否
8			□是　□否
9			□是　□否
10			□是　□否

四、任务检查	成绩：

实训指导老师检查作业结果，并结合实训的情况给出改进措施及建议。

序号	评价项目	结果
1	规范地制订悬架系统维护保养项目	
2	规范地制订变速器油排放维护保养项目	
3	规范地制订变速器油添加维护保养项目	
4	规范地制订拉杆球头维护保养项目	
5	规范地制订传动万向节维护保养项目	
6	规范地制订制动系统维护保养项目	
意见和建议		
综合评价		

续表

五、任务评价	成绩：

结合在实训过程中的表现,进行自我评价和自我反思。

自我评价：

自我反思：

（二）掌握新能源汽车底盘基础知识

 知识学习

传统汽车的底盘系统由传动系统、行驶系统、转向系统和制动系统四部分组成,如图1-1-1所示。底盘的作用是支撑、安装汽车发动机及其他各部件、总成,形成汽车的整体造型,并接受发动机的动力,使汽车运动,保证正常行驶。

1. 传动系统

汽车的传动系统一般由发动机、离合器、变速器、差速器和传动轴等组成,如图1-1-2所示。汽车发动机所发出的动力靠传动系统传递到驱动车轮。传动系统具有减速、变速、倒车、中断动力、轮间差速和轴间差速等功能,与发动机配合工作,能保证汽车在各种工况条件下的正常行驶,并具有良好的动力性和经济性。

图1-1-1 传统汽车的底盘系统

2. 行驶系统

汽车的行驶系统由车架、车桥、车轮和悬架等组成,如图1-1-3所示。其功用是接受传动轴的动力,通过驱动轮与路面的作用产生牵引力,使汽车正常行驶;承受汽车的总质量和地面的反力;缓和不平路面对车身造成的冲击;衰减汽车行驶中的振动,保持行驶的平顺性。与转向系统配合,保证汽车操纵稳定性。

微课
底盘功用

微课
底盘的组成

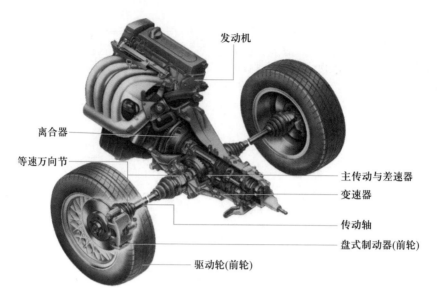

发动机

离合器

等速万向节

主传动与差速器

变速器

传动轴

盘式制动器(前轮)

驱动轮(前轮)

图 1-1-2 汽车的传动系统

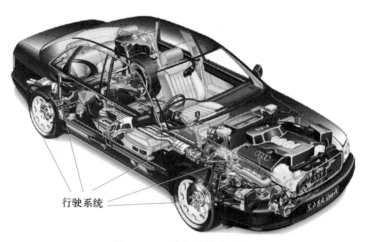

行驶系统

图 1-1-3 汽车的行驶系统

3. 转向系统

汽车的转向系统由转向盘、转向器、横拉杆和转向节等构成,如图 1-1-4 所示。其功能是按照驾驶人的意愿控制汽车的行驶方向,保证行驶方向的稳定性和转向操作的轻便性。

4. 制动系统

汽车的制动系统由前后轮制动器、制动操纵装置和制动增力装置等组成,如图 1-1-5 所示。其作用是使行驶中的汽车按照驾驶人的要求进行强制减速甚至停车,使已停驶的汽车在各种道路条件下稳定驻车,使下坡行驶的汽车速度保持稳定。

电动汽车底盘与传统汽车底盘的构成和作用基本一样,也是由传动系统、行驶系统、转向系统和制动系统组成。由于电动汽车没有了传统的燃油发动机,因此在传动系统上与传统汽车有了很大区别,没有了发动机、离合器和变速器,只有驱动电机、减速器、差速器和传动轴,结构大为简化。某电动汽车的底盘构成如图 1-1-6 所示。

动画

纯电动汽车
底盘组成

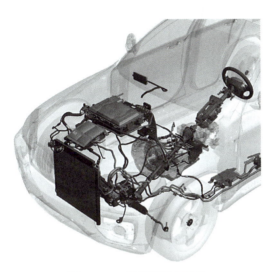

图 1-1-4　汽车的转向系统

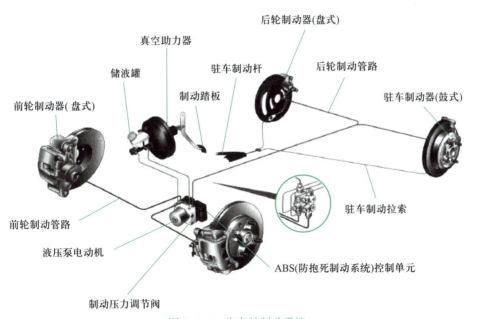

图 1-1-5　汽车的制动系统

图 1-1-6   某电动汽车的底盘构成

四、学习测试

1. 传统汽车的底盘由_____、_____、_____和_____四部分组成。

2. 传动系统一般由_____、_____、_____、_____和_____等组成。

3. 行驶系统由汽车的_____、_____、_____和_____等组成。

4. 转向系统由_____、_____、_____和_____等构成。

5. 制动系统由_____、_____和_____等组成。

6. 电动汽车底盘与传统汽车底盘的构成和作用基本一样,也是由_____、_____、_____和_____组成。

7. 由于电动汽车没有了传统的燃油发动机,因此在传动系统上与传统汽车有了较大区别,没有了_____、_____和_____,只有驱动电机、_____、_____和_____,结构大为简化。

五、评价总结

(一) 自我评价

结合学习过程及学习效果,对自己的学习主动性和效果进行自评,评价等级为优、良、合格和不合格,针对出现的失误进行反思,完善改进方向及改进措施。

评价维度		评价标准	评级
学习 主动性	课前	课前预习,完成老师布置的课前任务	
	课中	积极思考,参与课堂互动;辅助老师完成教学演示或模拟练习	
	课后	及时总结,完成课后练习任务,并向老师反馈学习建议	
学习效果		熟悉汽车底盘的组成	
		描述汽车底盘的作用	
		掌握新能源汽车底盘构造	
任务实施过程中 出现的失误			
改进的 方向及措施			

(二) 学生互评

通过提问、观察同学的演示以及上课的情况,对同学这次学习任务的效果开展评价,评价等级为优、良、合格和不合格,指出任务实施过程中出现的失误,给出改进建议。

小组成员姓名:

评价维度	评价标准	评级
学习效果	熟悉汽车底盘的组成	
	描述汽车底盘的作用	
	掌握新能源汽车底盘构造	
任务实施过程中 出现的失误		
建议		

任务二 识别新能源汽车底盘系统布局与特征

 一、任务描述

你作为新能源汽车类专业的学生,要完成一篇新能源汽车底盘系统布局的毕业设计,首先通过学习和查阅资料获取相关知识。

 二、任务目标

实施步骤	素养目标	知识目标	技能目标
认识底盘布置形式	树立"安全第一"的工作意识	学会识别新能源汽车底盘布置形式	能够正确描述新能源汽车底盘结构及分类
识别新能源汽车底盘系统布局与特征		描述新能源汽车底盘系统布局及特征	

 三、实施步骤

(一) 识别底盘布置形式

 技能实践

根据"底盘布置图"写出布置形式及特点。

底盘布置图	布置形式及特点
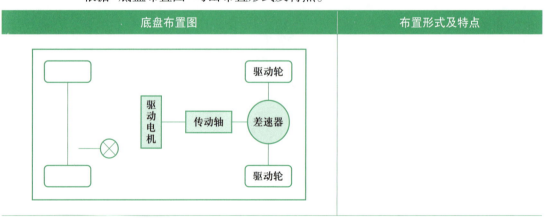	

续表

底盘布置图	布置形式及特点
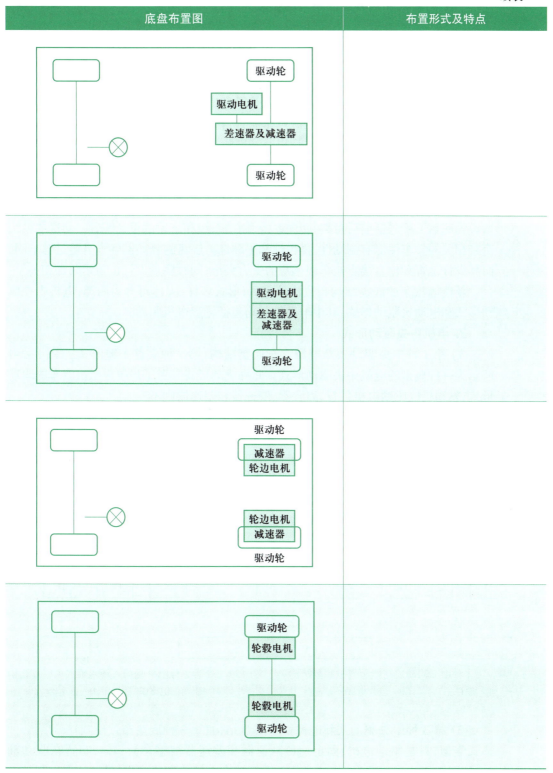	

（二）识别新能源汽车底盘系统布局与特征

 知识学习

1．新能源汽车底盘结构分类

汽车底盘系统包括悬架、制动、转向等子系统,在传统意义上它影响着整车的舒适性、安全性与操控性,对于新能源汽车而言,它的影响更加深远。新能源汽车的底盘系统需要适应车载能源的多样性以及高度集成的系统模块,同时不限制汽车内部空间与外部造型的设计。

新能源汽车底盘设计的关键在于满足整车性能的各项指标。汽车应当具备的基本性能可概括为动力性、经济性、制动性、操稳性、平顺性、安全性和耐久性。一般所说的底盘工程包括前后悬架、转向系统、制动系统和车轮的设计配置。与这些系统直接相关的整车性能有制动性、操稳性和平顺性。底盘的悬架部件本身要足够牢固,而其设计是否到位直接影响车架车身的受力大小,同时底盘设计也与耐久性相关。

新能源汽车的底盘结构布置比较灵活,形式多样,大体可分为两类:电机中央驱动形式和电动轮驱动形式,其中电动轮驱动包括轮毂电机驱动。

2．电机中央驱动形式

（1）第 1 种中央驱动式新能源汽车底盘结构（第 1 种底盘布置形式）。图 1-2-1 所示为一种典型的电机中央驱动形式。此种驱动形式参考了传统内燃机汽车的驱动形式,发动机以驱动电机代替,离合器、变速器和差速器则不变。

（2）第 2 种中央驱动式新能源汽车底盘结构（第 2 种底盘布置形式）。由于驱动电机能在较大的速度范围内提供相对恒定的功率,因此多速变速器可被一个固定速比减速器（即只有一挡,传动比恒定）代替,此时离合器也可省去,如图 1-2-2 所示。此种驱动形式可以节省机械传动系统的质量和体积,另外可以减少操作难度。

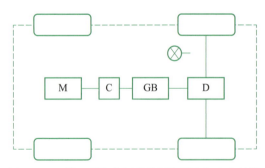

图 1-2-1 第 1 种中央驱动式新能源汽车底盘结构
M—驱动电机；C—离合器；GB—变速器；D—差速器

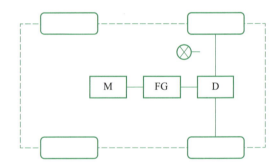

图 1-2-2 第 2 种中央驱动式新能源汽车底盘结构
M—驱动电机；FG—减速器；D—差速器

（3）第 3 种中央驱动式新能源汽车底盘结构（第 3 种底盘布置形式）。与第 2 种形式类似,只是驱动电机、固定速比减速器和差速器被整合为一体,布置在驱动轴上,如图 1-2-3 所示。此时,整个传动系统被大大简化和集成化,另外从再生制动的角度出发,这种驱动形式较容易实现。

3. 电动轮驱动形式

动画

混合动力汽
车按驱动形
式分类

(1) 第1种电动轮驱动式新能源汽车底盘结构(第4种底盘布置形式)。取消了差速器,取而代之的是两个独立的驱动电机,每个驱动电机单独完成一侧车轮的驱动任务,称为双电机电动轮驱动形式,如图1-2-4所示。当车辆转弯时,两侧的电机就会分别工作在不同的速度下,不过这种驱动形式需要更加复杂的控制系统。

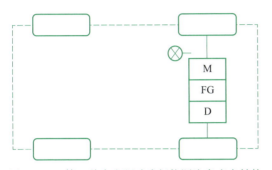

图1-2-3　第3种中央驱动式新能源汽车底盘结构
M—驱动电机;FG—减速器;D—差速器

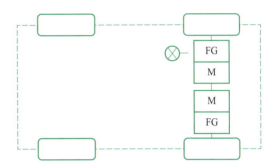

图1-2-4　双电机电动轮驱动形式
FG—减速器;M—驱动电机

(2) 第2种电动轮驱动式新能源汽车底盘结构(第5种底盘布置形式)。相较于第4种底盘布置形式,这种底盘布置形式进一步简化了驱动系统:驱动电机与车轮之间取消了传统的传动轴,变成电机直接驱动车轮前进,同时一个单排的行星齿轮机构充当固定速比变速器,用来减小转速和增强转矩,以满足不同工况的功率和转矩需求,此种驱动形式称为内转子式轮毂电机驱动形式,如图1-2-5所示。

(3) 第3种电动轮驱动式新能源汽车底盘结构(第6种底盘布置形式)。完全舍弃驱动电机和驱动轮之间的传动装置后,轮毂电机的外转子直接连接在驱动轮上,此时驱动电机转速控制与车轮转速控制融为一体,称为外转子式轮毂电机驱动形式,如图1-2-6所示。

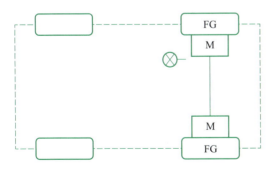

图1-2-5　内转子式轮毂电机驱动形式
FG—减速器;M—驱动电机

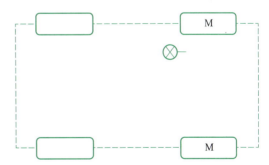

图1-2-6　外转子式轮毂电机驱动形式
M—驱动电机

4. 轮毂电机简介

轮毂电机技术又称为车轮内装电机技术。其最大特点就是将动力装置、传动装置和制动装置一并整合到轮毂内,且分为两种,即前面所述的内转子式轮毂电机和外转子式轮毂电机,图 1-2-7 所示为内、外转子轮毂电机结构比较。相较于其他驱动形式,轮毂电机驱动型电动汽车有着极其显著的优点,是电动汽车的前沿技术,潜力无穷。

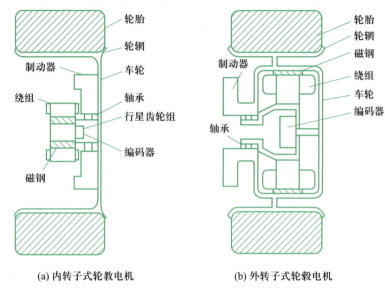

(a) 内转子式轮教电机　　　　　　(b) 外转子式轮毂电机

图 1-2-7　内外转子轮毂电机结构比较

轮毂电机驱动型电动汽车的特点如下。

(1) 极大地简化了机械传动机构,不仅去掉了发动机、冷却水系统、排气消声系统和油箱等相应的辅助装置,还省去了变速器、万向传动部件及驱动桥,降低自重并有效地提高传动效率,实现节能和降噪。

(2) 腾出了许多有效空间,有利于汽车结构布局。

(3) 由于电机直接驱动车轮,缩短了传动链,因此大大提高了对车轮控制的动态响应,可实现车辆的一些高性能控制功能,如横向移动、原地旋转等。

(4) 有利于再生制动。

(5) 可实现多种驱动方式,因为轮毂电机具有一个明显的单轮独立驱动的特性,无论是前驱、后驱、四驱或多驱,都可以较轻松地实现,尤其是全时四驱在轮毂电机驱动的车辆,实现起来非常容易。另外,轮毂电机可以通过左右轮不同转速或转向,实现差动转向,大大减小车辆转弯半径。

 四、学习测试

针对本实训室的纯电动汽车(或实训台架)底盘系统,每个小组制订一份认识底盘系统组成及结构的实训计划。

(1) 小组人员安排。

(2) 实训设备使用安全注意事项。

(3) 所认识的纯电动汽车底盘系统的信息记录(如车型、驱动系统类型、结构组成等)。

五、评价总结

(一) 自我评价

结合学习过程及学习效果,对自己的学习主动性和效果进行自评,评价等级为优、良、合格和不合格,针对出现的失误进行反思,完善改进方向及措施。

评价维度		评价标准	评级
学习 主动性	课前	课前预习,完成老师布置的课前任务	
	课中	积极思考,参与课堂互动;辅助老师完成教学演示或模拟练习	
	课后	及时总结,完成课后练习任务,并向老师反馈学习建议	
学习效果		描述新能源汽车底盘的重要性	
		能够识别新能源汽车底盘布置形式	
任务实施过程中 出现的失误			
改进的 方向及措施			

(二) 学生互评

通过提问、观察同学的演示以及上课的情况,对同学这次学习任务的效果开展评价,评价等级为优、良、合格和不合格,指出任务实施过程中出现的失误,给出改进建议。

小组成员姓名:

评价维度	评价标准	评级
学习效果	描述新能源汽车底盘的重要性	
	能够识别新能源汽车底盘布置形式	
任务实施过程中 出现的失误		
建议		

项目二 ▶▶▶

车轮与轮胎的检查、诊断和维修

▶ **项目描述**

　　车轮和轮胎是汽车行驶系统中的重要部件。车轮是介于轮胎和车桥之间承受负荷的旋转组件。本项目学习车轮和轮胎的类型、特征和标记，以及车轮和轮胎的拆装和平衡、车轮定位的检测等内容。通过任务学习，能够掌握车轮的检查方法。本项目包含以下 3 个工作任务。

　　任务一：车轮和轮胎的类型与特征。

　　任务二：车轮和轮胎的拆装与平衡。

　　任务三：车轮定位的测量与调节。

　　通过完成以上 3 个工作任务，能够解释车轮和轮胎的类别，能够进行车轮轮胎的拆装和平衡，能够测量和调节车轮定位。

任务一　车轮和轮胎的类型与特征

 一、任务描述

　　小韦作为刚进入汽车维修店的员工，有一天一位客户开着一辆某品牌新能源汽车到店说要补胎。车间主管安排小韦去检查，发现伤口过大需要换胎，客户要求更换新轮胎的规格要与原轮胎一致。本任务让我们和小韦一起来了解车轮轮胎的类型，并学习辨识轮胎规格和标记。

 二、任务目标

实施步骤	素养目标	知识目标	技能目标
解释车轮的结构和类型	树立安全生产的意识，培养科学精神和严谨态度	掌握车轮的结构和分类	能够说出车轮的组成部分的名称
解释轮胎的作用和类型		了解轮胎的作用和类型	能够说出轮胎的作用和类型
解释车轮和轮胎的特征和标记		掌握车轮和轮胎的类型及规格的表示方法	能够读懂车轮和轮胎规格

三、实施步骤

（一）解释车轮的结构和类型

 技能实践

　　1. 写出车轮的组成

1 _____

2 _____

3 _____

2. 辨别轮辋的断面形状

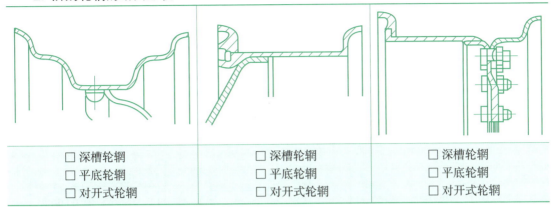

□ 深槽轮辋	□ 深槽轮辋	□ 深槽轮辋
□ 平底轮辋	□ 平底轮辋	□ 平底轮辋
□ 对开式轮辋	□ 对开式轮辋	□ 对开式轮辋

3. 辨别车轮类型

□ 辐板式车轮　□ 辐条式车轮	□ 辐板式车轮　□ 辐条式车轮

 知识学习

1. 车轮的结构

车轮一般由轮毂、轮辐和轮辋组成,如图 2-1-1 所示。轮毂通过圆锥滚柱轴承套装在轴管或转向节轴上,轮辋用以安装轮胎,轮辐是用来连接轮毂和轮辋的。

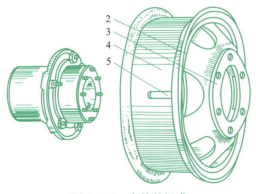

图 2-1-1　车轮的组成

1—轮毂;2—挡圈;3—辐板;4—轮辋;5—气门嘴伸出孔

（1）轮毂。轮毂与制动器、轮辐和半轴凸缘连接，由圆锥滚柱轴承支承在转向节轴颈或半轴套管上。

（2）轮辐。辐板式车轮上的轮辐与轮辋通过焊接或铆接固定成一体，并通过轮辐上的中心孔和周围的螺栓孔安装到轮毂上。辐条式车轮的轮辐是钢丝辐条或者是与轮毂铸成一体的铸造辐条。

（3）轮辋。轮辋也称钢圈，用于安装车轮，按其结构特点不同可分为深槽轮辋、平底轮辋和对开式轮辋 3 种（图 2-1-2）。

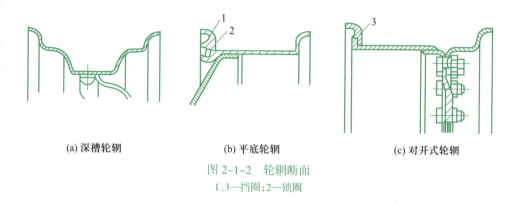

(a) 深槽轮辋　　　　　　　(b) 平底轮辋　　　　　　　(c) 对开式轮辋

图 2-1-2　轮辋断面
1、3—挡圈；2—锁圈

轮辋边缘常夹装有用以保证车轮动平衡的平衡块，当车轮维修拆装后，或磨损破坏了原来的动平衡，要重新进行车轮动平衡试验，以恢复车轮的动平衡。

2. 车轮的类型

按照连接部分（轮辐）构造的不同，车轮可分为辐板式车轮和辐条式车轮两类。

（1）辐板式车轮。目前，汽车上普遍采用辐板式车轮，如图 2-1-3 所示。车轮中的轮辋和辐板根据其连接形式，可以分为组合式结构和整体式结构。组合式结构将轮辋和辐板用焊接或铆接方式进行连接；整体式结构将轮辋和辐板用铸造成形或锻造成形进行连接。前者主要用于钢质车轮，而后者则用于合金质车轮。

微课
车轮类型

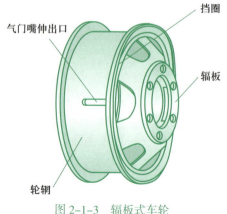

气门嘴伸出口　　　　　　　　挡圈

辐板

轮辋

图 2-1-3　辐板式车轮

（2）辐条式车轮。用轮辐将轮辋和轮盘组装在一起的辐条式车轮。辐条可以用铸造件或钢丝制造。铸造辐条常常用于装载质量大的汽车上,而钢丝辐条主要用于极少数追求独特的车辆。图 2-1-4 所示为铸造件辐条式车轮,它的轮辐是与轮毂铸成一体的辐条,轮辋用螺栓和特殊形状的衬块固定在辐条上,为了使轮辋与辐条中心重合,在两者接合处都有相应的配合锥面。

微课
车轮与轮胎

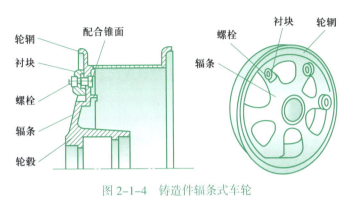

图 2-1-4　铸造件辐条式车轮

（二）解释轮胎的作用和类型

技能实践

（1）轮胎由＿＿＿＿＿＿＿＿＿＿制成,安装在轮辋上。

（2）轮胎支承汽车及货物的总质量;保证车轮和路面的＿＿＿＿＿＿＿＿＿＿,以提高汽车的牵引性、制动性和通过性。

（3）轮胎与汽车悬架一同减少汽车行驶中所受到的冲击,并衰减由此而产生的振动,以保证汽车有良好的乘坐＿＿＿＿＿＿＿＿＿＿和＿＿＿＿＿＿＿＿＿＿。

（4）辨别轮胎花纹类型。

□ 普通花纹轮胎 □ 混合花纹轮胎 □ 越野花纹轮胎	□ 普通花纹轮胎 □ 混合花纹轮胎 □ 越野花纹轮胎	□ 普通花纹轮胎 □ 混合花纹轮胎 □ 越野花纹轮胎

（5）识别轮胎的组成，把对应序号和名称用线连起来。

1	内胎
2	垫带
3	外胎

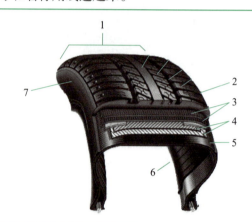

（6）识别外胎的结构，把对应序号和名称用线连起来。

1	胎侧
2	胎肩
3	胎冠
4	束带层
5	钢丝层
6	帘布层
7	气密层

知识学习

动画

车轮和轮胎功用

1. 轮胎的功用

轮胎由橡胶制成，安装在轮辋上，并与轮辋组成车轮与地面接触，其功用是：支承汽车及货物的总质量；保证车轮和路面的附着性，以提高汽车的牵引性、制动性和通过性；与汽车悬架一同减少汽车行驶中所受到的冲击，并衰减由此而产生的振动，以保证汽车有良好的乘坐舒适性和平顺性。因此轮胎内部通常充有气体，以具有一定的承受载荷的能力和适宜的弹性；轮胎的外部有较复杂的花纹，以提高与路面的附着性。

2. 轮胎的分类

现代汽车几乎全部采用充气轮胎。充气轮胎根据工作气压的大小可分为高压胎、低压胎和超低压胎。充气轮胎按胎面花纹的不同，又可分为普通花纹轮胎、混合花纹轮胎和越野花纹轮胎（图 2-1-5）。

3. 充气轮胎的组成

充气轮胎按结构组成可分为有内胎轮胎和无内胎轮胎。有内胎的充气轮胎如图 2-1-6 所示，它由外胎、内胎和垫带组成。外胎的结构由其骨架材料的帘布层结构不同，可分为普通斜交线轮胎和子午线轮胎。

（a）普通花纹轮胎

（b）混合花纹轮胎

（c）越野花纹轮胎

动画
轮胎类型

图 2-1-5　常见的 3 种胎面花纹

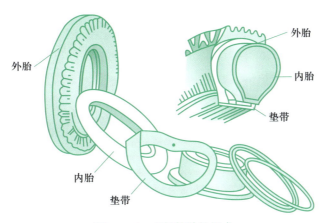

图 2-1-6　充气轮胎的组成

1）外胎

外胎的结构如图 2-1-7 所示，它由胎面、帘布层、缓冲层及胎圈组成。胎面是外胎的外表面，由胎冠、胎肩和胎侧组成。胎冠用耐磨橡胶制成，它与路面接触，直接承受冲击与磨损。为使轮胎与地面有良好的附着性能，在胎冠上制成各种形式的花纹。胎肩是较厚的胎冠与较薄的胎侧间的过渡部分，一般也制有花纹，以利散热。胎侧是贴在帘布层侧壁的薄橡胶层，它用以保护帘布层避免受机械损伤和潮湿。

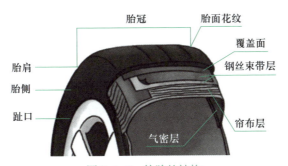

图 2-1-7　外胎的结构

帘布层(也称为胎体)是外胎的骨架,用以保持外胎形状和尺寸,并使其具有足够的强度,通常由多层胶化的棉线或其他纤维组成。帘布层的帘线按一定角度交叉排列,帘布的层次越多,强度越大,但弹性下降。外胎表面上注有帘布的层次。

相邻帘布层帘线交叉,且与胎面中心线小于 $90°$ 排列的充气轮胎为普通斜交线轮胎。帘布层通常成双数的多层帘布用橡胶贴合而成,帘布的帘线与轮胎子午断面的交角一般为 $52°\sim54°$ [图 2-1-8(a)]。该轮胎特点是工作噪声小,外胎面柔软,在低速行驶时乘坐舒适性好,价格便宜。

帘布层帘线排列方向与轮胎子午断面一致(即与胎面中心线成 $90°$)的充气轮胎为子午线轮胎[图 2-1-8(b)]。帘线这样排列能使其强度被充分利用,故它的帘布层数比普通轮胎可减少一半,因而胎体较柔软,而缓冲层层数较多,提高了胎面的刚度和强度。

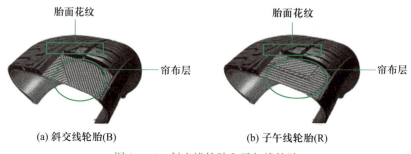

(a) 斜交线轮胎(B)　　　　　(b) 子午线轮胎(R)

图 2-1-8　斜交线轮胎和子午线轮胎

子午线轮胎的特点:子午线轮胎与普通斜交线轮胎相比具有更多的优点:弹性大,耐磨性好,滚动阻力小,附着性能强,缓冲性能好,承载能力大,不易穿刺。其缺点是外胎面刚性大,不容易吸收路面凹凸及接缝产生的冲击。此外,由于胎侧柔软,被刺后伤痕易扩大。但由于具有较多优点,目前已被广泛应用。

缓冲层位于胎面和帘布层之间,由两层或数层较稀疏的帘布和橡胶制成,弹性较大,其作用是加强胎面与帘布层之间的结合,能有效防止汽车紧急制动时胎面与帘布层脱离,并缓和汽车行驶时所受到的不平路面的冲击。

胎圈是帘布层的根基,由钢丝圈、帘布层包圈和胎圈包布组成,有较大的刚度和强度,轮胎靠胎圈固装在轮辋上。

2) 内胎

内胎是一个环形的橡胶管,其上有气门嘴,以便充气和放气。为使内胎在充气状态下不产生皱褶,其尺寸应稍小于外胎内壁尺寸。内胎具有良好的弹性、耐热性和密封性。

3) 垫带

垫带是一个环形的橡胶带,它垫在内胎和轮辋之间,保护内胎不被轮辋和胎圈磨伤,并防止尘土及水汽侵入胎内。

4. 无内胎充气轮胎

无内胎充气轮胎的结构如图 2-1-9 所示,它虽然没有充气内胎,但在外胎内壁有层很薄的专门用来封气的橡胶密封层,胎缘部位留有余量,封层被固定在轮辋上,要求轮胎与轮辋之间有很好的密封性。它的特点是钉子刺破轮胎后,内部空气不会立即泄掉,安全性好。

图 2-1-9　无内胎充气轮胎的结构

无内胎轮胎的特点:无内胎轮胎穿孔时压力不会急剧下降,仍然能继续安全行驶。无内胎轮胎中由于没有内胎,因此不存在内外胎的摩擦和夹卡而引起的损坏;它可以直接通过轮辋散热,所以轮胎工作温度低,使用寿命长;无内胎轮胎结构简单,质量较小。缺点是轮胎爆破失效时,途中修理比较困难。无内胎轮胎近年来应用非常广泛,轿车几乎均使用无内胎轮胎。

(三) 解释车轮和轮胎的特征和标记

 技能实践

识别轮胎信息,写出对应字母或数字的含义。

	215： 50： R： 17： 91： V：
	DOT： NE8U： JP1R： 2513：

 知识学习

1. 轮胎规格与标记

轮胎的尺寸规格采用外胎直径 D、轮辋直径 d、断面宽度 B 和断面高 H 的名义代号表示。我国的汽车充气轮胎尺寸规格标注采用英制表示法,尺寸规格标注如图 2-1-10 所示。其中气压标记符号以 "—" 表示低压胎。例如,9.00—20 轮胎表示轮胎断面宽度 9 英寸、轮辋直径 20 英寸的低压胎。如果是高压胎，用 9.00×20 表示，如果是子午线轮胎，就用 9.00R20 表示，字母 R 表示子午线胎。

动画
轿车轮胎规格表示方法

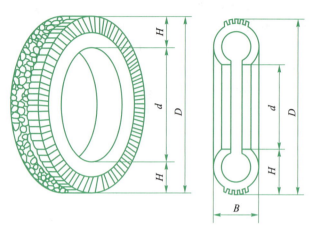

图 2-1-10　轮胎尺寸规格标注

1）斜交线轮胎规格

低压胎一般用 B—D 表示，B 为轮胎断面宽度，D 为轮胎直径，单位均为英寸；"—"表示低压胎。例如，轮胎尺寸 900-20 表示：轮辋直径为 20 英寸、轮胎断面宽度为 9 英寸的低压胎。

高压轮胎规格一般用 D×B 表示。D 为轮胎直径，B 为轮胎断面宽度，单位均为英寸；"×"表示高压胎。因断面宽度 B 约等于层断面高度 H，故安装外胎轮辋应选直径 d=D−2B。

超低压胎的表示方法与低压胎相同。

2）子午线轮胎规格

我国国家标准规定，在外胎两侧除应标记有轮胎规格外，还应标记有制造商标、层级、相应气压、编号及平衡等。为便于识别胎体帘线材料，胎侧还标记有汉语拼音字母，例如，M 表示棉帘线，R 表示人造丝帘线，N 表示尼龙帘线，G 表示钢丝帘线等。这些字母一般标在尺寸规格的后面，有的胎侧还标记有适用的轮辋规格，某些越野车轮胎还用箭头指示滚动方向。

子午线轮胎一般标记有字母"Z"，但有的用字母"R"，例如，195/60R1485H 表示如下。

195：轮胎宽度为 195mm。

60：扁平比为 60%（扁平比为轮胎高度 H 与宽度 B 之比）。

R：子午线轮胎，即"Radial"的首字母。

14：轮胎内径 14 英寸（in）。

85：负荷指数，即最大负荷能力。部分负荷指数与最大负荷能力的对应关系如表 2-1-1 所示。

H：速度符号，表明轮胎能行驶的最高车速。部分速度符号与最高车速的对应关系如表 2-1-2 所示。

表 2-1-1　负荷指数与负荷能力的对应关系

负荷指数	负荷能力 /kg	负荷指数	负荷能力 /kg	负荷指数	负荷能力 /kg	负荷指数	负荷能力 /kg
50	190	70	335	90	600	110	1060
51	195	71	345	91	615	111	1090
52	200	72	355	92	630	112	1120
53	206	73	365	93	650	113	1150
54	212	74	375	94	670	114	1180
55	218	75	387	95	690	115	1215
56	224	76	400	96	710	116	1250
57	230	77	412	97	730	117	1285
58	236	78	425	98	750	118	1320
59	243	79	437	99	775	119	1360
60	250	80	450	100	800	120	1400
61	257	81	462	101	825	121	1450
62	265	82	475	102	850	122	1500
63	272	83	487	103	875	123	1550
64	280	84	500	104	900	124	1600
65	290	85	515	105	925	125	1650
66	300	86	530	106	950	126	1700
67	307	87	545	107	975	127	1750
68	315	88	560	108	1000	128	1800
69	325	89	580	109	1030	129	1850

表 2-1-2　速度符号对应的最高车速

速度符号	最高车速 /(km/h)	速度符号	最高车速 /(km/h)
E	70	Q	160
F	80	R	170
G	90	S	180
J	100	T	190
K	110	U	200
L	120	H	210
M	130	W	220
N	140	Y	230
P	150	Z	240

2. 轮胎侧壁信息

轮胎的生产日期对于轮胎很关键,因为轮胎是橡胶产品,所以时间超过一定年限是不能再使用的。可以从轮胎侧壁找到轮胎的生产日期。

如图 2-1-11 所示,对应的符号信息为:"DOT" 表示轮胎符合美国交通部认证;"OC WC" 表示轮胎的产地信息;"05BX" 表示工厂代码;"3513" 表示轮胎的生产日期为 13 年第 35 周。

图 2-1-11 轮胎侧壁信息

3. 轮胎磨损指示标记

为了便于观察轮胎磨损情况,在轮胎花纹槽内做出轮胎磨损指示标记,当轮胎磨损到和轮胎磨损指示标记平齐时,应更换轮胎,如图 2-1-12 所示。

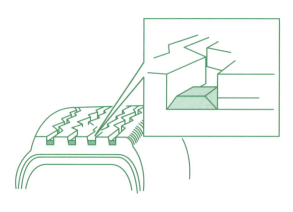

图 2-1-12 轮胎磨损指示标记

四、学习测试

(一) 单项选择题

1. 轮胎上采用各种花纹的目的是(　　　)。
   A. 美观　　　　　　　　　　　　B. 散热性好
   C. 增强附着能力　　　　　　　　D. 提高汽车的通过性

2. 可拆式轮辋主要应于(　　　)。
   A. 轿车　　　　　　　　　　　　B. 大中型越野车
   C. 货车　　　　　　　　　　　　D. 轿车和轻型越野车

3. 超低压轮胎通常使用在(　　　)上。
   A. 轿车　　　　　　　　　　　　B. 越野车
   C. 货车　　　　　　　　　　　　D. 轿车和越野车

4. 现在国产轿车使用(　　　)轮胎。
   A. 子午线　　　　　　　　　　　B. 无内胎
   C. 子午线无内胎　　　　　　　　D. 斜交线无内胎

5. 50—18 轮胎的名义宽度为(　　　)。
   A. 7.50 mm　　B. 7.50 英寸　　C. 35 英寸　　D. 18 英寸

6. 连接轮盘和半轴凸缘的零件是(　　　)。
   A. 轮毂　　B. 轮辋　　　　C. 轮辐　　　　D. 轮胎

7. 具有弹性大,耐磨性好,滚动阻力小,附着性强,缓冲性能好,承载能力大等优点的轮胎是(　　　)。
   A. 子午线轮胎　　　　　　　　　B. 普通斜交线轮胎
   C. 无内胎充气轮胎　　　　　　　D. 有内胎充气轮胎

8. 外胎结构中起承受负荷作用的是(　　　)。
   A. 胎面　　B. 胎圈　　　　C. 帘布层　　　　D. 缓冲层

9. 外胎结构中,承受负荷并保持轮胎外缘尺寸和形状的是(　　　)。
   A. 胎面　　B. 缓冲层　　　C. 帘布层　　　　D. 胎圈

10. 下面哪项不属于车轮总成的一部分(　　　)。
    A. 轮毂　　B. 轮辐　　　　C. 轮辋　　　　D. 轮胎

(二) 判断题

1. 车轮与轮胎是一个概念。　　　　　　　　　　　　　　　　(　　　)
2. 车轮轮胎花纹方向的设置,不会影响车轮的行驶噪声。　　　(　　　)
3. 轮辋结构形式代号,用符号"X"表示多件;用"—"表示一件。　(　　　)
4. 越野花纹轮胎的特点是花纹沟槽宽而深,花纹块接地面积较大,保证了轮胎与大片接地面积的"咬合",防滑性能好。常用在矿山、建筑工地上的行驶车辆。

　　　　　　　　　　　　　　　　　　　　　　　　　　　　　　　　　　　（　　）

　　5. 混合花纹轮胎耐磨性好。　　　　　　　　　　　　　　　　　　　（　　）

　　6. 有内胎的充气轮胎钉子刺破轮胎后,内部空气不会立即泄掉,安全性能好。另外轮胎爆破后,可从外部紧急处理。　　　　　　　　　　　　　　　　（　　）

　　7. 为了使轮胎磨损尽可能达到均衡,安装在汽车上的所有轮胎,应进行轮胎换位,轮胎换位要按规定进行,并保持轮胎的原滚动方向。　　　　　　　　（　　）

　　8. 深式轮辋(平式)一般用于大中型货车。　　　　　　　　　　　　（　　）

　　9. 高压胎一般用 D(轮胎名义直径)—B(轮胎断面宽度)表示,单位均为英寸。

　　　　　　　　　　　　　　　　　　　　　　　　　　　　　　　　　　　（　　）

　　10. 普通斜交线轮胎除了英寸表示轮胎宽度和轮辋直径,轮胎强度则用帘布层数来表示。　　　　　　　　　　　　　　　　　　　　　　　　　　　　（　　）

💻 五、评价总结

(一) 自我评价

　　结合学习过程及学习效果,对自己的学习主动性和效果进行自评,评价等级为优、良、合格和不合格,针对出现的失误进行反思,完善改进方向及改进措施。

评价维度		评价标准	评级
学习主动性	课前	课前预习,完成老师布置的课前任务	
	课中	积极思考,参与课堂互动;辅助老师完成教学演示或模拟练习	
	课后	及时总结,完成课后练习任务,并向老师反馈学习建议	
学习效果		能够观察车轮并说出车轮的组成和分类	
		能够观察车轮并说出轮胎类型	
		能够观察车轮和轮胎的规格代号并说出其表示的含义	
任务实施过程中出现的失误			
改进的方向及措施			

(二) 学生互评

　　通过提问、观察同学的演示以及上课的情况,对同学这次学习任务的效果开展评价,评价等级为优、良、合格和不合格,指出任务实施过程中出现的失误,给出改进建议。

小组成员姓名：

评价维度	评价标准	评级
学习效果	能够观察车轮并说出车轮的组成和分类	
	能够观察车轮并说出轮胎类型	
	能够观察车轮和轮胎的规格代号并说出其表示的含义	
任务实施过程中出现的失误		
建议		

任务二　车轮和轮胎的拆装与平衡

 一、任务描述

　　一辆新能源轿车，行驶里程 21 万千米，其间更换过轮胎，故障症状为行驶中转向盘有规律地抖动，但是汽车还能直线行驶。近一段时间在高速公路上行驶时，噪声特别大，车内什么也听不清。假如你是汽车维修店的技师，请分析本故障产生的原因以及采取相应的维修措施。

二、任务目标

实施步骤	素养目标	知识目标	技能目标
分析轮胎损伤的原因	树立安全生产的意识，培养科学精神和严谨态度	了解车轮不正常磨损的形式及产生的原因	能根据车轮的磨损形式判断磨损产生的原因，并能进行车轮换位
拆卸、安装和平衡车轮和轮胎		了解轮胎更换条件　了解车轮和轮胎的拆装和平衡步骤及注意事项	能正确进行车轮和轮胎的拆卸、安装和平衡

三、实施步骤

（一）分析轮胎损伤的原因

技能实践

1. 根据图形写出轮胎磨损形式及原因

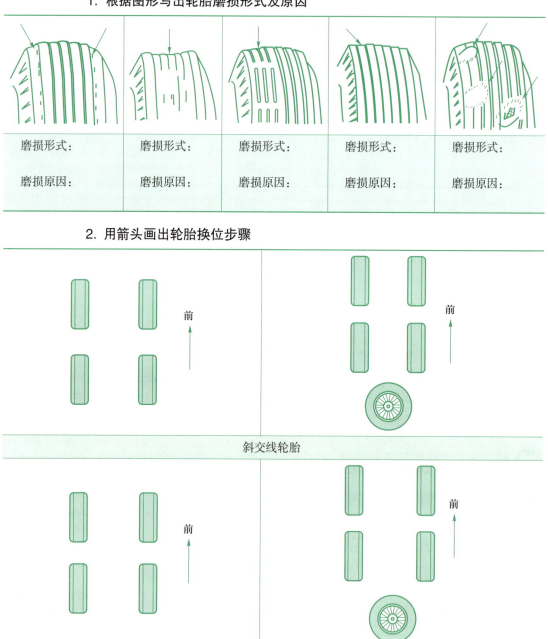

磨损形式：	磨损形式：	磨损形式：	磨损形式：	磨损形式：
磨损原因：	磨损原因：	磨损原因：	磨损原因：	磨损原因：

2. 用箭头画出轮胎换位步骤

前

斜交线轮胎

前

前

子午线轮胎

知识学习

1. 轮胎异常磨损的常见形式与原因

轮胎在使用中,除正常磨损,也会由于使用不当而出现不正常磨损,如表 2-2-1 所示。

表 2-2-1　轮胎异常磨损的常见形式与原因

磨损形式	两侧磨损	中间磨损	单侧磨损	锯齿磨损	斑秃磨损
磨损示意图					
磨损原因	充气压力太低	充气压力太高	外倾问题	前轮定位不当	轮胎不平衡

（1）轮胎两边磨损量过大:主要原因是充气量不足或长期超负荷行驶。充气量小或负荷重时,轮胎的两边与地面接触面大,易形成早期磨损。

（2）轮胎的中央部分磨损量过大:主要原因是充气量过大。适当提高轮胎的充气量,可以减小轮胎的滚动阻力,节约燃油。但充气量过大时,不但影响轮胎的减振性能,还会使轮胎变形量过大,与地面的接触面积减小,磨损只能由胎面中央部分承担,形成早期磨损。如果在窄轮辋上选用宽轮胎,也会造成中央部分早期磨损。

（3）轮胎的一侧磨损量过大:主要原因是前轮定位失准。当前轮的外倾角过大时,易在轮胎的外边形成早期磨损;当外倾角过小或没有时,则轮胎的内边易形成早期磨损。

（4）轮胎胎面出现锯齿状磨损:主要原因是前轮定位不当或前悬架系统位置失常、球头松旷等,使正常滚动的车轮发生滑动或行驶中车轮定位不断变动而形成轮胎锯齿状磨损。

（5）轮胎出现斑秃形磨损:在轮胎的个别部分出现斑秃形严重磨损的原因是轮胎平衡性差。当不平衡的车轮高速转动时,个别部位受力大,磨损加快,同时转向操纵性能差。如果在行驶中发现在某一个特定速度下有轻微抖动时,就应该对车轮进行平衡,以防出现斑秃形磨损。

2. 轮胎换位

为使轮胎均匀磨损,汽车每行驶 6 000~8 000 km 应进行轮胎换位(包括备胎)。

不同规格或不同帘线结构的轮胎不得混合使用,不得使用低于规定层级的轮胎,不许混用窄轮辋或窄轮胎。

四轮二桥汽车,斜交线轮胎可采用交叉换位法,如图 2-2-1(a)、(b)所示。两前轮交叉换到后轮,后轮平移,这种四轮换位方法的优点很多。前轮的旋转方向没有改变,可以保持很好的操控性和稳定性。前驱车的驱动和转向都是由前轮担负的,前轮换位后的旋转方向一致性是保证行车稳定性和良好操控性的关键。后轮只是随动和负重,轮胎旋转方向的变化对后轮来说影响很小。这样的换位方法可以最大限度地提高操控性和稳定性,同时能使四轮磨损均匀。经推算,如此的换位顺序,经过 4 次后,四轮在各个位置都被使用过,第 5 次开始一个新的换位循环。如果每次换位后,再对前轮进行动平衡,就是对轮胎最好的保养维护。

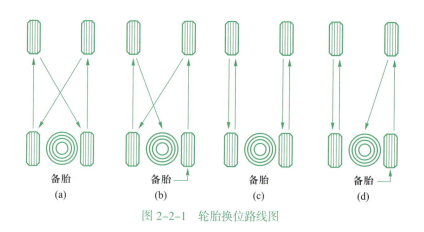

图 2-2-1　轮胎换位路线图

子午线轮胎宜用单边换位法,如图 2-2-1(c)、(d)所示。子午线轮胎的旋转方向应始终不变。若反向旋转,会因钢丝帘线反向变形产生振动,汽车平顺性变差。所以一些轿车使用手册推荐单边换位法。

轮胎换位后,应按所换的胎位要求,重新调整气压。

轮胎换位后需要做好记录,下次换位仍要按上次选定的换位方法换位。

(二) 拆卸、安装和平衡车轮和轮胎

🔲 技能实践

根据所学的内容,参考维修手册,完成拆卸、安装和平衡车轮并填写工作任务单。

拆卸、安装和平衡车轮和轮胎	工作任务单	班级：
		姓名：

1. 车辆信息记录

品牌		整车型号		VIN 码	
电机功率		减速器型号		行驶里程	
车辆维修记录					

2. 作业场地准备

(1) 是否设置隔离栏	□是　□否
(2) 是否设置安全警示牌	□是　□否
(3) 是否检查灭火器压力、有效期	□是　□否
(4) 是否安装车辆挡块	□是　□否

3. 拆卸前相关检查

(1) 检查仪表有无故障灯	□正常　□异常
(2) 检查轮胎外观情况	□正常　□异常
(3) 检查轮胎气压情况	□正常　□异常
(4) 检查气门嘴有无破损情况	□正常　□异常

4. 拆卸、安装和平衡车轮和轮胎

序号	操作步骤	备注

续表

5. 作业操作结束检验	
（1）车辆是否正常上电	□是　□否
（2）车辆是否正常切换挡位	□是　□否
（3）轮胎压力是否正常显示	□是　□否
6. 作业场地恢复	
（1）拆卸车内三件套	□是　□否
（2）拆卸翼子板布	□是　□否
（3）将高压警示牌等放至原位置	□是　□否
（4）清洁、整理场地	□是　□否

知识学习

1. 车轮和轮胎的拆卸、安装

1）轮胎磨损检查

轮胎磨损状况主要通过检查轮胎的磨损标记。在胎面花纹沟所剩 1.6 mm 位置有磨耗指示标记，可直观反映轮胎磨损程度。当磨损达到标记的极限时，轮胎抓地性能明显降低，制动距离显著增加。而且，这种轮胎非常容易被较为尖锐的物体刺伤，甚至发生爆胎。

2）轮胎更换条件

（1）轮胎磨损达到极限。

（2）轮胎出现老化现象，主要表现为胎面裂纹、橡胶变硬。

（3）轮胎出现鼓包，那么受损部位的橡胶很薄，很容易出现漏气甚至直接爆胎的情况。

（4）轮胎由于受到猛烈撞击，导致胎面或者胎侧有很深的裂痕。

（5）轮胎扎孔较大、修补次数过多。

（6）轮胎侧面被严重划伤。

（7）胎面变形，轮圈受损。

3）车轮总成拆卸（表 2-2-2）

表 2-2-2　车轮总成拆卸

步骤	操作方法	操作示意图	备注
1	将举升垫块安放在车辆举升点正下方的举升平面上		车辆的举升点在车辆底座两个凹槽处

步骤	操作方法	操作示意图	备注
2	选用合适的工具、接杆和 19 mm 套筒对角多次拧松轮胎固定螺栓		轮胎的固定螺栓应用对角多次拧松的方法进行操作
3	解除驻车制动；举升车辆至合适高度，确认举升机锁止可靠	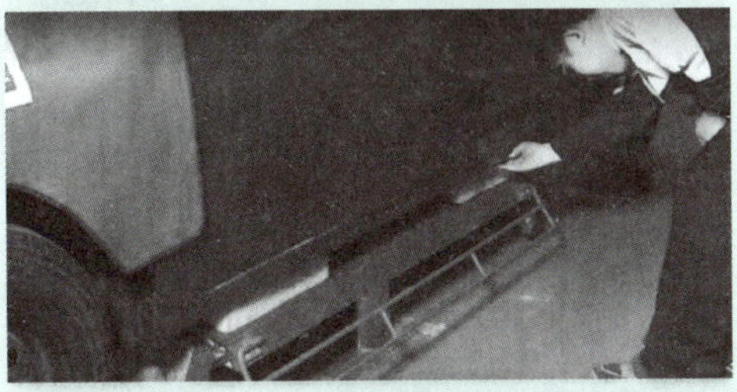	检查举升垫块位置，如果位置不合适，应进行调整
4	使用工具旋出轮胎固定螺栓，取下车轮		旋出轮胎固定螺母时，旋至最后一颗螺母，需要用手扶着轮胎，避免轮胎滑落

4）轮胎与轮辋的分离（表 2-2-3）

表 2-2-3 轮胎与轮辋的分离

步骤	操作方法	操作示意图	备注
1	清洁轮胎、轮辋上附着的污泥、沙石等异物；检查轮胎外观是否异常磨损，测量花纹深度		如果轮胎有鼓包，并出现异常磨损，应更换新的轮胎
2	取下轮辋上原有的平衡块	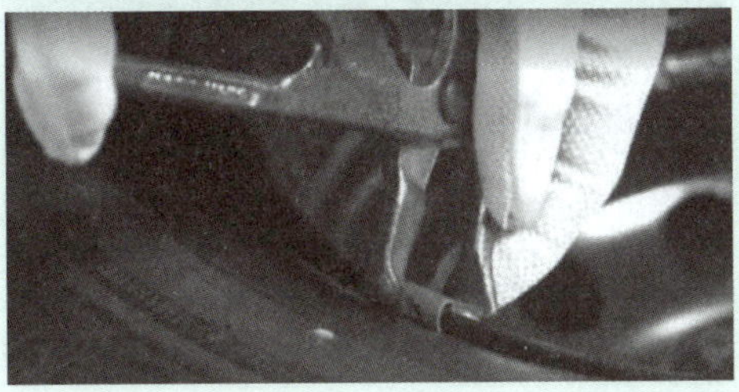	—

续表

步骤	操作方法	操作示意图	备注
3	根据维修手册规定,选用气门芯拆装专用工具给轮胎放气。当轮胎中气体放完后,取出气门芯		—
4	通过手柄把分离轮胎密封面的专用工具分离铲扳到距离轮辋边缘 10 mm 处,并贴靠轮胎胎侧位置		—
5	踩下分离踏板,使轮胎胎缘与轮辋分离,翻转车轮,重复以上步骤,使轮胎的另一胎缘与轮辋彻底分离		—
6	把车轮固定在转盘上。将轮胎密封面与轮辋分离的车轮放在扒胎机的转盘上。将轮辋有气门嘴的一侧朝上,踩下夹紧踏板,将车轮可靠地固定在转盘上	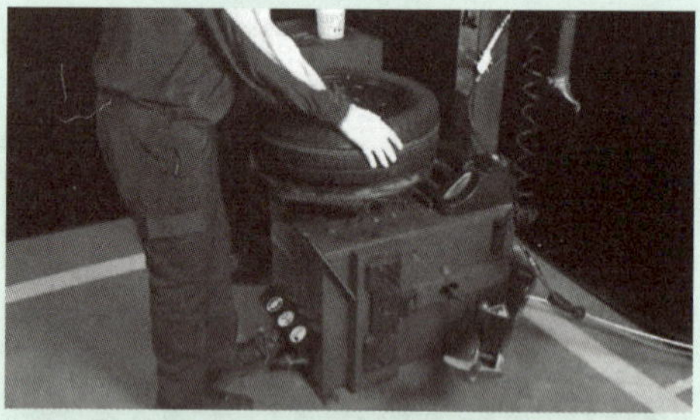	—
7	移动轮胎拆装头的摆臂,使其往轮辋侧靠近,调整轮胎拆装头摆臂限位螺钉		—

续表

步骤	操作方法	操作示意图	备注
8	向下按压轮胎拆装头的立柱。使轮胎拆装头靠近轮辋边缘,将轮胎拆装头与轮辋边缘的距离调整为 1~2 mm,用锁紧手柄将立柱锁紧		—
9	把撬棒靠住拆装头,手握撬棒上端。朝轮辋中心用力扳动。使胎缘内侧向上套在拆装头上,踩下旋转踏板,使轮胎与轮辋分离		胎壁是比较薄的位置,如果有严重的损伤,也必须更换

5) 轮胎与轮辋的组装(表 2-2-4)

表 2-2-4　轮胎与轮辋的组装

步骤	操作方法	操作示意图	备注
1	将轮辋固定在转盘上,有气门嘴的一面朝上		—
2	把轮胎放在轮辋上,使用相关工具进行轮胎与轮辋的组装		—

续表

步骤	操作方法	操作示意图	备注
3	用气枪对准轮胎气门嘴进行充气，直至轮胎内侧密封层与轮辋边缘完全贴合，把气门芯装入气门嘴中并拧紧		—
4	用气枪对准轮胎气门嘴进行充气，直至气压达到标准值	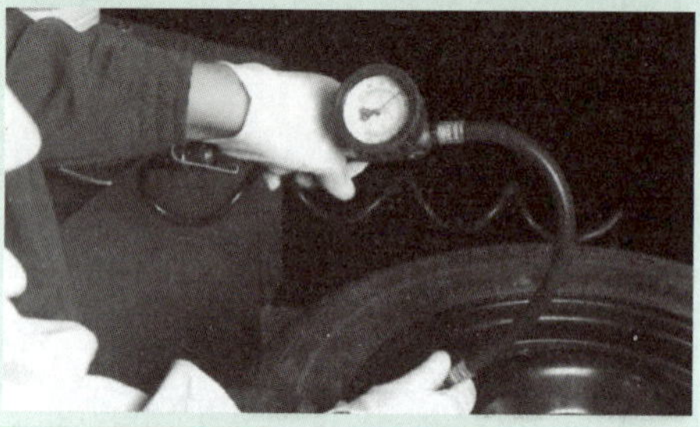	—
5	用肥皂水涂抹气门嘴、气门芯、轮胎与轮辋密封处，检查是否漏气。如果无漏气，装上轮胎气门嘴防尘帽		—

6）车轮总成的安装（表 2-2-5）

表 2-2-5　车轮总成的安装

步骤	操作方法	操作示意图	备注
1	（1）将轮胎安装到轮毂上。 （2）用手旋入固定螺栓，选用合适的工具将轮胎螺栓预紧		—
2	（1）将举升机解锁，并降落到地上。 （2）选用扭力扳手根据维修手册将轮胎固定螺栓紧固至 140 N·m		轮胎应预紧后才能降落到地面；否则轮辋可能变形

2．车轮平衡

车轮平衡包含静平衡与动平衡。要求动态和静态地平衡车轮和轮胎组件到 5 g 以下。

> **注意：** 应按照设备制造商的技术参数校准和保养平衡设备；若在驱动桥上使用车上式平衡设备，卸下相对侧的车轮和轮胎组件。

微课
车轮动平衡

1）静平衡

静平衡是为了找到造成不平衡的硬点位置。车轮最重点直接在重心位置的相反侧。决定了平衡区域所需要的质量，将此质量的一半置于预定点处的内轮辋边缘上，另一半置于预定点处的外轮辋边缘上，如图 2-2-2 所示。

2）动平衡

动平衡设备设计成能给出内和外轮辋辋圈施加质量的部位和数量，图 2-2-3 所示为动平衡示意图。

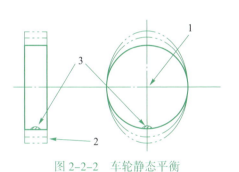

图 2-2-2　车轮静态平衡

1—车轮中心；2—外轮辋边缘；3—硬点位置

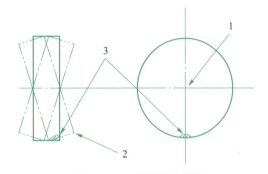

图 2-2-3　动平衡示意图

1—车轮中心；2—外轮辋辋圈；3—硬点位置

动平衡操作步骤如表 2-2-6 所示。

表 2-2-6　动平衡操作步骤

步骤	操作方法	操作示意图	备注
1	（1）在车轮和轮毂上做好标记，拆下轮胎。 （2）目测检查轮胎表面异物，若发现有异物，则将这些异物清除		清除异物、泥沙； 检查车轮是否有任何的破损、变形以及内部的跳动。若有异常，则更换轮胎

续表

步骤	操作方法	操作示意图	备注
2	调节轮胎压力至规定值		—
3	用动平衡器的仪表测量辋圈到平衡机的距离		—
4	用动平衡器的测量规测量辋圈的宽度,观察轮胎上车轮的尺寸		—
5	输入车轮相关数据	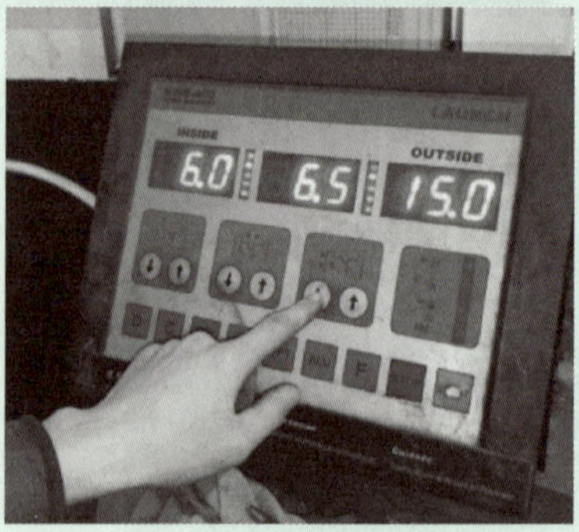	—

续表

步骤	操作方法	操作示意图	备注
6	测量动平衡。盖上轮胎罩并测量动平衡。测量过程中，金属碎片和石头会弹出，因此应放低轮胎罩		—
7	调节动平衡。在动平衡器显示的 IN 和 OUT 位置加上配重。重新检查并调节动平衡，使不平衡量小于 5 g		—

四、学习测试

（一）单项选择题

1. 轮胎两边磨损量过大的原因是（　　　）。
   A. 充气量不足，或长期超负荷行驶
   B. 充气压力太高
   C. 外倾问题
   D. 前轮定位不当或前悬架系统位置失常

2. 轮胎的中央部分磨损量过大的原因是（　　　）。
   A. 充气量不足，或长期超负荷行驶
   B. 充气压力太高
   C. 外倾问题
   D. 前轮定位不当或前悬架系统位置失常

3. 轮胎的一侧磨损量过大的原因是（　　　）。
   A. 充气量不足，或长期超负荷行驶
   B. 充气压力太高

C. 外倾问题

D. 前轮定位不当或前悬架系统位置失常

4. 轮胎胎面出现锯齿状磨损的原因是（　　　）。

A. 充气量不足，或长期超负荷行驶

B. 充气压力太高

C. 外倾问题

D. 前轮定位不当或前悬架系统位置失常

5. 轮胎出现斑秃形磨损的原因是（　　　）。

A. 充气量不足，或长期超负荷行驶

B. 充气压力太高

C. 外倾问题

D. 轮胎不平衡

6. 为使轮胎均匀磨损，汽车每行驶（　　　）km 应进行轮胎换位（包括备胎）。

A. 2 000~4 000   B. 4 000~6 000

C. 6 000~8 000   D. 8 000~10 000

7. 在胎面花纹沟所剩（　　　）位置有磨耗指示标记，可直观反映轮胎磨损程度。

A. 1.2 mm   B. 1.6 mm   C. 1.8 mm   D. 2.0 mm

8. 要求动态和静态地平衡车轮和轮胎组件到（　　　）g 以下。

A. 2   B. 4   C. 5   D. 10

（二）判断题

1. 不同规格或不同帘线结构的轮胎不得混合使用。　　　　　　　　　（　　　）

2. 不得使用低于规定层级的轮胎，不许混用窄轮辋或窄轮胎。　　　　（　　　）

3. 子午线轮胎可采用交叉换位法。　　　　　　　　　　　　　　　　（　　　）

4. 车速越快，负荷越大，轮胎噪声的能量级就越高，在汽车行驶噪声中所占的比例也就越大。　　　　　　　　　　　　　　　　　　　　　　　　　　（　　　）

5. 当磨损达到标志的极限时，轮胎非常容易被较为尖锐的物体刺伤，甚至发生爆胎。　　　　　　　　　　　　　　　　　　　　　　　　　　　　　（　　　）

6. 如果轮胎有鼓包，必须更换新的轮胎。　　　　　　　　　　　　　（　　　）

7. 轮胎应预紧后才能降落到地面，否则轮辋可能变形。　　　　　　　（　　　）

五、评价总结

（一）自我评价

结合学习过程及学习效果，对自己的学习主动性和效果进行自评，评价等级为优、良、合格和不合格，针对出现的失误进行反思，完善改进方向及改进措施。

评价维度		评价标准	评级
学习 主动性	课前	课前预习,完成老师布置的课前任务	
	课中	积极思考,参与课堂互动;辅助老师完成教学演示或模拟练习	
	课后	及时总结,完成课后练习任务,并向老师反馈学习建议	
学习效果		能根据车轮的磨损形式判断磨损产生的原因,并能进行车轮换位	
		能正确进行车轮和轮胎的拆卸、安装和平衡	
任务实施过程中 出现的失误			
改进的 方向及措施			

(二) 学生互评

通过提问、观察同学的演示以及上课的情况,对同学这次学习任务的效果开展评价,评价等级为优、良、合格和不合格,指出任务实施过程中出现的失误,给出改进建议。

小组成员姓名:

评价维度	评价标准	评级
学习效果	能根据车轮的磨损形式判断磨损产生的原因,并能进行车轮换位	
	能够分析轮胎滚动噪声和滚动振动的原因	
	能正确进行车轮和轮胎的拆卸、安装和平衡	
任务实施过程中 出现的失误		
建议		

任务三　车轮定位的测量与调节

一、任务描述

　　一辆新能源轿车,在行驶当中,前轮轮胎偏磨比较严重,做了轮胎换位还是如故,驾驶人反映,该车是单位的公用车,近几个月一直在跑长途,并按时做保养,但发现前轮有明显偏磨,而且车速达 80 km/h 时方向的稳定性也变差了,于是到汽车维修店报修。假如你是维修技师,该如何进行检修?

二、任务目标

实施步骤	素养目标	知识目标	技能目标
解释车轮定位的种类、作用和原理	树立安全生产的意识,培养科学精神和严谨态度	掌握车轮定位的种类、作用和原理	能解释车轮定位的种类、作用和原理
分析车辆行驶跑偏 / 轮胎异常磨损的原因		了解车辆行驶跑偏 / 轮胎异常磨损的原因	能解释车辆行驶跑偏 / 轮胎异常磨损的原因
检测、调整车轮定位		掌握检测、调整车轮定位的方法	能正确调整车轮定位

三、实施步骤

(一) 解释车轮定位的种类、作用和原理

技能实践

(1) 车轮定位的参数会影响车辆运动过程中的＿＿＿＿＿＿＿和＿＿＿＿＿＿＿。

(2) 回答车辆在什么情况下需要做四轮定位。

（3）汽车的转向车轮、转向节和前轴三者之间的安装具有一定的相对位置，这种具有一定相对位置的安装称为_____。

（4）_____是指车轮中心线相对于汽车前视理想垂线向内或向外的倾斜角。

（5）车轮外倾角既是一个影响轮胎_____的角度，又是一个方向控制角。

（6）_____是指汽车两侧轮胎的前缘之间距离和后缘之间距离的差。

（7）汽车行驶时前束角有助于使两个轮胎尽可能按_____滚动。

（8）_____的正前束会造成不足转向，以及轮胎锯齿形磨损和外侧胎肩磨损。

（9）_____是指滑柱/球节中心线（转向轴）相对于汽车侧视理想垂线的向前或向后的倾斜角。

（10）_____是指转向节上两个转向枢轴点之间的连线与理想垂线之间的夹角。

（11）_____是指汽车左、右两侧轴距之差。

（12）_____决定了汽车重心的位置、制动性、操纵性及平顺性。

（13）将下列定位参数与相应的故障现象描述用线左右连接。

A. 主销后倾角	① 自动跑偏
B. 主销内倾角	② 磨胎
C. 车轮外倾角	③ 转向沉重
D. 前轮前束	④ 原地转向盘回位较差
E. 后错	⑤ 行驶时反向回位
F. 推力角	⑥ 单边前轮刹车拖滞
G. 包容角	

知识学习

1. 车轮定位概述

1）车轮定位的目的

车轮定位的参数会影响车辆运动过程中的操纵和转向。正确的车轮定位对于有效的转向、良好的方向稳定性以及适当的轮胎磨损都很重要。

注意：悬架部件的自然磨损和退化并不会造成定位值的很大变化，因此车轮定位过程中的调整量通常较小。如果发现调整量很大或者某个不可调整的定位值不在正常范围内，一定要检查是否有损坏的部件或者定位设备安装调整不当。

在出现以下情况时，需要对车辆进行车轮定位。

（1）直行时需紧握转向盘，否则汽车会跑偏。

（2）轮胎出现异常磨损，如轮胎单侧磨损或凹凸状羽毛状磨损。

（3）转向时转向盘太重太轻以及快速行驶时转向盘发抖。

（4）车辆更换转向节以及减振器等悬挂系统配件后。

（5）车辆发生碰撞事故后。

（6）当新车行驶 10000km 后。

（7）其他必要情况下。

2）定位角度的分类

汽车的转向车轮、转向节和前轴三者之间的安装具有一定的相对位置,这种具有一定相对位置的安装称为转向车轮定位,也称前轮定位。

前轮定位包括主销后倾角、主销内倾角、前轮外倾角、前轮前束。这是对两个转向前轮而言,对两个后轮来说,同样存在与后轴之间安装的相对位置,称为后轮定位。前轮定位和后轮定位合起来称为车轮定位(四轮定位)。

2. 车轮定位的组成

1）车轮外倾角

车轮外倾角是指车轮中心线相对于汽车前视理想垂线向内或向外的倾斜角,如图 2-3-1 所示。若车轮顶部向外倾斜,离开汽车,则车轮外倾角定义为正外倾;若车轮顶部向内倾斜,靠向汽车,则车轮外倾定义为负外倾。

（1）作用。车轮外倾角既是一个影响轮胎磨损的角度,又是一个方向控制角。它为车辆建立了适当的负荷点,在汽车装载和运动时保持轮胎和道路表面的最大接触,使轮胎磨损均匀并减轻轮毂外轴承的负荷。

（2）原理。一般车轮外倾角为正,加载后接近零(理想状态),若车轮外倾角不

(a) 正的车轮外倾角   (b) 负的车轮外倾角

图 2-3-1   车轮外倾角

正确,会引起轮胎过快磨损;若两侧不等,则产生行驶不稳或跑偏,在实际应用中往往左侧会略大于右侧,用于补偿偏载和路拱。

2）前轮前束

前束是指汽车两侧轮胎的前缘之间距离和后缘之间距离的差,前束或正前束表示两轮胎前缘靠得更近,而反前束或负前束,表示两胎后缘更靠近,如图 2-3-2 所示。

（1）作用。汽车行驶时前束角有助于使两个轮胎尽可能按直线滚动,汽车具有一定量的前束或反前束,用以改善转向响应。

（2）原理。前束是轮胎磨损的关键角,在汽车直行时,它可以保证车轮直线滚动。在汽车转弯时,它改善转向响应,在曲线行驶中起重要作用。过大的正前束会造成不足转向,以及轮胎锯齿形磨损和外侧胎肩磨损。过大的负前束会造成过度转向,以及轮胎锯齿形磨损和内侧胎肩磨损。后轮前束调整不当会造成推力方向偏差,在滑路上摆尾,以及轮胎斜向磨损(随机)。

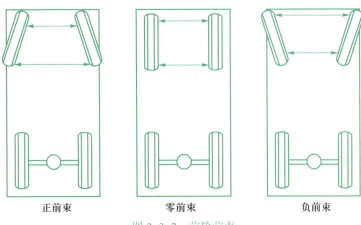

正前束　　零前束　　负前束

图 2-3-2　前轮前束

（3）单侧前束。单侧前束是以汽车中心为基准点，以汽车中心线为参考线，一侧车轮的前束值，如图 2-3-3 所示。绝大多数车轮定位仪都是用度数测量前束值。通过计算汽车中心线与每个车轮总成平行线形成的夹角来确定单侧前束值。

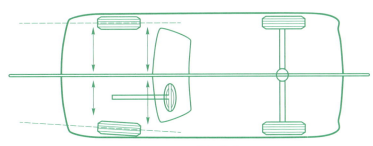

图 2-3-3　单侧前束

（4）转向负前束。转向负前束也称为前轮转向角，是指汽车转弯时，一轮偏转比另一轮多出的量，如图 2-3-4 所示。转向负前束量的形成依赖于转向节总成中的两个转向臂。转向负前束不能调节，所以如果发现转向负前束超出了规范，就应检查转向部件（如转向臂或拉杆等）是否损坏。转向负前束的应用在于使汽车转弯时能够绕同一点转动，并使内侧车轮（左转弯 = 左轮）在一个更小的圆上滚动。所以转弯时，内侧车轮应比外侧车轮偏转一个更大的角度。如果做不到这一点，内侧车轮就不能沿理想曲线滚动，会在道路表面沿对角线拖动，形成严重的噪声和轮胎磨损。

　　3）主销后倾角

汽车主销是指转向轮围绕其转动的轴线。在早期一些车型上，主销是一根高硬度的钢棍，转向节以其为中心线转动，如前桥是钢板弹簧的货车结构。在现代汽车上，这一部件被取消了，取而代之的是转向轴线，这是一条虚拟线，从转向轴承到下摆臂的球头之间的一条旋转轴线，如图 2-3-5 所示。

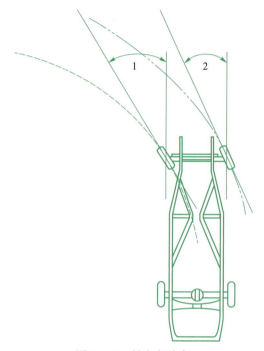

图 2-3-4 转向负前束

1—内侧转向角；2—外侧转向角

主销后倾角是指滑柱/球节中心线(转向轴)相对于汽车侧视理想垂线的向前或向后的倾斜角。当转向轴线顶端位于垂线后面时(即向汽车后方倾斜时)，主销后倾角称为正后倾角；而转向轴顶端倾向理想垂线前方时，主销后倾角称为负后倾角。常见的车辆都是主销正后倾角，如图 2-3-6 所示。

图 2-3-5 汽车主销

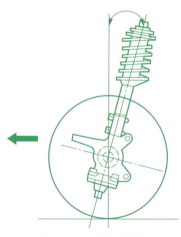

图 2-3-6 主销后倾角

（1）作用。主销后倾角的作用是有助于车轮保持直线行驶能力（方向稳定性）及转弯后的转向盘回正能力。

（2）原理。主销后倾角不是影响轮胎磨损的角度，仅是一个方向控制角。过大的正后倾角会造成：转向时所需转向力过大；道路感变差。过大的负后倾角会造成：高速时过于敏感；造成车辆运行摇摆；减小转向回位能力。两边主销后倾角之差过大会造成：车辆向后倾角较小的一侧跑偏。

4）主销内倾角

（1）概念。主销内倾角也即转向轴线内倾角（SAI），指的是转向节上两个转向枢轴点之间的连线与理想垂线之间的夹角，它与芯轴或轮毂相关。

（2）作用及原理。主销内倾角的结构原理如图 2-3-7 所示。其作用：SAI 不影响轮胎磨损，但它影响方向稳定性；SAI 有助于转向盘回正，并能使磨胎半径减至最小；检查 SAI 有利于找出影响车轮定位的一些问题。其工作原理：一般主销内倾角大于主销后倾角，所以对行驶稳定性作用更大，主销内倾角还能减小转向力的作用（主销内倾角减小磨胎半径）。SAI 还用于帮助调节主销后倾角、车轮外倾角和前束在正常或非正常行驶时发生的变化。

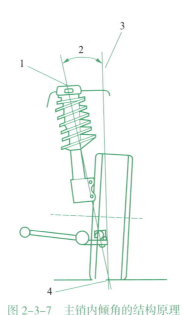

图 2-3-7　主销内倾角的结构原理

1—转向轴线中心线；2—转向轴线内倾角（SAI）；3—理想垂线；4—转动点

5）推力角

（1）概念。推力角是车辆在俯视平面内纵向轴线和推力线（是一条假想的线，从后轴中心向前延伸，由两后轮共同确定的后轴行驶方向线）的夹角，如图 2-3-8 所示。若后轮指向汽车中心线的左侧，则推力角定义为负（见图 2-3-8 中 A）；若后轮指向汽车中心线的右侧，则推力角定义为正（见图 2-3-8 中 B）。

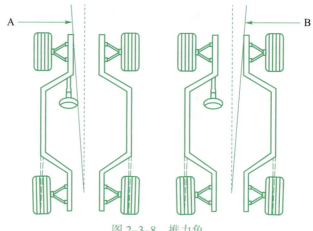

图 2-3-8　推力角

（2）作用。如果前轮不做修正，那么推力线便是后轮的运动方向。推力角的失调可能会引起轮迹问题。推力角不正确会造成车辆跑偏、转向盘不对中、斜行轮迹。在转向时，可能导致车辆转向过度或不足。还会造成与车轮前束问题相类似的轮胎异常磨损。

（3）原理及调整。推力角和两后轮的定位角度是完全相关的，只有两后轮的定位角度确定了，推力角才会确定。推力角是建立在四轮定位的基础上的。要调整推力角首先要确定车辆的四轮定位角度，四轮定位角度准确了，推力角自然也就准确了。

6）包容角

包容角是指车轮外倾角和转向轴线内倾角之和，结构原理如图 2-3-9 所示。

包容角的作用：包容角是一个方向控制角，如果左、右侧不相等，会引起汽车行驶跑偏。

7）轴距

（1）概念。轴距是指通过车辆同一侧相邻两车轮的中点，并垂直于车辆纵向对称平面的二垂线之间的距离。简单地说，就是汽车前轴中心到后轴中心的距离，如图 2-3-10 所示。

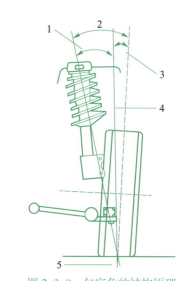

图 2-3-9　包容角的结构原理

1—转向轴线内倾角；2—包容角；3—车轮正外倾角；4—理想垂线；5—磨胎半径

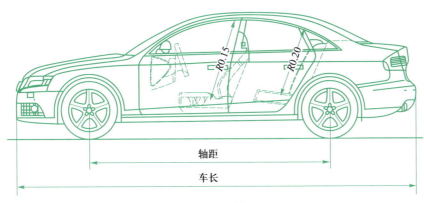

图 2-3-10　轴距

后错是指汽车左、右两侧轴距之差,如图 2-3-11 所示。一侧轴距比另一侧轴距后缩一定距离,形成两侧轴距的微小差别。后错规格是为了满足发动机舱或车架上各部件的布置,是由制造商设计确定的。汽车维修店在矫直车架、副车架或整体式车身时,也应满足后错指标。车身校正技师可以通过测量后错作为说明车架、副车架或整体车身是否损坏的一个指标。

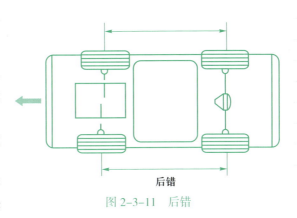

图 2-3-11　后错

正后错:以左侧轴距作为基准,右侧轴距短。

负后错:以左侧轴距作为基准,右侧轴距长。

(2) 作用。轴距是一个很重要的参数,它与汽车的性能息息相关。轴距决定了汽车重心的位置、制动性、操纵性及平顺性。轴距越大行驶稳定性越好,但是车辆的转弯半径必然会增大,凸凹不平的路面通过性就会变差,轴距较小则相反。因此汽车轴距一旦改变,就应重新进行总布置设计,特别是传动系和车身部分的尺寸,重新调整悬架系统中的弹簧及吸震器参数,转向系中的转向梯形拉杆尺寸。同时轴距的改变也会引起前、后桥轴荷分配的变化,从而应考查这些因素对汽车的影响。

(二) 分析车辆行驶跑偏 / 轮胎异常磨损的原因

技能实践

(1) _____消除部件变形影响。

(2) 正的_____使汽车行驶中回正。

(3) _____可以形成较短的主销偏距。

(4) 正的_____使车辆向左跑偏。

（5）写出车辆行驶跑偏的原因。

（6）写出轮胎异常磨损的原因。

📝 知识学习

车辆行驶跑偏 / 轮胎异常磨损的原因如表 2-3-1 所示。

表 2-3-1   车辆行驶跑偏 / 轮胎异常磨损的原因

项目	定义 正负值识别	作用 产生结果	跑偏	补充说明	磨胎	补充说明
束角	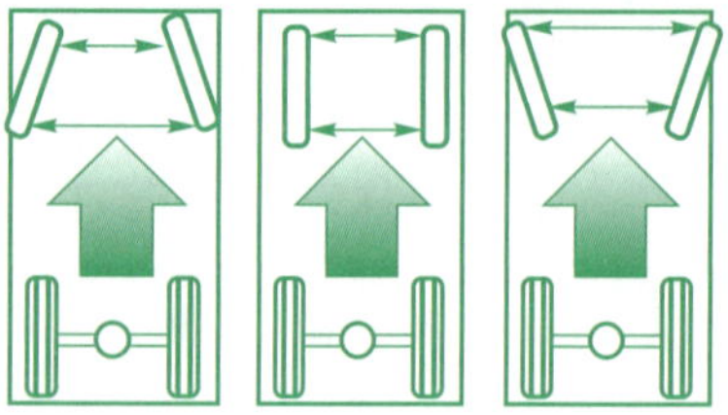	（1）消除车轮外倾锥形滚动效果。正束角:提供直线稳定性;负束角:稍有转向输入即可开始转向,节省转向操纵力。 （2）消除部件变形影响	是	（1）前束角不影响。 （2）后束角影响	是	磨损:胎肩羽状(内或外)

续表

项目	定义 正负值识别	作用 产生结果	跑偏	补充说明	磨胎	补充说明
主销后倾	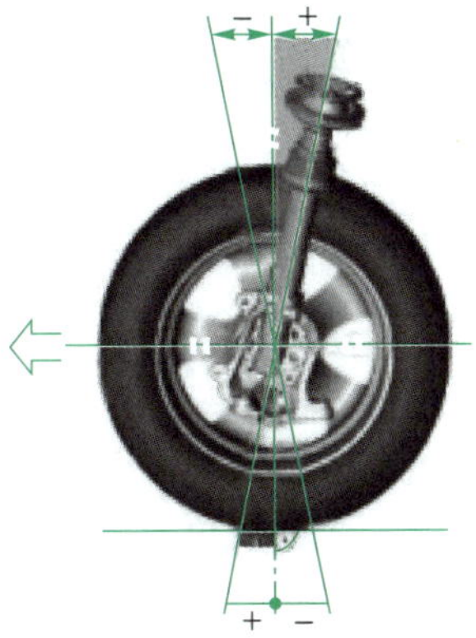	产生了主销后倾拖距，拖距越大，转向所需的力就越大。 (1) 正角：行驶中回正。 (2) 负角：灵活	是	车辆向角度小的一侧跑偏	否	不影响
主销内倾	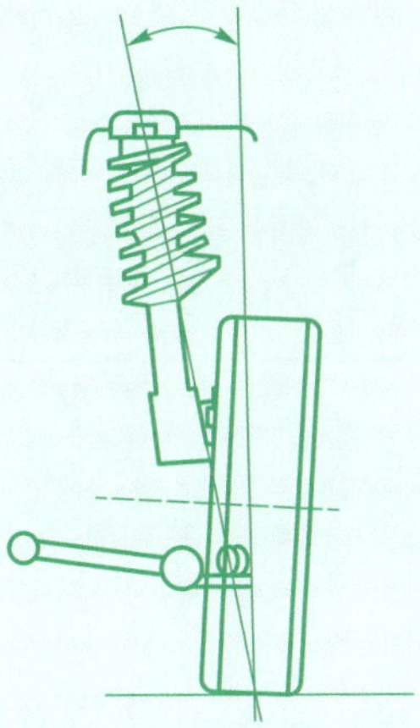	(1) 利用车身质量产生回正／趋势，减小转向（回轮）所需力矩。 (2) 悬架倾斜，缓冲作用在轮胎上的力。 (3) 主销内倾可以形成较短的主销偏距	否	不影响	否	不影响
主销偏距		(1) 正角：有利于转向。 (2) 负角：有利于稳定。这种设置帮助车辆在轮胎受到不均等的作用力时保持直线行驶	是	正角：向偏距大的一侧跑偏，急加速时明显	否	不影响轮胎痕迹／受力分布

续表

项目	定义 正负值识别	作用 产生结果	跑偏	补充说明	磨胎	补充说明
推力角		（1）推力轴由后束角产生，后轴产生转向效果。 （2）车辆理想状态接近0。 （3）前车轮束角的测量基于后轮的位置	是	（1）正角：车辆向左跑偏。 （2）负角：车辆向右跑偏	是	（1）前轴补偿，转向盘不居中。 （2）一侧外侧磨损，另一侧内侧磨损

（三）检测、调整车轮定位

技能实践

根据所学内容，参考维修手册，完成车轮定位的检测、调整并填写工作任务单。

车轮定位的检测、调整	工作任务单	班级：
		姓名：

1. 车辆信息记录

品牌		整车型号		VIN 码	
电机功率		减速器型号		行驶里程	
车辆维修记录					

2. 作业场地准备

（1）是否设置隔离栏	□是　□否
（2）是否设置安全警示牌	□是　□否
（3）是否检查灭火器压力、有效期	□是　□否
（4）是否安装车辆挡块	□是　□否

续表

3. 检测、调整车轮定位前相关检查

(1) 检查车轮磨损情况	□正常　□异常
(2) 检查轮胎气压情况	□正常　□异常
(3) 检查轮辋变形情况	□正常　□异常
(4) 检查转向横拉杆有无松动	□正常　□异常

4. 检测、调整车轮定位

序号	操作步骤	备注

5. 作业操作结束检验

(1) 车辆是否正常上电	□是　□否
(2) 车辆是否正常切换挡位	□是　□否
(3) 轮胎压力是否正常	□是　□否

6. 作业场地恢复

(1) 拆卸车内三件套	□是　□否
(2) 拆卸翼子板布	□是　□否
(3) 将高压警示牌等放至原位置	□是　□否
(4) 清洁、整理场地	□是　□否

知识学习

1. 定位前的检测操作

（1）全部车轮轮胎磨损情况，如左右轮胎磨损量不均等，或有严重磨损、偏磨现象，应更换新轮胎。

（2）检查轮胎气压。

（3）车轮轮辋有无变形。

（4）检查轮胎径向、横向跳动量：径向跳动 <3 mm，横向跳动 <3 mm。

（5）检查悬架系统各部件有无变形及损坏，如果有，需更新零件。

（6）检查悬架系统各部件间紧固件连接有无松动，如果有，需按相关技术要求重新拧紧。

（7）检查转向横拉杆端，如果发现松动，应在调整前修正。

（8）检查测量设备的状态是否良好，并按照制造厂商提供的说明书来进行操作。

（9）燃油箱为半满。

2．车轮定位调整

应按照车轮定位的标准流程进行车轮定位。一般可以进行的调整操作是车轮外倾角调整和车轮前束角调整。

1）后部车轮外倾角调整

在做车轮定位时，发现后轮的外倾角出现异常，可通过偏心螺栓进行调整。偏心螺栓位置如图 2-3-12 所示。注意，在调整前，因优先在该螺栓上与安装座上做标记，目的是便于观察调整前后变化量的大小。

微课
四轮定位

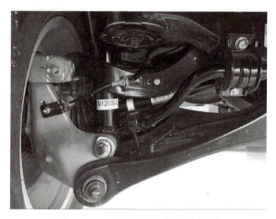

图 2-3-12　后部车轮外倾角调整

2）后部车轮前束角调整

在做车轮定位时，发现后轮的前束出现异常，可通过偏心螺栓进行调整。偏心螺栓位置如图 2-3-13 所示。注意，在调整前，因优先在该螺栓上与安装座上做标记，目的是便于观察调整后变化量的大小。

3）前部车轮外倾角调整

前部车轮外倾角可以通过安装不同角度的偏心螺栓的方式来进行调整，如图 2-3-14 所示。具体车型以本车型维修技术资料为准。事故车辆若测量值与标准值相差过大，则需检查前悬架系统，并视情况更换前悬架系统相关部件。

4）前轮前束调整

按设定的前束参数要求进行调整，如图 2-3-15 所示。用开口扳手以相同的力矩分别转动左、右内拉杆，在调整中应保证左、右两边球销到横拉杆根部距离相等。具体数值应以定位仪数据为准。

图 2-3-13　后部车轮前束角调整

图 2-3-14　前部车轮外倾角调整

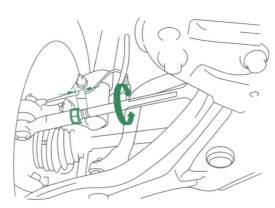

图 2-3-15　前轮前束调整

 四、学习测试

（一）单项选择题

1. 主销后倾角过大会造成（　　　）。
   A. 转向轻便　　　　B. 转向跑偏　　　　C. 转向沉重　　　　D. 转向不稳

2. 主销内倾角的作用除了使转向操纵轻便，还具有（　　　）的能力。
   A. 使转向轮自动回正　　　　　　B. 减小轮胎磨损
   C. 减小车轮行驶跑偏　　　　　　D. 提高车轮的安全性

3. 负值的外倾角有助于提高（　　　）。
   A. 高速行驶稳定性　　　　　　　B. 转向自动回正能力
   C. 转向轻便　　　　　　　　　　D. 较小机件磨损

4. 四轮定位过程中，前轮应处于四轮定位仪（　　　）。

A. 转角盘中心　　　　　　　　　　B. 转角盘前端

C. 转角盘后端　　　　　　　　　　D. 前后均可

5. 主销内倾角的作用除了使转向操纵轻便,另一作用是(　　　)。

A. 车轮自动回正　　　　　　　　　B. 减少轮胎磨损

C. 减少车轮行驶跑偏　　　　　　　D. 提高车轮工作的安全性

6. 前轮前束的作用是(　　　)。

A. 减轻或消除因前轮外倾所造成的后果

B. 车轮自动回正

C. 减小轮胎磨损

D. 形成车轮回正的稳定力矩

7. 前轮前束可通过改变(　　　)来调整。

A. 转向轮角度　　　　　　　　　　B. 转向纵拉杆长度

C. 转向横拉杆长度　　　　　　　　D. 梯形臂位置

8. 有下列哪一种情况不需要对车辆进行四轮定位?(　　　)

A. 直行时需紧握转向盘否则汽车会跑偏

B. 更换过轮胎后

C. 轮胎出现异常磨损,如轮胎单侧磨损或出现凹凸状羽毛状磨损

D. 车辆发生碰撞事故后

9. 总装车间四轮定位不包含以下哪条?(　　　)

A. 前轮外倾角　　　　　　　　　　B. 后倾角

C. 前束　　　　　　　　　　　　　D. 动平衡

10. 经常检查胎压,以及胎面的磨损情况,一年做(　　　)次四轮定位,2 万千米换位。

A. 1　　　　　　　B. 2　　　　　　　C. 3　　　　　　　D. 4

(二) 判断题

1. 在给车辆做四轮定位时,不需要对 4 个轮胎的气压进行检测。　　　　(　　　)

2. 四轮定位仪大剪升起汽车后,不需要启动安全锁,对操作安全无影响。(　　　)

3. 根据系统提示转动转向盘时,应拔掉转向盘插销。　　　　　　　　　(　　　)

4. 前束调整结束后,不需要对拉杆的锁紧螺母进行锁紧。　　　　　　　(　　　)

5. 车轮外倾角过大时,会造成轮胎偏磨,即"吃胎"。　　　　　　　　　(　　　)

6. 调整定位参数时,应将转向盘用固定架固定。　　　　　　　　　　　(　　　)

7. 固定转向盘前,应左右摆动转向盘数次,不能一次打正并固定。　　　(　　　)

8. 在前轮外倾角检测时,只要每个轮的外倾角都在各自的公差范围即可,不必考虑左右两侧车轮外倾角的差值。　　　　　　　　　　　　　　　　　　(　　　)

9. 对于后轮定位角不能调整的车辆,检测调整时,无须拔下举升机后滑板的固定销。　　　　　　　　　　　　　　　　　　　　　　　　　　　　　　　(　　　)

10. 定位检测时,车辆前轮应尽量停放在转角盘中心。　　　　　　　　　(　　　)

五、评价总结

(一) 自我评价

结合学习过程及学习效果,对自己的学习主动性和效果进行自评,评价等级为优、良、合格和不合格,针对出现的失误进行反思,完善改进方向及改进措施。

评价维度		评价标准	评级
学习主动性	课前	课前预习,完成老师布置的课前任务	
	课中	积极思考,参与课堂互动;辅助老师完成教学演示或模拟练习	
	课后	及时总结,完成课后练习任务,并向老师反馈学习建议	
学习效果		能解释车轮定位的种类、作用和原理	
		能解释车辆行驶跑偏/轮胎异常磨损的原因	
		能正确调整车轮定位	
任务实施过程中出现的失误			
改进的方向及措施			

(二) 学生互评

通过提问、观察同学的演示以及上课的情况,对同学这次学习任务的效果开展评价,评价等级为优、良、合格和不合格,指出任务实施过程中出现的失误,给出改进建议。

小组成员姓名:

评价维度	评价标准	评级
学习效果	能解释车轮定位的种类、作用和原理	
	能解释车辆行驶跑偏/轮胎异常磨损的原因	
	能正确调整车轮定位	
任务实施过程中出现的失误		
建议		

项目三 ▶▶▶

转向系统的检查、诊断和维修

▶ 项目描述

在汽车行驶过程中,驾驶人需要根据道路状况频繁地改变行驶方向,因此对于轮式汽车来讲,转向系统能够使与转向桥相连的车轮相对于汽车的纵轴线偏转一定的角度,从而实现车辆转向。根据转向动力不同,转向系统分为机械转向系统和动力转向系统。了解转向系统的组成,并掌握转向系统的保养与维修,是新能源汽车售后服务人员岗位工作能力的最基本要求。本项目学习识别转向系统、对转向系统进行保养并拆装和更换转向系统以及维修电动助力转向系统。本项目包含以下3个工作任务。

任务一:转向系统的检查与保养。

任务二:转向系统的拆装与更换。

任务三:电动助力转向系统的检测与维修。

通过完成以上3个工作任务,应能够描述转向系统的组成及工作原理,对转向系统进行保养并拆装和更换转向系统,按照标准流程对电动助力转向系统故障进行诊断。

任务一　转向系统的检查与保养

 一、任务描述

　　新能源汽车保养项目分别为制动系统、空调系统、充电系统、底盘部分、车身部分、动力电池系统、冷却系统、转向系统。某客户的新能源汽车行驶 6 万千米，到维修店保养，但是客户想了解保养的具体项目有哪些，特别是转向系统如何保养，作为检修人员，你能为客户进行解答吗？

二、任务目标

实施步骤	素养目标	知识目标	技能目标
了解转向系统组成及工作原理	树立良好的安全防范意识	描述转向系统的结构组成与分类；解释转向系统的工作原理	能认识转向系统的基本组成与分类；能解释转向系统的工作原理
掌握转向系统常规保养检查	培养生产作业中良好的职业素养	熟悉转向系统常规保养检查项目	能对转向系统进行常规保养检查

三、实施步骤

（一）了解转向系统组成及工作原理

技能实践

（1）用来改变或保持汽车行驶或倒退方向的一系列装置称为＿＿＿＿＿＿。

（2）转向系统是由＿＿＿＿＿、＿＿＿＿＿和＿＿＿＿＿三部分组成的。

（3）根据转向动力不同，转向系统分为＿＿＿＿＿和＿＿＿＿＿。

（4）查找吉利 EV450 轿车维修手册，结合实车观察转向系统的组成部分，写出以下各零部件的名称。

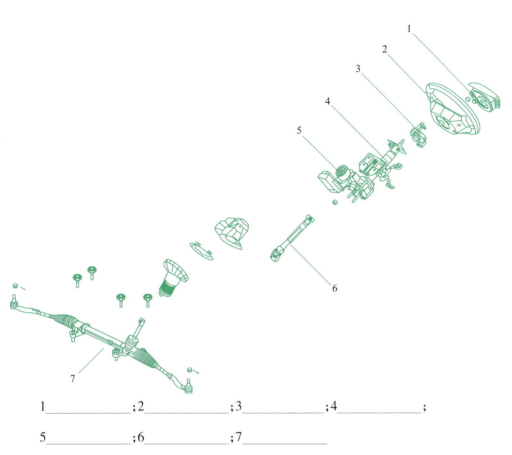

1＿＿＿＿＿＿＿＿＿；2＿＿＿＿＿＿＿＿＿；3＿＿＿＿＿＿＿＿＿；4＿＿＿＿＿＿＿＿＿；

5＿＿＿＿＿＿＿＿＿；6＿＿＿＿＿＿＿＿＿；7＿＿＿＿＿＿＿＿＿

 知识学习

1. 转向系统

1）转向系统的定义与分类

用来改变或保持汽车行驶或倒退方向的一系列装置称为汽车转向系统（steering system）。汽车转向系统的功能是按照驾驶人的意愿控制汽车的行驶方向。

根据转向动力不同，转向系统分为机械转向系统和动力转向系统。机械转向系统通常由转向操纵机构、转向器和转向传动机构组成，如图 3-1-1 所示。根据助力形式的不同，动力转向系统分为液压助力式（图 3-1-2）、电动助力式、电液助力式等。

2）转向系统组成

转向系统的基本组成如下。

（1）转向操纵机构（图 3-1-3）。转向操纵机构的作用是产生带动转向器所必需的操纵力，并具有一定的调节性和安全性。转向操纵机构主要包括转向盘、转向柱管、转向轴、上万向节、下万向节等。

动画

转向系统
功用

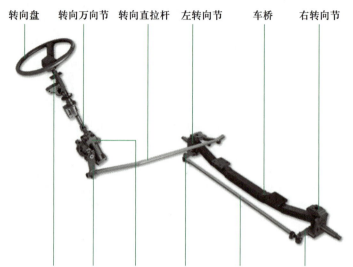

转向盘　转向万向节　转向直拉杆　左转向节　车桥　右转向节

转向轴　转向摇臂　转向器　左梯形臂　转向横拉杆　右梯形臂

图 3-1-1   机械转向系统

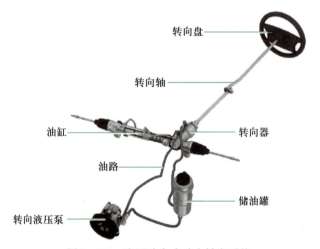

转向盘

转向轴

油缸

转向器

油路

储油罐

转向液压泵

图 3-1-2   液压助力式动力转向系统

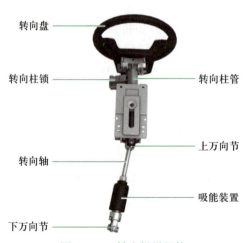

转向盘

转向柱锁

转向柱管

上万向节

转向轴

吸能装置

下万向节

图 3-1-3   转向操纵机构

① 转向盘。转向盘的作用主要是将驾驶人施加在转向盘的力矩传递给转向柱。转向盘通过细齿花键与转向轴连接，并用螺母或螺栓紧固，其内部由金属骨架构成，骨架的外面一般包有柔软的合成橡胶或树脂，起到缓冲作用。当转向盘转动时，这些电气元件也随之转动。为了保证它们正常工作，这些电气元件的线束连接需要使用螺旋线束，如图 3-1-4 所示。

动画
液压助力转向系统组成

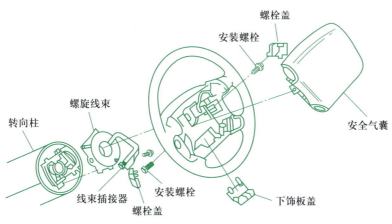

图 3-1-4 转向盘及相关零件

② 转向柱与万向节。转向柱位于转向盘和转向器之间，其主要作用是将来自转向盘的转向力矩传递给转向器。转向柱主要由转向柱管、转向轴、转向传动轴、万向节、转向柱调整机构等组成，如图 3-1-5 所示。

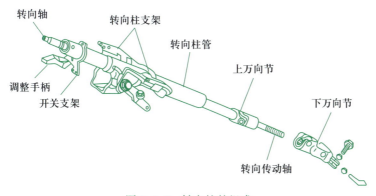

图 3-1-5 转向柱的组成

转向轴采用轴承支承在转向柱管中，上端采用细齿花键与转向盘连接，并用螺栓或螺母紧固，下端通过万向节（通常称为上万向节）连接转向传动轴。转向传动轴也称中间轴，它穿过地板通孔，并通过万向节（通常称为下万向节）与转向器输入轴连接。万向节既能保证转向轴、转向传动轴和转向器输入轴正常转动，又允许转向轴与转向器输入轴有一定的轴向移动。

（2）转向器。转向器是将转向盘的转动变为转向摇臂的摆动或齿条轴的直线往复运动，并对转向操纵力进行放大的机构。转向器一般固定在汽车车架或车身上，转向操纵力通过转向器后一般还会改变传动方向。转向器类型主要有循环球式、齿轮齿条式两种。

① 循环球式转向器。循环球式转向器分为循环球－齿条齿扇式和循环球－滑块曲柄销式两种。其中循环球－齿条齿扇式应用较广。它有两级传动副，第一级是螺杆螺母传动副，第二级是齿条齿扇传动副。图 3-1-6 所示为循环球－齿条齿扇式转向器。

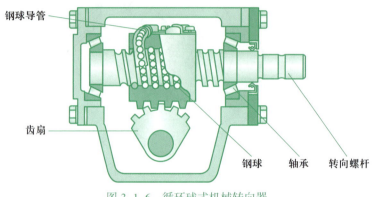

钢球导管

齿扇

钢球　轴承　转向螺杆

图 3-1-6　循环球式机械转向器

② 齿轮齿条式转向器。齿轮齿条式转向器通常安装在副车架或发动机托架上，且安装点采用橡胶衬垫隔离振动和冲击。齿轮齿条式转向器具有结构简单、质量小、转向灵敏、成本低、便于布置等特点，因此广泛应用于小客车和轻型汽车上。

如图 3-1-7 所示，齿轮齿条式转向器主要由输入轴、小齿轮、齿条、转向器壳体等组成。齿条两端通过球节（通常称为内球节）连接转向横拉杆，球节可以满足转向轮相对于转向器空间运动的要求。

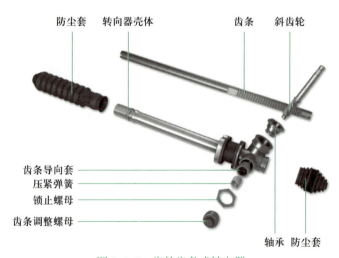

防尘套　转向器壳体　　　齿条　斜齿轮

齿条导向套
压紧弹簧
锁止螺母
齿条调整螺母

轴承　防尘套

图 3-1-7　齿轮齿条式转向器

工作原理示意图如图 3-1-8 所示,转向时输入轴上的小齿轮从转向轴获得旋转力矩,驱动与之啮合的齿条做横向移动,与齿条直接连接的转向横拉杆也随之横向移动,从而驱动转向传动机构中的其他部件工作,使转向轮偏转相应的角度,实现汽车转向。

图 3-1-8　齿轮齿条式转向器工作原理示意图

③ 有关参数。

a. 角传动比:转向系统角传动比是指转向盘的转角与转向盘同侧的转向轮偏转角的比值,一般用 β 表示。选取角传动比时应兼顾转向省力和转向灵敏的要求。

b. 转向盘自由行程:转动转向盘时,先要消除这些间隙并克服机件的弹性变形后,万向节才做相应的转动,即转向盘有一空转过程。转向盘为消除间隙、克服弹性变形所空转过的角度称为转向盘自由行程。一般规定转向盘从直行中间位置向任一方向的自由行程不超过 10°~15°。通常通过调整转向器传动副的啮合间隙来调整转向盘自由行程。

c. 传动效率:转向器的输出功率与输入功率之比称为转向器传动效率。当功率由转向盘输入,从转向摇臂输出时,所求得的传动效率称为正效率;反之则称为逆效率。转向器正效率的高低关系到转向操作的轻便性,希望正效率高;转向器逆效率关系到路面的冲击能否上传到转向盘上来,影响到驾驶人可从转向盘得到"路感"。逆效率高,驾驶人获得的"路感"强。

(3) 转向传动机构。转向传动机构是将转向器输出的力和运动传给车轮(转向节),并使左、右车轮按一定关系进行偏转的机构。它允许有一些挠性运动,来适应车轮和悬架的运动。转向传动机构是一个杆和臂的组合件。转向传动机构的组成和布置因转向器结构形式、安装位置及悬架类型而有所不同。

转向传动机构中设计有转向梯形机构。在汽车转向时,转向梯形机构使内侧车轮偏转的角度大于外侧车轮偏转的角度,以尽可能地保证汽车所有车轮做纯滚动,从而避免路面对汽车产生附加阻力和轮胎过快磨损。转向梯形机构的几何参数直接影响内、外侧转向轮偏转的角度,而它的几何参数受转向传动机构部件尺寸的影响。

图 3-1-9 所示为拉杆式转向传动机构,它与齿轮齿条式转向器配合使用,它主要由横拉杆、梯形臂、转向节(球节)等组成。当齿条左、右移动时,横拉杆也随之等量移动,推动梯形臂及转向节绕着支点转动,从而使转向轮偏转相应的角度。

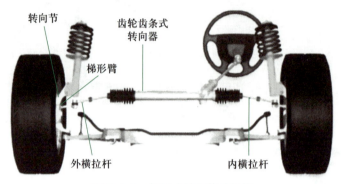

图 3-1-9 拉杆式转向传动机构

横拉杆是转向梯形机构的底边,齿轮齿条式转向器两侧各有一根转向横拉杆,连接在齿条和梯形臂之间。横拉杆由内横拉杆和外横拉杆组成,外横拉杆套在内横拉杆一端,并用锁紧螺母锁紧,如图 3-1-10 所示。松开锁紧螺母,转动内横拉杆,可以调整横拉杆的长度,从而调整转向轮前束。

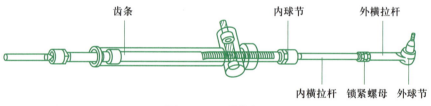

图 3-1-10 横拉杆

转向传动机构中所有运动部件大都使用球节连接,球节跟随转向传动机构左右移动,并且允许相关部件跟随悬架上下跳动。球节的结构如图 3-1-11 所示。球节的润滑至关重要,因此有些球节设计有润滑脂加注孔。有些汽车使用密封式球节,如图 3-1-12 所示,这种球节不需要定期加注润滑脂。

① 与非独立悬架配用的转向传动机构。与非独立悬架配用的转向传动机构如图 3-1-13 所示,其布置类型主要有 3 种形式,如图 3-1-13(a)~(c)所示。转向传动机构由转向摇臂、转向直拉杆、转向节臂和转向梯形等零部件共同组成,其中转向梯形由梯形臂、转向横拉杆和前梁共同构成。各杆件之间都采用球形铰链连接。

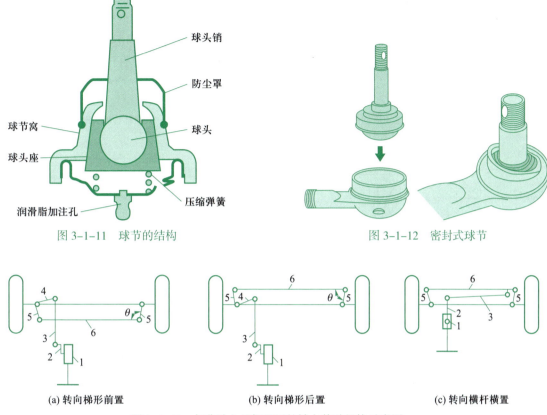

图 3-1-11 球节的结构

图 3-1-12 密封式球节

(a) 转向梯形前置

(b) 转向梯形后置

(c) 转向横杆横置

图 3-1-13 与非独立悬架配用的转向传动机构示意图

1—转向器；2—转向摇臂；3—转向直拉杆；4—转向节臂；5—梯形臂；6—转向横拉杆

a. 转向摇臂。转向摇臂是把转向器输出的力和运动传给转向直拉杆或转向横拉杆的传动件，其结构如图 3-1-14 所示。为保证装配关系正确，在转向摇臂轴的外端面和摇臂上孔的外端面上刻有装配标志。转向摇臂的小端锥形孔装有与转向直拉杆相连接的球头销。

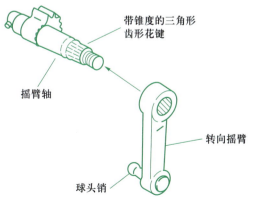

图 3-1-14 转向摇臂的结构

　　b. 转向直拉杆。转向直拉杆的结构如图 3-1-15 所示。转向直拉杆的中间段为实心或空心杆件,两端则较粗,内装球头销座。球头销座分别将两个球头销的球头夹住,通过球头销一端与转向摇臂连接,另一端与转向节臂(或梯形臂)连接。在球头销座的两侧或一侧有压缩弹簧和端部螺塞,保证球头销和转向直拉杆的铰链连接不松旷。弹簧预紧力可由端部螺塞调节。

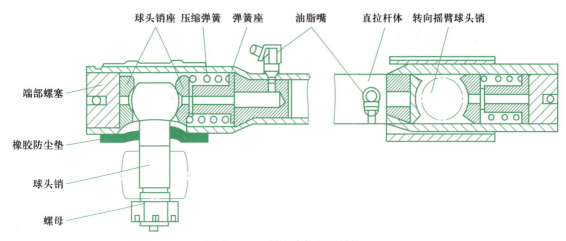

图 3-1-15　转向直拉杆的结构

　　c. 转向横拉杆。转向横拉杆是连接左、右梯形臂的传动件,其结构如图 3-1-16 所示。转向横拉杆由转向横拉杆体(图中未画出)和两端的横拉杆接头 1 组成。球头销 14 的球头置于横拉杆接头的两球头座 9 内,球头销的尾部与梯形臂或转向节臂相连。

　　d. 转向节臂和梯形臂。转向横拉杆通过转向节臂与转向节相连。转向横拉杆两端经左、右梯形臂与转向节相连。转向节臂和梯形臂带锥形柱的一端与转向节锥形孔相配合,用键来防止螺母松动。臂的另一端带有锥形孔,与相应的拉杆球头销锥形柱相配合,同样用螺母紧固后插入开口销锁紧,如图 3-1-17 所示。

　　② 与独立悬架配用的转向传动机构。当转向轮采用独立悬架时,由于每个转向轮都需要相对于车架(或车身)做独立运动,所以,转向桥必须是断开式的。与此同时,转向传动机构中的转向梯形也必须分成两段或三段。图 3-1-18 所示为与独立悬架配用的转向传动机构示意图。

2. 转向系统的工作原理

　　驾驶人通过一套机构使转向轮产生一定的偏转角度。当驾驶人给转向盘施加一个转向力矩,转向盘会转动相应的角度,力矩通过转向轴、转向万向节和转向传动轴输入至转向器,转向器将转向盘传来的力矩进行放大后输出,化为转向摇臂的摆动,转向摇臂拉动转向直拉杆和转向节臂,从而使转向节及左转向轮偏转。同时,左转向节带动左梯形臂摆动,左梯形臂通过转向横拉杆带动右梯形臂,使右转向节及右转向轮偏转。左、右转向节的梯形臂和转向横拉杆组成转向梯形。

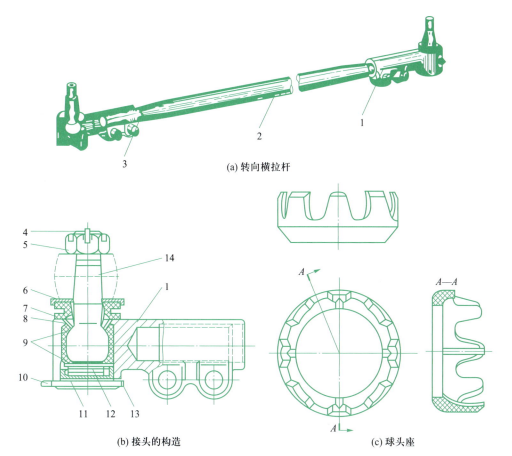

动画
转向系统
工作原理

(a) 转向横拉杆

(b) 接头的构造　　　　　　　(c) 球头座

图 3-1-16　转向横拉杆的结构

1—横拉杆接头；2—横拉杆体；3—夹紧螺栓；4—开口销；5—槽形螺母；6—防尘垫座；7—防尘垫；
8—防尘罩；9—球头座；10—限位销；11—螺塞；12—弹簧；13—弹簧座；14—球头销

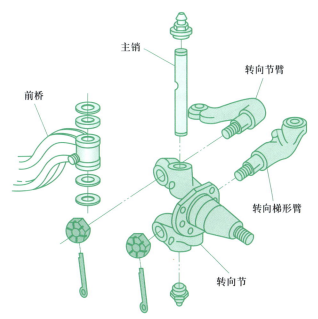

图 3-1-17　转向节、转向节臂和转向梯形臂

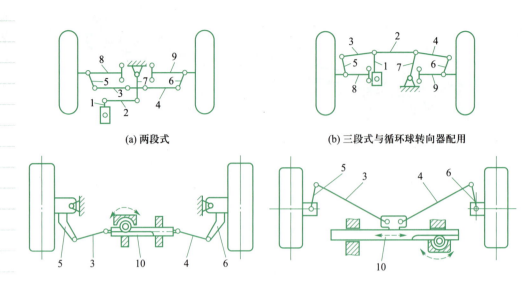

(a) 两段式　　　　　　　　　(b) 三段式与循环球转向器配用

(c) 与齿轮齿条式转向器配用1　　　(d) 与齿轮齿条式转向器配用2

图 3-1-18   与独立悬架配用的转向传动机构示意图

1—转向摇臂；2—转向直拉杆；3—左转向横拉杆；4—右转向横拉杆；5—左梯形臂；6—右梯形臂；
7—摇杆；8—悬架左摆臂；9—悬架右摆臂；10—齿轮齿条式转向器

转向系统工作原理示意图如图 3-1-19 所示。

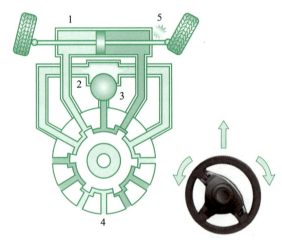

图 3-1-19   转向系统工作原理示意图

1—动力油缸；2—转向油罐；3—转向液压泵；4—控制阀；5—转向齿轮

(二) 掌握转向系统常规保养检查

 技能实践

(1) 指出图示指定部分名称,填写在对应序号线内。

1 _____ ;2 _____ ;3 _____ ;4 _____ ;

5 _____ ;6 _____ ;7 _____ ;8 _____

(2) 根据所学的内容,参考维修手册,完成转向系统的常规保养检查并填写工作任务单。

掌握转向系统常规保养检查	工作任务单	班级:
		姓名:

1. 车辆信息记录

品牌		整车型号		VIN 码	
车辆保养记录					

2. 作业场地准备

(1) 作业所需要的工具设备是否完备	□是	□否
(2) 举升机举升情况是否正常	□是	□否
(3) 是否检查灭火器压力、有效期	□是	□否
(4) 是否安装车辆挡块	□是	□否

续表

3. 上车,检查转向盘	
(1) 检查转向操纵力是否正常	□正常　□异常
(2) 检查转向盘回位是否正常	□正常　□异常
(3) 检查转向盘自由行程是否正常	□正常　□异常
4. 举升车辆到底盘作业高度,检查转向传动机构	
(1) 检查转向摇臂是否有裂纹、磨损、损坏	□是　□否
(2) 检查转向拉杆是否有裂纹、弯曲	□是　□否
(3) 检查转向节臂和梯形臂是否有裂纹	□是　□否
(4) 检查转向臂及横拉杆是否有裂纹、松动	□是　□否
(5) 调整转向拉杆球头销预紧度	□正常　□异常
5. 作业场地恢复	
(1) 拆卸车内三件套	□是　□否
(2) 清洁、整理场地	□是　□否

 知识学习

1. 转向盘的检查

1) 检查转向操纵力

(1) 检查转向操纵力时,将汽车停在水平干燥的路面上,油液温度达到 40~80 ℃,轮胎气压正常,并使前轮处于直线行驶位置。

(2) 发动机怠速运转,将一弹簧秤钩在转向盘边缘上,拉动转向盘,检查转向盘左右转动一圈所需拉力变化。一般来说,如果转向操纵力超过 44.5 N,说明动力转向工作不正常,应检查有无皮带打滑或损坏、转向油泵输出油压或油量是否低于标准、油液中是否渗入空气、油管是否有压瘪或弯曲变形等故障。

2) 转向盘回位检查

检查时,边行驶边察看下列各项。

(1) 缓慢或迅速转动转向盘,检查两种情况下的转向盘操纵力有无明显的差别,并检查转向盘能否回到中间位置。

(2) 使汽车以约 3.5 km/h 的速度行驶,将转向盘顺时针或逆时针转动 90°,然后放开手 1~2 s,如果转向盘能自动回转 70° 以上,说明工作正常;否则应查明故障原因并予以排除。

3) 转向盘自由行程检查

如图 3-1-20 所示,检查自由间隙时,使汽车处于直线行驶的位置,起动车辆,左右转动转向盘最大自由行程,由中间位置向左或向右应不超过规定值。检查转向盘是否松动和摆动时,两手握住转向盘,将转向盘上下、前后、左右摇动推拉,应无松旷的感觉。各车型转向盘自由行程的参数不尽相同,其测量方法可参见相关维修手册。

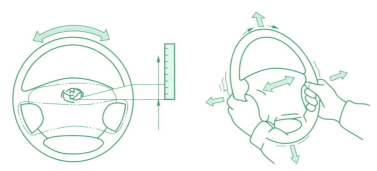

图 3-1-20　检查转向盘自由行程

2. 转向传动机构的检查

1）转向摇臂的检查

（1）用磁力探伤法检查转向摇臂是否有裂纹,若有裂纹应更换。

（2）检查转向摇臂上端的锯齿花键有无磨损、损坏,若有应更换。

（3）检查转向摇臂的锁紧螺母,其螺纹不应有损伤,否则应更换。

（4）检查转向摇臂下端和转向拉杆球头销的连接应牢固、可靠,切不可松旷;否则应修复。

2）转向拉杆的检查

（1）横拉杆杆体有无裂纹、弯曲,其直线度误差一般不大于 2 mm;否则应校直,直拉杆 8 字孔磨损不超过 2 mm。

（2）各螺纹部位不应有损坏,与螺塞配合不松旷;否则应更换。

（3）球头销、球座体及钢碗无裂纹、不起槽;球头销颈部磨损不超过 1 mm,球面磨损失圆不大于 0.50 mm,螺纹完好;弹簧不应有弹力减弱或折断。

（4）防尘装置应齐全有效。

3）转向节臂和梯形臂的检查

（1）转向节臂和梯形臂是否有裂纹,若有应更换。

（2）检查两端部的固定与连接部位不应有松动,要求牢固、可靠。

4）转向臂及横拉杆的检查

（1）松脱、松旷和损伤:检查槽形螺母是否松脱,如松脱应予拧紧。同时,应检查开口销、盖等的装配情况。

（2）使转向盘从直行状况向左、右方向反复转过 60° 左右,此时检查横拉杆、转向臂等是否松脱、松旷。

5）转向拉杆球头销预紧度的调整

（1）组装横、直拉杆总成时,注意在球头销、球碗表面涂抹润滑油。

（2）组装直拉杆时，用弯头扳手将调整螺塞拧到底后，再退回 1/4 圈左右，并使开口销孔对准，然后穿入开口销锁止螺塞，如图 3-1-21 所示。组装横拉杆时，将螺塞拧到底，再退回 1/4~1/2 圈，装上开口销锁止螺塞。

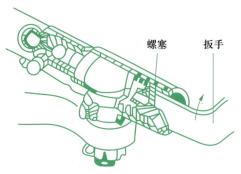

图 3-1-21　转向拉杆球头销预紧度的调整

四、学习测试

（一）单项选择题

1. 转向系统角传动比是指转向盘的（　　　）与转向盘同侧的（　　　）的比值，用 β 表示。选取角传动比时应兼顾转向省力和转向灵敏的要求。

　　A. 异侧的转向轮偏转角，同侧的转向轮偏转角

　　B. 同侧的转向轮偏转角，异侧的转向轮偏转角

　　C. 同侧的转向轮偏转角，转角

　　D. 转角，同侧的转向轮偏转角

2. 一般规定转向盘从直行中间位置向任一方向的自由行程不超过（　　　）。

　　A. 5°~10°　　　　　B. 10°~15°　　　　　C. 15°~20°　　　　　D. 20°~25°

3. 转向器的（　　　）与（　　　）之比称为转向器传动效率。当功率由转向盘输入，从转向摇臂输出时，所求得的传动效率称为正效率；反之则称为逆效率。

　　A. 输出功率，输入功率　　　　　　　　B. 输入功率，输出功率

　　C. 输入功率，总功率　　　　　　　　　D. 输出功率，总功率

4. 转向盘呈圆形，主要作用是将驾驶人施加在转向盘的力矩传递给（　　　）。

　　A. 转向柱　　　　　B. 转向器　　　　　C. 转向杆　　　　　D. 转向套

5. 用来改变或保持汽车行驶或倒退方向的一系列装置称为（　　　）。

　　A. 制动系统　　　　B. 行驶系统　　　　C. 驱动系统　　　　D. 转向系统

（二）多项选择题

1. 根据转向动力不同，转向系统分为（　　　　　　）。

A. 动力转向系统　　　　　　　　B. 电机转向系统

C. 机械转向系统　　　　　　　　D. 传统转向系统

2. 机械转向系统通常由（　　　　　）组成。

A. 转向操纵机构　　　　　　　　B. 转向悬架

C. 转向器　　　　　　　　　　　D. 转向传动机构

3. 转向操纵机构的作用是产生带动转向器所必需的操纵力,并具有一定的（　　　　　）和（　　　　　）。

A. 调节性　　　　B. 安全性　　　　C. 缓冲性　　　　D. 舒适性

4. 转向传动机构将（　　　　　）输出的力矩传递给（　　　　　）两侧的转向节,使两侧轮偏转。

A. 转向器　　　　B. 转向盘　　　　C. 转向桥　　　　D. 转向横拉杆

5. 在转向系统的常规保养检查中,转向盘的检查项目主要包括（　　　　　）。

A. 检查转向操纵力　　　　　　　B. 转向盘回位检查

C. 转向盘自由行程检查　　　　　D. 转向拉杆的检查

🖳 五、评价总结

（一）自我评价

结合学习过程及学习效果,对自己的学习主动性和效果进行自评,评价等级为优、良、合格和不合格,针对出现的失误进行反思,完善改进方向及改进措施。

评价维度		评价标准	评级
学习主动性	课前	课前预习,完成老师布置的课前任务	
	课中	积极思考,参与课堂互动;辅助老师完成教学演示或模拟练习	
	课后	及时总结,完成课后练习任务,并向老师反馈学习建议	
学习效果		能够通过实车识别转向系统结构组成,并解释转向系统的工作原理	
		能够熟悉转向系统常规保养检查项目与检查方法	
任务实施过程中出现的失误			
改进的方向及措施			

（二）学生互评

通过提问、观察同学的演示以及上课的情况,对同学这次学习任务的效果开展评价,评价等级为优、良、合格和不合格,指出任务实施过程中出现的失误,给出改进建议。

小组成员姓名：

评价维度	评价标准	评级
学习效果	能够通过实车识别转向系统结构组成,并解释转向系统的工作原理	
	能够熟悉转向系统常规保养检查项目与检查方法	
任务实施过程中出现的失误		
建议		

任务二 转向系统的拆装与更换

一、任务描述

一客户描述,在驾驶某品牌新能源汽车的过程中发现转向时转向盘比较松旷,并且转向不灵敏。作为汽车维修技师,主管安排你为客户的汽车转向系统进行检查并维修。本任务让我们一起来学习如何拆装并更换转向系统的转向管柱总成、转向器横拉杆和球头。

二、任务目标

实施步骤	素养目标	知识目标	技能目标
分析转向系统常见故障的原因	通过分析转向系统常见故障,具备创新意识	掌握转向系统常见故障的原因	能分析转向系统常见故障的原因
拆装转向管柱总成	能在工作结束后按照"7S"管理规定整理、恢复作业场地,养成良好的工作习惯	熟悉拆装转向管柱总成的流程	能正确拆装转向管柱总成
更换转向器横拉杆和球头		熟悉更换转向器横拉杆和球头的流程	能正确拆装转向器横拉杆和球头

三、实施步骤

（一）分析转向系统常见故障的原因

技能实践

查找吉利 EV450 汽车维修手册，结合客户描述的故障现象，实车观察转向系统的组成，分析转向盘松动、转向沉重、转向噪声、前轮摇摆、行驶跑偏的可能原因有哪些，并根据所学内容填补"故障原因""处理措施"栏。

常见故障现象	故障原因	处理措施
转向盘松动		
转向沉重		
转向噪声		
前轮摇摆		
行驶跑偏		

知识学习

1. 转向盘松动的原因

1）故障现象

双手握住转向盘，将转向盘上下、前后、左右摇动推拉，若有松旷的感觉，表明转向盘松动。汽车转向或接收路面感觉不灵敏，转向盘游动间隙超过规定的标准值，转向盘虽然转动了许多，但转向轮没有发生偏转，或转向盘不动而转向轮却自动偏转。如果汽车的转向盘发生松动，可能是汽车的转向系统磨损造成的，磨损可分为外部磨损与内部磨损两种。

2）故障原因

转向盘松动的原因主要有转向盘与转向轴固定螺母松动，转向器主、从动部分啮合间隙过大，摇臂轴与衬套间松旷，转向器内主、从动轴承松旷，横、直拉杆球节调整不当或磨损松旷,转向节主销与衬套磨损过甚等。

2. 转向沉重的原因

1）故障现象

汽车在行驶中,驾驶人向左或右转动转向盘时,感觉沉重吃力且无回正感,当汽车以低速转弯行驶时,转动转向盘非常吃力,甚至打不动转向盘。

2）故障原因

转向轴弯曲变形,转向器内主动部分的轴承预紧力过大,转向器内缺油,摇臂轴与衬套装配过紧,主销内倾、后倾角度变大或前束不符合要求,前钢板弹簧挠度尺寸不符合要求,轮胎气压不足。

3. 转向噪声的原因

1）故障现象

当汽车转向时发出咯吱咯吱异响。

2）故障原因

机械转向管柱总成内有噪声的原因包括:机械转向管柱总成安装螺栓松动或损坏、安全气囊时钟弹簧松动或损坏、机械转向管柱总成系统的连接螺栓松动或损坏、中间轴万向节缺少润滑或磨损。

4. 前轮摇摆的原因

1）故障现象

汽车在一定速度下行驶时,两前轮各自绕主销产生角振动,通常为前轮摆动。前轮左右摆动严重时,转向盘抖振强烈,手感发麻,甚至在驾驶室内都能看到车头晃动,此时前轮沿着一条弯曲的波形轨迹向前滚动。

2）故障原因

前轮定位失常,转向机构松旷,前轮质量不平衡,转向系统刚度低,U 形螺栓或钢板销与衬套松旷,前悬架运动干涉,道路不平等。

5. 行驶跑偏的原因

1）故障现象

汽车在平直路面上行驶时,不能保持直线行驶,总是自动偏向道路某一边,必需用力握住转向盘才能直线行驶。

2）故障原因

前桥或车架变形,前轮轮毂轴承和主销松旷,定位参数改变;前轮轮胎新旧程度不同或气压不一致、减振器失效等。

(二) 拆装转向管柱总成

技能实践

（1）结合吉利 EV450 实车找出电动助力转向管柱总成所在位置,在图中圈出转向管柱总成,讨论哪些故障需要拆装转向管柱总成。

（2）参考吉利 EV450 汽车维修手册，完成转向管柱总成的拆装并填写工作任务单。

转向管柱总成的拆装	工作任务单	班级：
		姓名：

1. 车辆信息记录

品牌		整车型号		VIN 码	
车辆维修记录					

2. 作业场地准备

（1）作业所需要的工具设备是否完备	□是　□否
（2）举升机举升情况是否正常	□是　□否
（3）是否检查灭火器压力、有效期	□是　□否
（4）是否安装车辆挡块	□是　□否

3. 拆装转向管柱总成

序号	操作步骤	备注

4. 作业操作结束检验

（1）转向盘是否松动	□是　□否
（2）电动助力转向管柱总成内是否有噪声	□是　□否

续表

5. 作业场地恢复	
（1）拆卸车内三件套	□是　□否
（2）清洁、整理场地	□是　□否

 知识学习

如果出现下列故障时，需要拆装转向管柱总成，对螺栓进行紧固/更换、润滑，或者更换转向管柱总成。

（1）转向盘松动，经过检查发现故障原因在于电动助力转向管柱总成系统的连接螺栓松动或损坏、中间轴万向节磨损、转向管柱花键轴磨损、中间轴花键套或轴磨损。

（2）电动助力转向管柱总成内有噪声，经过检查发现故障原因在于电动助力转向管柱总成安装螺栓松动或损坏、电动助力转向管柱总成系统的连接螺栓松动或损坏、中间轴万向节缺少润滑油或磨损。

1. 电动助力转向管柱总成拆卸流程

吉利 EV450 实车电动助力转向管柱总成拆卸流程如下。

（1）断开蓄电池负极线电缆（注意：在蓄电池负极断开 90 s 后再进行拆卸工作）。

（2）拆卸驾驶人气囊。

（3）拆卸转向盘。

（4）拆卸时钟弹簧。

（5）拆卸灯光组合开关。

（6）拆卸刮水器及洗涤器开关。

（7）拆卸仪表板左下护板。

（8）拆卸制动灯开关。

（9）拆卸电动助力转向管柱总成，步骤如表 3-2-1 所示。

表 3-2-1　电动助力转向管柱总成拆卸步骤

步骤	操作方法	操作示意图	备注
1	拆卸机械转向管柱总成管支架和横梁的 1 个连接螺栓		—

步骤	操作方法	操作示意图	备注
2	拆卸转向管柱总成管分离支架的2个固定螺母		—
3	（1）拆卸机械转向管柱总成万向节的螺栓，并从动力转向器带横拉杆总成的输入轴上脱开中间轴总成。 （2）拆卸带有万向节的机械转向管柱总成		拆卸万向节固定螺栓时，需要做好记号，确保安装时转向盘位置正确

2. 电动助力转向管柱总成安装流程

（1）安装电动助力转向管柱总成，步骤如表 3-2-2 所示。

（2）安装制动灯开关。

（3）安装仪表板左下护板。

（4）安装刮水器及洗涤器开关更换。

（5）安装灯光组合开关。

（6）安装时钟弹簧。

（7）安装转向盘。

（8）安装驾驶员气囊。

（9）连接蓄电池负极线电缆。

表 3-2-2　电动助力转向管柱总成安装步骤

步骤	操作方法	操作示意图	备注
1	按照拆卸时做的标记位置,将带有中间轴总成的机械转向管柱总成套入动力转向器带横拉杆总成输入轴花键上,并紧固螺栓	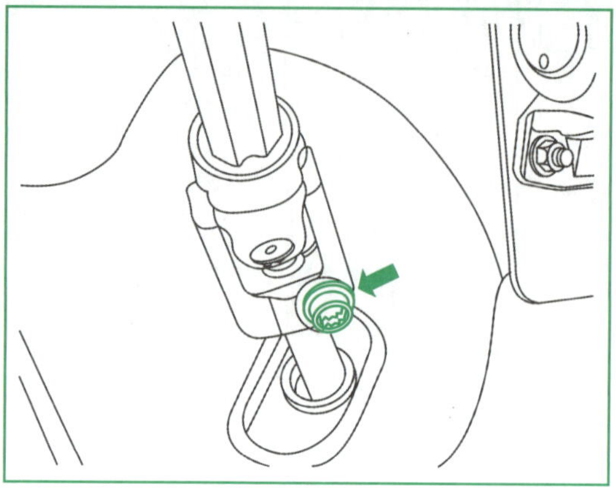	力矩:60 N·m(公制) 44.3 lb·ft(英制)
2	安装机械转向管柱总成管分离支架的 2 个固定螺母	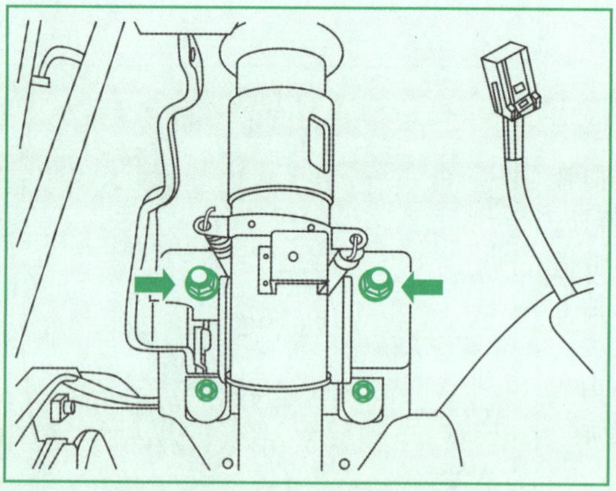	力矩:25 N·m(公制) 18.5 lb·ft(英制)
3	安装转向管柱总成管支架和横梁的 1 个连接螺栓	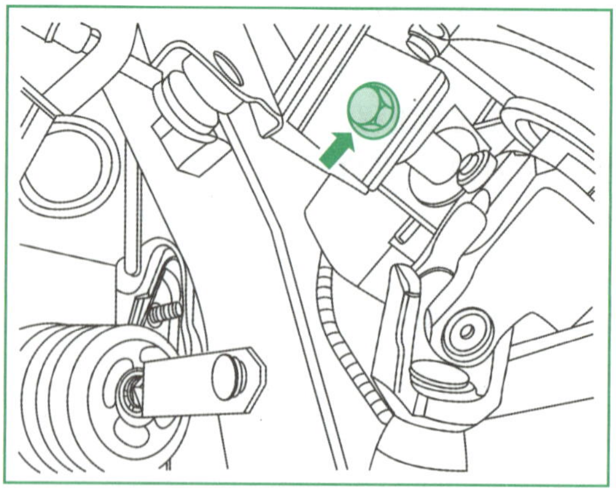	力矩:25 N·m(公制) 18.5 lb·ft(英制)

（三）更换转向器横拉杆和球头

 技能实践

结合吉利 EV450 实车找出转向器横拉杆和球头,讨论其组成部分,根据所学内容,参考维修手册,分析更换转向器横拉杆和球头的步骤,完成转向器横拉杆和球头的更换并填写工作任务单。

转向器横拉杆和球头的更换	工作任务单	班级:
		姓名:

1. 车辆信息记录

品牌		整车型号		VIN 码	
车辆维修记录					

2. 作业场地准备

(1) 作业所需要的工具设备是否完备	□是　□否
(2) 举升机举升情况是否正常	□是　□否
(3) 是否检查灭火器压力、有效期	□是　□否
(4) 是否安装车辆挡块	□是　□否

3. 更换转向器横拉杆和球头

序号	操作步骤	备注

4. 作业操作结束检验

(1) 车辆转弯是否有异响	□是　□否
(2) 车辆是否行驶跑偏	□是　□否

5. 作业场地恢复

(1) 拆卸车内三件套	□是　□否
(2) 清洁、整理场地	□是　□否

 知识学习

当车辆转弯时,发出嘎嘎的声音,如果发现是转向拉杆球头松动损坏,除了产生异响也会导致跑偏等问题,这种情况下则需要更换转向器横拉杆和球头。

1. 转向器横拉杆和球头拆卸流程

吉利 EV450 汽车转向器横拉杆和球头拆卸流程如下。

(1) 拆卸前胎。

(2) 拆卸转向横拉杆和球头,步骤如表 3-2-3 所示。

表 3-2-3　转向器横拉杆和球头拆卸步骤

步骤	操作方法	操作示意图	备注
1	拆卸转向横拉杆球头螺母锁止销	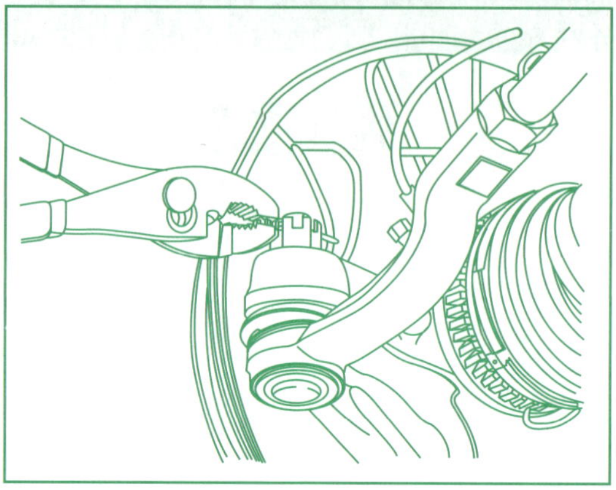	—
2	拆卸转向横拉杆球头螺母锁	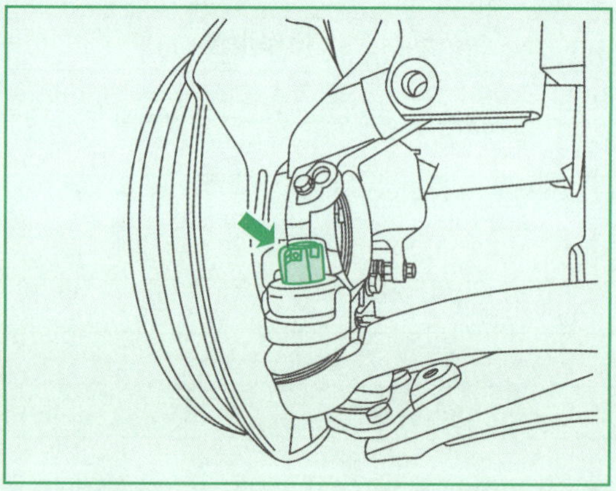	—
3	(1) 在转向横拉杆上标记螺纹位置,方便重新安装调整螺母。 (2) 松开转向横拉杆调整螺母并旋下转向横拉杆和球头,取下横拉杆和球头	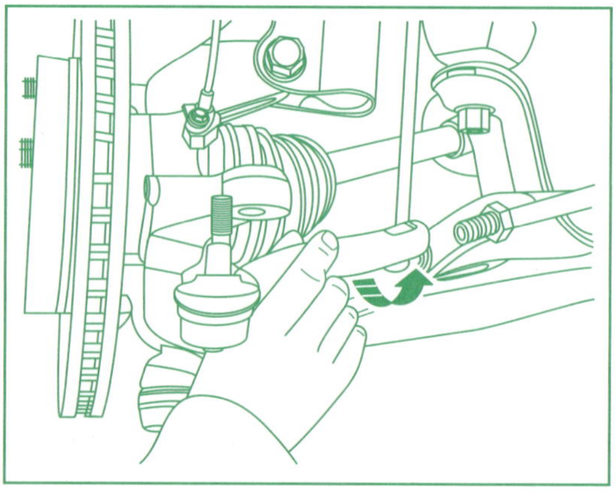	—

2. 转向器横拉杆和球头安装流程

吉利 EV450 轿车转向器横拉杆和球头安装流程如下。

(1) 安装转向横拉杆和球头,步骤如表 3-2-4 所示。

(2) 安装前轮。

(3) 调整前轮前束。

(4) 紧固转向横拉杆和球头调整螺母:力矩 75 N·m(公制),55.5 lb·ft(英制)。

表 3-2-4　转向器横拉杆和球头安装步骤

步骤	操作方法	操作示意图	备注
1	(1) 将调整螺母对准转向横拉杆上的标记。 (2) 将转向横拉杆和球头旋转安装到转向横拉杆上	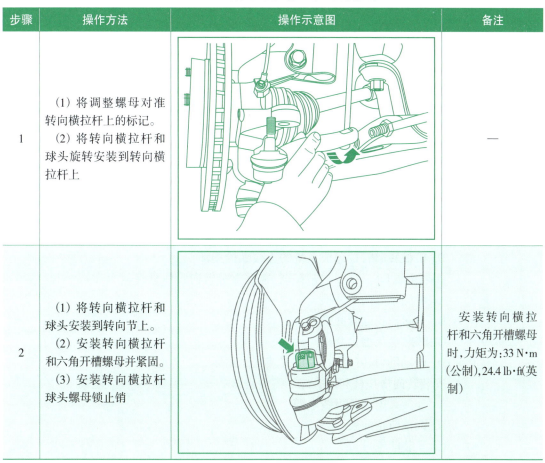	—
2	(1) 将转向横拉杆和球头安装到转向节上。 (2) 安装转向横拉杆和六角开槽螺母并紧固。 (3) 安装转向横拉杆球头螺母锁止销		安装转向横拉杆和六角开槽螺母时,力矩为:33 N·m(公制),24.4 lb·ft(英制)

 四、学习测试

(一) 单项选择题

1. 机械转向管柱总成系统的连接螺栓损坏会导致什么故障现象(　　)。

   A. 转向盘松动　　　　　　　　　　B. 电动助力转向管柱总成松动

   C. 转向管柱总成内有噪声　　　　　D. 转向管柱倾角调节功能不正常

2. 在拆卸电动助力转向管柱总成前,需要断开蓄电池负极线电缆,一般断开(　　)后再进行拆卸工作。

　　A. 30 s　　　　　B. 60 s　　　　　C. 90 s　　　　　D. 120 s

3. 安装电动助力转向管柱总成时,安装机械转向管柱总成管分离支架的 2 个固定螺母需要多大力矩(　　)。

　　A. 20 N·m　　　B. 25 N·m　　　C. 30 N·m　　　D. 35 N·m

4. 拆卸转向器横拉杆和球头之前,需要先拆卸(　　)。

　　A. 制动盘　　　B. 动灯开关　　　C. 转向盘　　　D. 前轮

(二) 多项选择题

1. 转向盘松的原因一般包括哪些(　　　　　)。

　　A. 转向盘固定螺母松动

　　B. 电动助力转向管柱总成系统的连接螺栓损坏

　　C. 中间轴万向节磨损

　　D. 转向盘花键套磨损

2. 机械转向管柱总成内有噪声的原因有(　　　　　)。

　　A. 机械转向管柱总成安装螺栓松动

　　B. 安全气囊时钟弹簧松动

　　C. 中间轴万向节磨损

　　D. 机械转向管柱总成系统的连接螺栓损坏

3. 如果出现(　　　　　)故障时,需要拆装转向管柱总成。

　　A. 中间轴万向节磨损

　　B. 中间轴花键套磨损

　　C. 转向盘花键套磨损

　　D. 电动助力转向管柱总成安装支座损坏

4. 安装转向横拉杆和球头之后需要进行(　　　　　)。

　　A. 连接蓄电池负极线电缆

　　B. 调整前轮前束

　　C. 安装前轮

　　D. 规定力矩紧固转向横拉杆和球头调整螺母

五、评价总结

(一) 自我评价

结合学习过程及学习效果,对自己的学习主动性和效果进行自评,评价等级为优、良、合格和不合格,针对出现的失误进行反思,完善改进方向及改进措施。

评价维度		评价标准	评级
学习 主动性	课前	课前预习,完成老师布置的课前任务	
	课中	积极思考,参与课堂互动;辅助老师完成教学演示或模拟练习	
	课后	及时总结,完成课后练习任务,并向老师反馈学习建议	
学习效果		能分析转向盘松动、转向噪声的原因	
		能正确拆装转向管柱总成	
		能正确更换转向器横拉杆和球头	
任务实施过程中 出现的失误			
改进的 方向及措施			

（二）学生互评

通过提问、观察同学的演示以及上课的情况,对同学这次学习任务的效果开展评价,评价等级为优、良、合格和不合格,指出任务实施过程中出现的失误,给出改进建议。

小组成员姓名：

评价维度	评价标准	评级
学习效果	能分析转向盘松动、转向噪声的原因	
	能正确拆装转向管柱总成	
	能正确更换转向器横拉杆和球头	
任务实施过程中 出现的失误		
建议		

任务三　电动助力转向系统的检测与维修

一、任务描述

在新能源和电驱动乘用车领域,电动助力转向系统（EPS）的应用成为汽车转向系统技术的主流,转向助力大小与车速及转向角大小等有关。一客户描述,在驾驶新能源汽车的过程中发现仪表板中 ESP 指示灯常亮,并且转向沉重无助力。作为维修技师,主管安排你读取故障码并分析故障原因。本任务我们一起来了解电动助力转向系统的控制原理以及故障的诊断。

 二、任务目标

实施步骤	素养目标	知识目标	技能目标
了解电动转向控制原理	通过制订、优化故障检修流程,养成严谨细致、精益求精的工作习惯。 能在工作结束后,按照"7S"管理规定整理、恢复作业场地,养成良好的工作习惯	了解电动助力转向系统的组成。 解释电动转向控制原理	能说出电动助力转向系统的组成。 能解释电动转向控制原理
掌握电动助力转向系统故障诊断		熟悉电动助力转向系统的故障诊断方法	能对电动助力转向系统的故障进行诊断

 三、实施步骤

(一)了解电动转向控制原理

📖 技能实践

(1) EPS 正常工作时,电子控制单元(ECU)要先获取电动机的转动方向及电流大小,从而得到驾驶人的_____和转向_____。

(2) 下图是常见的电动助力转向系统结构,请写出各结构名称。

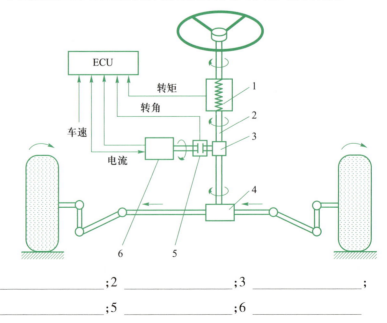

1 _____;2 _____;3 _____;

4 _____;5 _____;6 _____

（3）下图是吉利 EV450 轿车维修手册中的 EPS 电气原理框图，结合电动助力转向系统结构，简要概述 EPS 的工作原理。

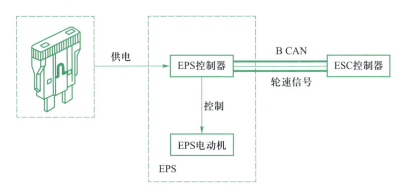

 知识学习

1. 电动助力转向系统组成

1）电动助力转向系统类型

电动助力转向系统以蓄电池为能源，以电动机驱动运转来带动液压泵。系统内部采用刚性连接，反应灵敏，滞后小，驾驶人的"路感"好；结构简单，质量小；系统便于集成，整体尺寸减小；省去了油泵和辅助管路，总布置更加方便；无液压元件，对环境污染少。系统的扩展性好，可以在此基础上实现自动驻车及车道保持等功能。电动助力转向系统能够根据汽车转向盘转矩、转向盘转角、车速和路面状况等，为驾驶人提供最佳转向助力，使转向更加轻松柔和。另外还能使车辆具有良好的直线保持能力以及抑制颠簸路面反作用力的能力，保证各种行驶工况下的路感。目前电动助力转向系统按助力作用位置分类，可以分为转向轴助力式（C-EPS）、齿轮助力式（P-EPS）和齿条助力式（R-EPS），如图 3-3-1 所示。

微课

纯电动汽车电动助力转向系统组成

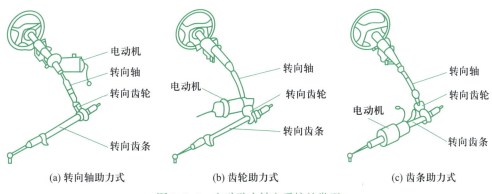

(a) 转向轴助力式　　　　(b) 齿轮助力式　　　　(c) 齿条助力式

图 3-3-1　电动助力转向系统的类型

2）电动助力转向系统组成

EPS要正常工作时,电子控制单元(ECU)要先获取电动机的转动方向及电流大小,从而得到驾驶人的转向意图和转向力矩大小。另外,随车速升高,为了满足稳定性要求,助力作用要减小,减小的程度要通过车速传感器感知出来。电动助力转向系统基本组成如图3-3-2所示。

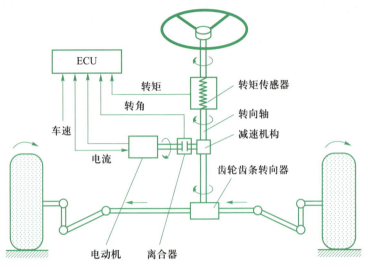

图3-3-2　电动助力转向系统基本组成

（1）转矩传感器。转矩传感器的作用是检测作用于转向盘上转矩信号的大小与方向。转矩传感器主要有接触式和非接触式两种。常用的接触式(主要是电位计式)转矩传感器有摆臂式、双排行星齿轮式和扭杆式3种类型,而非接触式转矩传感器主要有光电式和磁电式两种。前者的成本低,但受温度与磨损影响易发生漂移,使用寿命较低,需要对制造精度和扭杆刚度进行折中,难以实现绝对转角和角速度的测量。后者的体积小,精度高,抗干扰能力强,刚度相对较高,易实现绝对转角和角速度的测量,但是成本较高。

（2）转角传感器。转角传感器的作用是采集驾驶人施加在转向盘上的转向角度和角速度的信号,经处理后输入ECU。该信号是EPS及电子稳定控制程序ESP的主要控制信号之一。当该信号失效时,应急运转模式启动,由替代值代替,电子助力转向依然起作用,只不过故障指示灯常亮。

ECU的输入信号除转向盘转角、转向盘转矩和车速等基本信号外,有的汽车还有汽车横摆角速度、侧向加速度、前轴负荷和点火等多种辅助信号,主要是为了判断地面附着力变化,修正转向电动机电流。

（3）ECU。控制参数的最佳值,然后发出控制指令给电动机和离合器,控制其动作。ECU的控制系统和控制算法也是EPS的关键技术之一,要求控制系统抗干扰性好,能进行实时控制,还应具备安全保护和故障自诊断功能等。如果发生问题,通过电子控制单元中的失效安全继电器的动作,电子控制单元就将系统关闭,换流用FET(FET为场效应管,主要为电动机换流用)的驱动信号取消。这样转向助力取消,系统恢复到手动转向,EPS报警灯闪烁,向驾驶人报警。

有的电子控制单元内部有一个温度传感器,当温度超过 100 ℃时,开始减小助力电流,防止电子元件过热而失效。当电流衰减至低于 60% 时,则故障灯亮。电动机继电器是电动机回路上的继电器。电流传感器监测电动机回路电流作反馈用。

(4)电动机。电动机的作用是根据 ECU 的控制指令输出合适的助力转矩,它是 EPS 的动力源。电动助力转向系统使用的电动机分为两种:有刷电动机和无刷电动机。安装在转向器上的电动机由一个蜗杆、一个蜗轮和一个直流电动机组成。当蜗杆与安装在转向器输出轴上的蜗轮啮合时,它降低电动机速度并把电动机输出力矩传递到输出轴。电动机作为 EPS 的关键部件之一,对 EPS 的性能有很大的影响。控制系统需要根据不同的工况产生不同的助力转矩,并具有良好的动态特性且容易控制,这些都要求助力电动机具有线性的机械特性和调速特性。此外,还要求电动机转速低、转矩大、波动小、转动惯量小、尺寸小、质量轻、可靠性高、抗干扰能力强。无刷永磁电动机 EPS 电动机具有无激磁损耗、效率较高、体积较小等特点。

微课
电动助力
转向系统

2. 电动转向控制原理

转向轴助力式的 EPS 依靠电动机对转向轴实现助力作用。电动助力转向系统由转向盘转动方向和转矩传感器、车速传感器、助力机械装置、转向助力电动机及微电脑控制单元组成。

图 3-3-3 所示为一种转向轴助力式的 EPS 结构框图,当驾驶员操作转向盘时,连接转向盘的扭杆产生形变,其形变角度与施加到转向盘的转矩成正比。转矩传感器将扭杆形变的角度转化成线性的电压输出信号 T,此信号与车速信号 V、发动机转速信号 W、点火信号 G 送入到控制器 ECU。ECU 根据这些信号,并结合所检测到的助力电动机的电流反馈信号进行运算处理,从目标电动机电流曲线图中确定电动机助力电流的大小和方向。该电流即为所需的助力转矩,由电磁离合器通过减速机构减速增扭后,加在转向轴上使之得到一个与汽车行驶工况相适应的转向作用力。当 ECU 检测到异常信号时,立即断开电磁离合器,退出助力模式,同时点亮故障指示灯。在不同车速下,转向助力电流不同,从而转向盘转动力矩不同,一般 ECU 存储左右两个方向各 8 条目标电动机电流曲线。如果转向盘转动到最大转角位置,并保持在此位置,且转向助力也达到最大时,控制单元减小供给电动机的电流,以防止电动机过载和损坏电动机。另外,控制单元也提供由于发电机或充电失灵引起的电压冲击,以保护电动机。

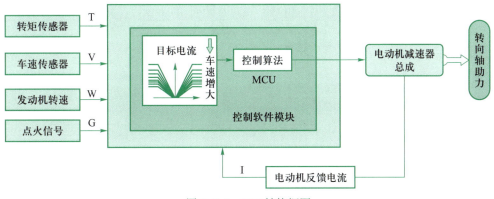

图 3-3-3 EPS 结构框图

EV450 轿车电动转向助力系统工作原理示意图如图 3-3-4 所示,它借助电动机对转向轴实现助力作用。

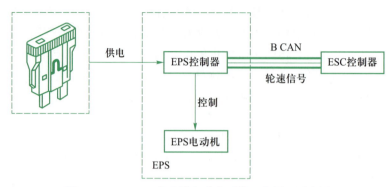

图 3-3-4   EV450 电动转向助力系统工作原理示意图

(二)诊断电动助力转向系统

技能实践

(1)下图是 EV450 转向系统电路图,查阅吉利 EV450 轿车维修手册,读懂电路图,简要分析客户汽车的仪表 ESP 故障灯常亮、其他功能正常的原因。

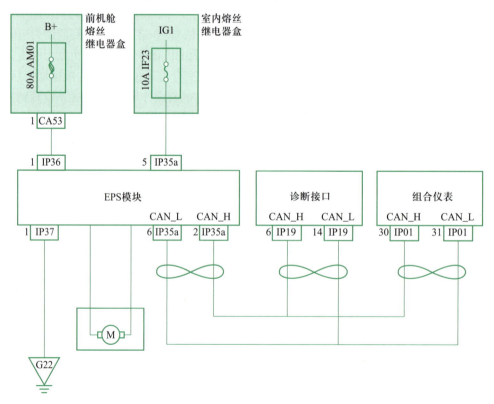

（2）根据客户描述的故障现象：仪表板中 ESP 指示灯常亮，并且转向沉重无助力，参考吉利 EV450 轿车维修手册和电路图，完成电动助力转向系统故障诊断并填写工作任务单。

掌握电动助力转向系统故障诊断	工作任务单	班级：
		姓名：

1. 车辆信息记录

品牌		整车型号		VIN 码	
车辆维修记录					

2. 作业场地准备

（1）是否设置隔离栏	□是　□否
（2）是否设置安全警示牌	□是　□否
（3）是否检查灭火器压力、有效期	□是　□否
（4）是否安装车辆挡块	□是　□否

3. 记录故障现象

4. 使用故障诊断仪读取故障码、数据流

故障码	
数据流	

5. 画出电动助力转向系统电路简图

续表

6. 故障检测

检测对象	检测条件	检测值	标准值	结果判断

7. 故障确认

故障点	故障类型	维修措施

8. 故障机理分析

9. 作业完成检验

(1) 车辆是否正常上电	□是　□否
(2) 仪表板中 ESP 指示灯是否常亮	□是　□否
(3) 车辆是否正常转向	□是　□否

10. 作业场地恢复

(1) 拆卸车内三件套	□是　□否
(2) 拆卸翼子板布	□是　□否
(3) 将高压警示牌等放至原位置	□是　□否
(4) 清洁、整理场地	□是　□否

 知识学习

1. 电动助力转向系统电路分析

EV450 转向系统电路图如图 3-3-5 所示。EPS 电源电路包括 B+ 和 IG，分别为 B+ → AM01 → IP36/1 和 IG1 → IF23 → IP35a/5，EPS 模块通过 V-CAN 接收转向盘转角、转速、车速等信号，判断车辆行驶状态，计算转向助力电动机输出转矩，向电动机提供工作电流。EPS 故障指示灯位于组合仪表上,通过点亮来通知驾驶人 EPS 发生故障,EPS 控制模块检测系统有故障,通过 V-CAN 向组合仪表发送请求指示灯点亮信息。组合仪表检测到与 EPS 控制模块之间的通信丢失,也会点亮故障指示灯。

微课

比亚迪 E5
电动助力转
向系统认知

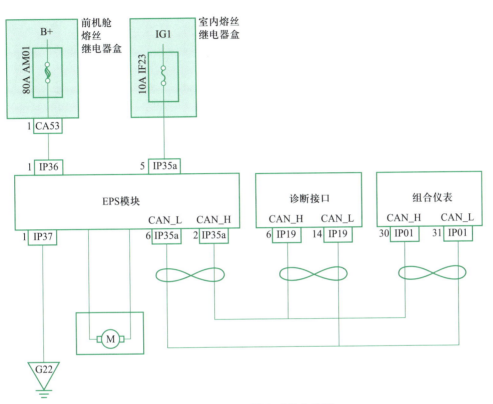

图 3-3-5　EV450 转向系统电路图

2. 诊断电动助力转向系统

连接故障诊断仪,读取系统故障代码,观察故障诊断仪的数据列表,分析各项数据的准确性,利于快速排除故障。常见的故障诊断代码(DTC)如表 3-3-1 所示。

表 3-3-1　故障诊断代码(DTC)

故障诊断代码	含义
0xF003	电源电压过低 / 过高
0x600B	转向扭矩传感器信号 1 计算不稳定或故障
0x600C	转向扭矩传感器信号 2 不稳定故障
0x5B00	转向角度传感器信号计算或比较或不稳定故障
0xE011	电动机内部电气故障或电动机信号计算故障
0x600D	电动机旋转角度传感器内部电气故障

续表

故障诊断代码	含义
0xF000	控制模块车辆助力参数错误或控制模块内部电气故障或控制模块信号计算故障或控制模块子部件内部故障或控制模块系统编程故障
0xF004	电源继电器内部电气故障
0xC001	高速 CAN 总线通信中断故障
0xC300	内部控制模块软件不兼容故障
0xC401	接收到 ESC 无效数据故障
0xC100	同 ESC 通信中断故障
0xC402	接收到 EMS 无效数据故障
0xC101	同 EMS 通信中断故障
0xE100	未完成初始化配置故障
0x5B00A	未正确安装转向角度传感器故障 / 未匹配转向角度传感器故障
0x500C	直行保持补偿故障
0x500C	转向扭矩传感器信号 1 比较故障

1）电动助力转向系统（EPS）指示灯常亮故障诊断

结合电路图与维修手册，EPS 指示灯常亮故障诊断流程如表 3-3-2 所示。

表 3-3-2　EPS 指示灯常亮故障诊断流程

序号	检测项目及诊断方法	操作示意图
1	用诊断仪访问 EPS 电子控制单元： （1）操作起动开关使电源模式至 ON 状态。 （2）连接故障诊断仪，读取系统故障代码。 （3）确认系统是否存在故障代码。 诊断：是，根据输出的 DTC 维修电路；否，进入下一步	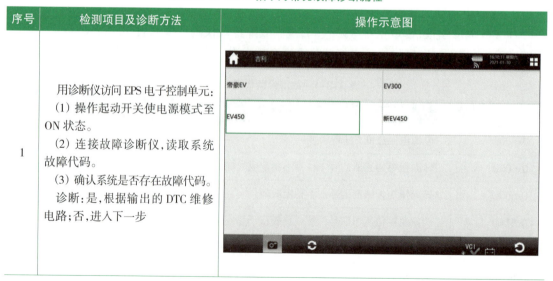

续表

序号	检测项目及诊断方法	操作示意图
2	检查蓄电池： (1) 操作起动开关,使电源模式至 ON 状态。 (2) 测量蓄电池电压(电压标准值:11~14 V)。 (3) 确认电压是否符合标准值。 诊断:否,蓄电池充电或检查充电系统;是,进入下一步	
3	检查熔丝 EF16 是否熔断： (1) 操作起动开关使电源模式至 OFF 状态。 (2) 拔下熔丝 AM01、IF23,检查熔丝是否熔断(熔丝额定容量:AM01 80A、IF01 10A)。 诊断:是,检修熔丝线路,更换额定容量熔丝;否,进入下一步	
4	检查 EPS 电子控制单元电源： (1) 测量电动助力转向系统(EPS)线束连接器 IP36 的 1 号端子与车身接地之间的电压(标准电压值:11~14 V)。 (2) 确认电压是否符合标准值。 诊断:否,检查熔丝,修理或更换线束;是,进入下一步	
5	检查 EPS 电子控制单元接地： (1) 测量助力转向系统(EPS)线束连接器 IP37 端子 1 与车身接地之间的电阻(电阻标准值:小于 1 Ω) (2) 确认电阻是否符合标准值。 诊断:否,修理或更换线束;是,进入下一步	

序号	检测项目及诊断方法	操作示意图
6	检查 EPS 电子控制单元 IG1 电路： （1）操作起动开关使电源模式至 ON 状态。 （2）测量电动助力转向系统（EPS）线束连接器 IP35a 端子 5 与车身接地之间的电压（电压标准值：11~14 V）。 （3）确认电压是否符合标准值。 诊断：否，修理或更换线束；是，进入下一步	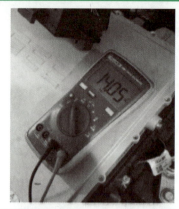
7	进行 V-CAN 网络完整性检查： （1）操作起动开关使电源模式至 OFF 状态。 （2）用万用表测量诊断接口 IP16 端子 6 和端子 14 之间的电阻值（标准电阻：55~67.5 Ω）。 （3）确认测量值是否符合标准。 诊断：否，修理或更换线束；是，进入下一步	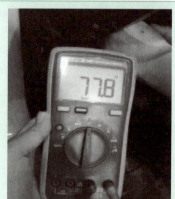
8	检修 EPS 电子控制单元 CAN 总线： （1）操作起动开关使电源模式至 OFF 状态。 （2）断开 EPS 线束连接器 IP35a。 （3）断开诊断接口线束连接器 IP16。 （4）用万用表测量 EPS 线束连接器 IP35a 端子 2 和诊断接口线束连接器 IP16 端子 6 之间的电阻值（标准电阻：小于 1 Ω）。 （5）用万用表测量 EPS 线束连接器 IP35a 端子 6 和诊断接口线束连接器 IP16 端子 14 之间的电阻值（标准电阻：小于 1 Ω）。 （6）确认测量值是否符合标准。 诊断：否，修理或更换线束；是，进入下一步	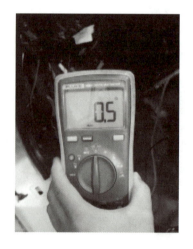

续表

序号	检测项目及诊断方法	操作示意图
9	检修组合仪表控制单元CAN总线： （1）操作起动开关使电源模式至OFF状态。 （2）断开组合仪表线束连接器IP01。 （3）断开诊断接口线束连接器IP01。 （4）用万用表测量组合仪表线束连接器IP01端子30和诊断接口线束连接器IP16端子6之间的电阻值（标准电阻：小于1Ω）。 （5）用万用表测量组合仪表线束连接器IP16端子31和诊断接口线束连接器IP16端子14之间的电阻值（标准电阻：小于1Ω）。 （6）确认测量值是否符合标准。 诊断：否，修理或更换线束；是，进入下一步	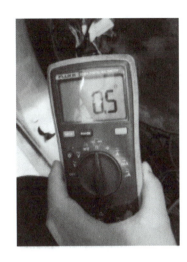
10	更换EPS电子控制单元： （1）操作起动开关使电源模式至OFF状态。 （2）断开蓄电池负极电缆。 （3）更换EPS控制模块。 （4）确认系统是否正常。 诊断：是，系统正常；否，进入下一步	
11	更换组合仪表： （1）操作起动开关使电源模式至OFF状态。 （2）断开蓄电池负极电缆。 （3）更换组合仪表。 诊断：确认故障是否排除，诊断结束	

2）电动助力转向系统（EPS）通信故障诊断

电动助力转向系统（EPS）通信故障一般包括高速 CAN 总线通信中断故障、接收到 ESC 无效数据故障、同 ESC 通信中断故障、接收到 EMS 无效数据故障、同 EMS 通信中断故障，故障代码参照表 3-3-1。电动助力转向系统通信电路图如图 3-3-6 所示。

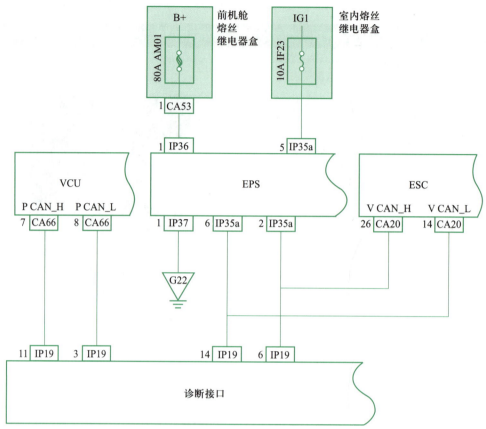

图 3-3-6   吉利 EV450 轿车电动助力转向系统通信电路图

电动助力转向系统(EPS)通信故障诊断流程如表 3-3-3 所示。

表 3-3-3   EPS 通信故障诊断流程

序号	检测项目及诊断方法	操作示意图
1	用诊断仪访问 EPS 电子控制单元: (1) 操作起动开关使电源模式至 ON 状态。 (2) 连接故障诊断仪,读取系统故障代码。 (3) 确认系统是否存在故障代码。 诊断:是,优先排除故障代码;否,进入下一步	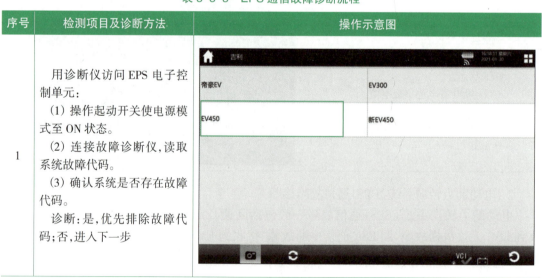

续表

序号	检测项目及诊断方法	操作示意图
2	检查熔丝 IF23 是否熔断： （1）操作起动开关使电源模式至 OFF 状态。 （2）拔下熔丝 IF23 检查保险丝是否熔断（熔丝额定容量：10 A）。 诊断：是，检修熔丝线路，更换额定容量熔丝；否，进入下一步	
3	检查 EPS 电子控制单元电源： （1）测量 EPS 助力转向系统线束连接器 IP36 端子 1 与车身接地之间的电压（标准电压值：11~14 V）。 （2）确认电压是否符合标准值。 诊断：否，检查熔丝，修理或更换线束；是，进入下一步	
4	检查 EPS 电子控制单元接地： （1）测量电动助力转向系统（EPS）线束连接器 IP37 端子 1 与车身接地之间的电阻（电阻标准值：小于 1 Ω）。 （2）确认电阻是否符合标准值。 诊断：否，修理或更换线束；是，进入下一步	
5	检查 EPS 电子控制单元 IG1 电路： （1）操作起动开关使电源模式至 ON 状态。 （2）测量 EPS 助力转向系统线束连接器 IP35a 端子 5 与车身接地之间的电压（电压标准值：11~14 V）。 （3）确认电压是否符合标准值。 诊断：否，修理或更换线束；是，进入下一步	

续表

序号	检测项目及诊断方法	操作示意图
6	检查 EPS 电子控制单元的通信线路： （1）操作起动开关使电源模式至 OFF 状态。 （2）断开 EPS 线束连接器 IP35a。 （3）用万用表测量 EPS 线束连接器 IP35a 端子 2 和诊断接口 IP19 端子 6 之间的电阻（电阻标准值：小于 1Ω）。	
7	检查 ESC 电子控制单元的通信线路： （1）操作起动开关使电源模式至 OFF 状态。 （2）断开 ESC 线束连接器 CA20。 （3）用万用表测量 ESC 线束连接器 CA20 端子 14 和诊断接口 IP19 端子 14 之间的电阻。 （4）用万用表测量 ESC 线束连接器 CA20 端子 26 和诊断接口 IP19 端子 6 之间的电阻。 （5）确认测量值是否符合标准。 诊断：否，更换或维修线束或连接器；是，进入下一步	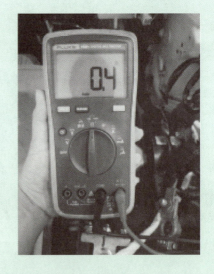
8	更换 ESC 电子控制单元： （1）更换 ESC 模块。 （2）操作起动开关使电源模式至 ON 状态，确认功能是否正常。 诊断：是，系统正常；否，进入下一步	

续表

序号	检测项目及诊断方法	操作示意图
9	更换 EPS 电子控制单元： (1) 更换 EPS 电子控制单元。 (2) 操作起动开关使电源模式至 ON 状态,确认功能是否正常。 　断开组合仪表线束连接器 IP01。 　诊断:是,系统正常;否,进入下一步	
10	系统正常	

 四、学习测试

（一）单项选择题

1. 汽车大转向时,电动机转向助力(　　);汽车高速时,电动机转向助力(　　)。

　　A. 大,小　　　　B. 小,大　　　　C. 小,小　　　　D. 大,大

2. 电动机的作用是根据 ECU 的控制指令输出合适的助力(　　),它是 EPS 的动力源。

　　A. 电压　　　　B. 电流　　　　C. 转矩　　　　D. 转速

（二）多项选择题

1. 电动助力转向系统类型有(　　　)。

　　A. 转向轴助力式　　　　　　　　B. 齿条助力式

C. 齿轮助力式　　　　　　　　　D. 辅助助力式

2. 电动助力转向系统的特点有（　　　　　）。

A. 结构简单　　　B. 反应慢　　　C. 反应灵敏　　　D. 质量小

3. 转矩传感器的作用是检测作用于转向盘上转矩信号的（　　　　　），该信号是 EPS 的主要控制信号之一。

A. 大小　　　　　B. 方向　　　　C. 转角　　　　D. 信号

4. ECU 在电动助力转向系统中，控制参数的最佳值，然后发出控制指令给（　　　　　），控制其动作。

A. 电动机　　　B. 控制模块　　　C. 传感器　　　D. 离合器

5. 电动助力转向系统常见故障有哪些（　　　　　）。

A. 转向角度传感器故障　　　　　B. EPS 通信故障

C. 电动机内部电气故障　　　　　D. EPS 指示灯常亮

（三）简答题

1. 简述电动转向控制原理。

2. 电动助力中，要求助力电动机具备哪些特点？

五、评价总结

（一）自我评价

结合学习过程及学习效果，对自己的学习主动性和效果进行自评，评价等级为优、良、合格和不合格，针对出现的失误进行反思，完善改进方向及改进措施。

评价维度		评价标准	评级
学习主动性	课前	课前预习，完成老师布置的课前任务	
	课中	积极思考，参与课堂互动；辅助老师完成教学演示或模拟练习	
	课后	及时总结，完成课后练习任务，并向老师反馈学习建议	
学习效果		能够说出电动助力转向系统组成	
		能够解释电动转向控制原理	
		能对电动助力转向系统的故障进行诊断	

续表

评价维度	评价标准	评级
任务实施过程中出现的失误		
改进的方向及措施		

(二) 学生互评

通过提问、观察同学的演示以及上课的情况,对同学这次学习任务的效果开展评价,评价等级为优、良、合格和不合格,指出任务实施过程中出现的失误,给出改进建议。

小组成员姓名：

评价维度	评价标准	评级
学习效果	能够说出电动助力转向系统组成	
	能够解释电动转向控制原理	
	能对电动助力转向系统的故障进行诊断	
任务实施过程中出现的失误		
建议		

项目四 ▶▶▶

悬架系统的检查、诊断和维修

▶ 项目描述

汽车悬架系统是弹性连接汽车车架与车轴的装置。它一般由弹性元件、导向机构、减振器等零部件构成，其主要任务是缓和由不平路面传给车架的冲击，以提高乘车的舒适性。所以当悬架系统的零部件出现异常时，会影响乘车的舒适性。

了解悬架系统的组成，并掌握悬架系统的保养与维修，是新能源汽车售后服务人员岗位工作能力的最基本要求。本项目学习识别悬架系统、对悬架系统进行保养并拆装更换悬架系统，以及电控悬架的检测与维修。本项目包含以下 3 个工作任务。

任务一：悬架系统的检查与保养。

任务二：减振器的检查与更换。

任务三：电控悬架的检测与维修。

通过完成以上 3 个工作任务，应能够掌握悬架系统组成及工作原理，对悬架系统进行保养、拆装并更换悬架系统各部件，能够按照技术要求对电控悬架系统的常见故障进行诊断和维修。

任务一 悬架系统的检查与保养

一、任务描述

客户王先生的某品牌新能源汽车在行驶到稍为颠簸的路面上时,底盘出现"咯噔"的异响声音。在 4S 店服务顾问的询问与检查后将车辆交给维修技师,根据维修手册的要求,维修技师对该车悬架系统进行检查。

二、任务目标

实施步骤	素养目标	知识目标	技能目标
识别悬架系统的组成、类型与结构	提高团队协作能力、组织沟通能力	掌握悬架系统的结构组成与分类	能识别悬架系统的结构及组成
悬架系统的常规检查与保养		熟悉悬架系统的常规保养检查项目	能按照技术要求对悬架系统进行常规保养

三、实施步骤

(一) 识别悬架系统的组成、类型与结构

技能实践

(1) 汽车悬架是＿＿＿＿＿＿与＿＿＿＿＿＿之间的弹性连接装置的统称。

(2) 悬架的作用是:＿＿＿＿＿＿＿＿＿＿＿＿＿＿＿＿＿＿＿＿＿＿＿＿＿＿＿＿＿＿＿＿＿＿＿＿＿

＿＿＿

(3) 按弹性元件不同,悬架又可分为＿＿＿＿＿＿、＿＿＿＿＿＿、和＿＿＿＿＿＿等。

(4) 根据汽车悬架结构的不同,通常将悬架分为＿＿＿＿＿和＿＿＿＿＿两大类。

(5) 悬架的类型(请在正确的括号里打√)。

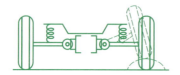
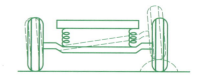

独立式悬架(　　)非独立悬架(　　)　　独立式悬架(　　)非独立悬架(　　)

（6）查找吉利 EV450 汽车维修手册，在整车上找出图中零部件的位置，并在横线上记录其名称。

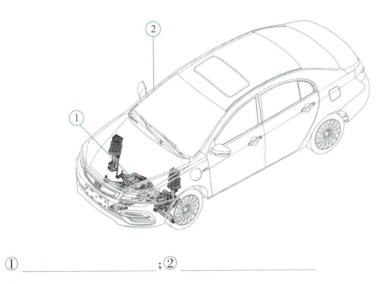

① _____ ；② _____

知识学习

1. 悬架的作用与组成

汽车悬架是车架与车轴之间的弹性连接装置的统称。它的作用是弹性地连接车桥和车架，缓和行驶中车辆受到的冲击力，保证货物完好和乘员舒适；衰减由于弹性系统引进的振动，使汽车行驶中保持稳定的姿势，改善操纵稳定性；同时悬架还起使车轮按一定轨迹相对车身跳动的导向作用。

尽管现代汽车悬架结构形式不尽相同，但是它们大多由弹性元件、阻尼元件、导向元件和横向稳定装置等构成，如图 4-1-1 所示。这些元件共同承担着传递车轮与车架之间各种力的任务，分别起着缓冲、减振、导向和传递力及力矩的作用。

图 4-1-1　汽车悬架

按弹性元件不同,悬架又可分为螺旋弹簧悬架、钢板弹簧悬架、扭杆弹簧悬架和气体弹簧悬架等。按悬架系统参数是否可实现自调节,悬架也可分为被动悬架、半主动悬架和主动悬架(自适应悬架)等形式。此外,按悬架所处车桥类型不同,悬架又可分为转向桥悬架、驱动桥悬架和随动桥悬架等。

2. 悬架的类型

根据汽车悬架结构的不同,通常将悬架分为独立悬架和非独立悬架两大类。

1)独立悬架

动画
独立悬架
特点

独立悬架是两侧车轮分别独立地与车架弹性地连接,如图 4-1-2 所示,当一侧车轮受冲击,其运动不直接影响到另一侧车轮,独立悬架所采用的车桥是断开式的。这样使得发动机可放低安装,有利于降低汽车重心,并使结构紧凑。独立悬架允许前轮有大的跳动空间,有利于转向,便于选择软的弹簧元件使平顺性得到改善。这种悬架广泛应用在轿车和小客车上。

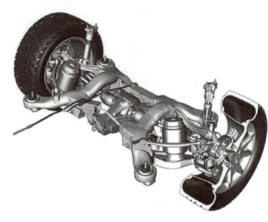

图 4-1-2 独立悬架

2)非独立悬架

非独立悬架如图 4-1-3 所示。其特点是两侧车轮安装于整体式车桥上,当一侧车轮受冲击力时会直接影响到另一侧车轮上,当车轮上下跳动时定位参数变化小。目前广泛应用于货车和大客车上,有些轿车后悬架也有采用。非独立悬架由于非簧载质量比较大,高速行驶时悬架受到冲击载荷比较大,平顺性较差。但这种悬架结构简单、制造方便,故被载重汽车普遍采用。

微课
认识几种非
独立悬架

图 4-1-3 非独立悬架

（二）悬架系统的常规检查与保养

技能实践

根据所学的内容，参考维修手册，完成悬架系统的常规检查与保养并填写工作任务单。

悬架系统的常规检查与保养	工作任务单	班级： 姓名：

1. 车辆信息记录

品牌		整车型号		VIN 码	
电机功率		减速器型号		行驶里程	
车辆维修记录					

2. 作业场地准备

（1）是否设置隔离栏	□是 □否
（2）是否设置安全警示牌	□是 □否
（3）是否检查灭火器压力、有效期	□是 □否
（4）是否安装车轮挡块	□是 □否
（5）是否安装车内三件套、车外三件套	□是 □否

3. 举升车辆，执行相关检查

（1）举升机操作	□正常 □异常
（2）目测检查车身倾斜情况	□正常 □异常
（3）就车检查减振器的减振效果	□正常 □异常
（4）目测检查螺旋弹簧是否损坏	□正常 □异常
（5）目测检查减振器下端是否损坏	□正常 □异常
（6）目测检查减振器是否损坏	□正常 □异常
（7）目测检查减振器是否漏油	□正常 □异常
（8）检查悬架连接杆各球节间隙	□正常 □异常
（9）目测检查横向稳定杆有无弯曲变形	□正常 □异常
（10）目测检查上、下各控制臂和杆件是否变形损坏	□正常 □异常

4. 作业操作结束检验

（1）是否检查完所有项目	□是 □否
（2）是否按照技术要求进行检查	□是 □否

5. 作业场地恢复

（1）是否拆卸车内三件套	□是 □否
（2）是否拆卸翼子板布、前格栅布	□是 □否
（3）是否将高压警示牌等放至原位置	□是 □否
（4）是否清洁、整理场地	□是 □否

知识学习

1. 前悬架

轿车的前悬架都是独立悬架,目前常见的有双叉臂式独立悬架和撑杆式独立悬架这两种。

1）双叉臂式独立悬架

双叉臂式独立悬架一般是上下两个控制臂支撑装有车轴的转向节,在上、下控制臂之间安装减振器。这种悬架可通过自由设定控制臂长度来使汽车具有良好的转弯性能、直线行驶性能及乘坐舒适性能,如图 4-1-4 所示。

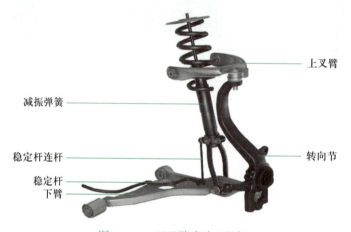

图 4-1-4　双叉臂式独立悬架

2）撑杆式独立悬架

因为减振器兼作悬架支柱,所以将这种方式称为撑杆式悬架,用作前轮时,称为麦弗逊式撑杆式悬架;而用作后轮时,称为查普曼式撑杆式悬架。其结构是将装有减振器撑杆的上端安装在车身上,下端借助于控制臂与车轴连接。这种悬架构件数量少,质量轻,节省空间,如图 4-1-5 所示。

2. 后悬架

一般的轿车后悬架经常采用扭力梁式非独立悬架或多连杆独立悬架,有些车的后悬架会采用双叉臂式独立悬架或双横臂式独立悬架。

1）扭力梁式非独立悬架

扭力梁式非独立悬架是国产汽车与合资车常用的后悬架结构,如图 4-1-6 所示,这种悬架的主要优缺点如下。

优点:

（1）左右轮在弹跳时会相互牵连,轮胎角度的变化量小,使轮胎的磨耗小。

（2）在车身高度降低时还不容易改变车轮的角度,使操控的感觉保持一致。

（3）构造简单,制造成本低,容易维修。

（4）占用的空间较小,可降低车底板的高度。

图 4-1-5   撑杆式独立悬架

缺点：

（1）左右轮在弹跳时，会相互牵连，而降低乘坐的舒适性及操控的安定性。

（2）因构造简单，使设计的自由度小，操控的安定性较差。

图 4-1-6   扭力梁式非独立悬架

2）多连杆独立悬架

多连杆独立悬架是由连杆、减振器和减振弹簧组成的。它的连杆比一般悬架要多些，按惯例，一般都把四连杆或更多连杆结构的悬挂称为多连杆，目前较常见的是 4~5 根连杆相连，如图 4-1-7 所示。多连杆独立悬架的优缺点如下。

优点：多连杆独立悬架不仅可以保证拥有一定的舒适性，而且由于连杆较多，可以使车轮和地面尽最大可能保持垂直，尽最大可能减小车身的倾斜，最大可能维持轮胎的贴地性。高档轿车由于空间充裕，且注重舒适性能和操控稳定性，因此大多使用多连杆悬架。

缺点:多连杆悬架结构相对复杂,材料成本、研发实验成本以及制造成本远高于其他类型的悬架,而且其占用空间大,中小型车出于成本和空间考虑极少使用这种悬架。

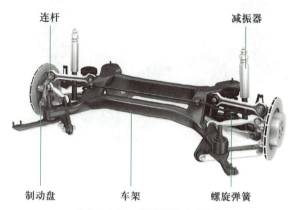

图 4-1-7　多连杆独立悬架

3) 双叉臂式独立悬架

双叉臂式独立悬架又称为双 A 臂式独立悬架,实际上就是在麦弗逊式悬架的基础上加上一只叉臂,其主要作用是车轮的转向力都由叉臂承受,而减振部分元件只是承担减振的任务,如图 4-1-8 所示。

优点:横向刚度大,抗侧倾性能优异,抓地性能好,路感清晰。

缺点:制造成本高,悬架定位参数设定复杂,维修保养技术性较复杂。

相对于麦弗逊式悬架,双叉臂式独立悬架的结构更复杂,占用空间较大,成本较高,因此并不适用于小型汽车前悬架。此外,定位参数的确定需要精确计算和调校,对于制造商的技术实力要求也比较高。

图 4-1-8　双叉臂式独立悬架

4) 双横臂式独立悬架

双横臂式独立悬架按上下横臂是否等长,又分为等臂式和不等臂式两种悬架,如图 4-1-9 所示。

优点:双横臂式独立悬架的减振器没有横向载荷,而且上端高度较低,有利于降低车头的高度,改进车身造型。因此,这种悬架具有很好的操纵稳定性和舒适性,是比较高级的悬架。

缺点:结构复杂,成本高,占用的空间较大等。

(a) 等臂式独立悬架　　　　　　(b) 不等臂式独立悬架

图 4-1-9　双横臂式独立悬架

3. 悬架系统的常规检查项目及方法

(1) 目测检查车身倾斜情况(图 4-1-10)。车辆停于水平地面上,确认轮胎气压正常,以及乘员舱和行李舱没有多余重物,然后振动几次车辆的前部和后部,以使悬架系统处于稳定状态。目测检查车辆的前、后、左、右是否有高度异常。若异常,则检查、修理或更换悬架系统损坏的零件,如图 4-1-10 所示。

(2) 就车检查减振器的减振效果(图 4-1-11)。

① 在车辆的 4 个角落,用手抬起和压下车辆的每个角来回 3 次。

② 将双手从车辆上移开。

③ 找出振动超过 2 次的减振器或滑柱。

图 4-1-10　目测检查车身倾斜情况

(3) 目测检查螺旋弹簧是否损坏。同轴两侧的螺旋弹簧的长度应基本一致,没有裂纹或断裂,没有严重的锈蚀痕迹。若有,则应同时更换同轴左右两个螺旋弹簧,以保持车辆左右两侧的高度相同,如图 4-1-12、图 4-1-13 所示。

(4) 目测检查减振器下端是否损坏。减振器下端应安装稳固,没有裂纹和严重的锈蚀痕迹,如图 4-1-14、图 4-1-15 所示。

图 4-1-11　检查减振器的减振效果

图 4-1-12　目测检查前螺旋弹簧是否损坏

图 4-1-13　目测检查后螺旋弹簧是否损坏

图 4-1-14　目测检查前减振器下端是否损坏

图 4-1-15　目测检查后减振器下端是否损坏

（5）目测检查减振器是否损坏。检查减振器活塞杆上端的橡胶防尘保护管，应完好不开裂。支柱表面应无凹陷、裂纹和严重锈蚀。若有，则应更换，如图 4-1-16 所示。

（6）目测检查减振器是否漏油。减振器在工作过程中，高温油液蒸发的油雾会附着于筒臂周围，道路上的泥土会黏附其上并形成一层"油泥"，或者在减振器的外表面仅有轻微的油迹，都属于正常现象，不必要更换。如果筒上不仅有油泥而且有油渍或油滴，那么可认为减振器油液渗漏，应更换减振器总成，如图 4-1-17 所示。

图 4-1-16 目测检查减振器是否损坏

图 4-1-17 目测检查减振器是否漏油

（7）检查悬架连接杆各球节间隙是否出现松旷。举升汽车，检查各球节是否间隙过大和橡胶保护套损坏。球节在纵向和横向上都应该没有间隙，如果出现间隙，应更换球节，如图 4-1-18 所示。

（8）目测检查横向稳定杆有无弯曲变形。若存在变形或裂纹，只能更换新件，不允许在前悬架支承装置和导向装置部件上进行焊接和矫直修复。检查横向稳定杆的橡胶支座和橡胶衬套，若衬套损坏和老化，应更换，如图 4-1-19 所示。

图 4-1-18 检查悬架连杆各球节间隙

图 4-1-19 目测检查横向稳定杆有无弯曲变形

（9）目测检查上、下各控制臂和杆件是否变形损坏。若存在变形或裂纹，只能更换新件，不允许在前悬架支承装置和导向装置部件上进行焊接和矫直修复。检查各橡胶衬套的损坏和老化情况，若损坏，应更换，如图4-1-20所示。

图4-1-20　目测检查上、下连杆是否损坏

四、学习测试

（一）单项选择题

1. 关于减振器，以下说法错误的是（　　　　）。
　A. 阻尼力越大，振动的衰减越快
　B. 减振器在压缩、伸张两个行程都能起减振作用
　C. 当车桥移近车架（或车身）时，减振器受压拉，活塞上移
　D. 振动所产生的能量转变为热能，并由油液和减振器壳体吸收，然后散发到大气中

2. 车辆转向时发生明显车身横向摆动，下列哪个缺陷不是引起此问题的原因？（　　　）
　A. 减振器活塞杆衬套磨损　　　　　B. 横向稳定杆功能减退
　C. 横向稳定杆衬套磨损　　　　　　D. 横向稳定杆连杆断裂

3. 车主反映车辆行驶阻力大且后悬架撞击限位缓冲器。技师A说，后减振器可能失效。技师B说，后悬架行驶高度可能小于规范要求。谁说的对？（　　　）
　A. 只有技师A说的对　　　　　　　B. 只有技师B说的对
　C. 技师A和B说的都对　　　　　　D. 技师A和B说的都不对

4. 某车辆前悬架振动明显。技师A说，前减振器可能失效。技师B说，前螺旋弹簧的性能可能减弱。谁说的对？（　　　）
　A. 只有技师A说的对　　　　　　　B. 只有技师B说的对
　C. 技师A和B说的都对　　　　　　D. 技师A和B说的都不对

5. 当减振器活塞杆衬套磨损后，技师A说，会引起制动跑偏问题。技师B说，

会引起车轮定位问题。谁说的对？（　　　）

  A. 只有技师 A 说的对   B. 只有技师 B 说的对

  C. 技师 A 和 B 说的都对   D. 技师 A 和 B 说的都不对

（二）判断题

1. 减振器在汽车行驶中出现发热是不正常的。 　　　　　　　　　　（　　　）
2. 拆卸减振器前，不需要先卸掉车轮。 　　　　　　　　　　　　　（　　　）
3. 后悬架的减振器不可单个更换。 　　　　　　　　　　　　　　　（　　　）
4. 悬架系统的故障可能导致车辆跑偏。 　　　　　　　　　　　　　（　　　）
5. 轮胎的充气压力不正常和悬架系统的故障都可能导致车辆行驶平顺性变差。

                      （　　　）

五、评价总结

（一）自我评价

  结合学习过程及学习效果，对自己的学习主动性和效果进行自评，评价等级为优、良、合格和不合格，针对出现的失误进行反思，完善改进方向及改进措施。

评价维度		评价标准	评级
学习 主动性	课前	课前预习，完成老师布置的课前任务	
	课中	积极思考，参与课堂互动；辅助老师完成教学演示或模拟练习	
	课后	及时总结，完成课后练习任务，并向老师反馈学习建议	
学习效果		能够通过实车识别悬架系统结构组成，并解释悬架系统的作用	
		熟悉悬架系统常规保养检查项目与检查方法	
任务实施过程中 出现的失误			
改进的 方向及措施			

(二) 学生互评

通过提问、观察同学的演示以及上课的情况,对同学这次学习任务的效果开展评价,评价等级为优、良、合格和不合格,指出任务实施过程中出现的失误,给出改进建议。

小组成员姓名:

评价维度	评价标准	评级
学习效果	能够通过实车识别悬架系统结构组成,并解释悬架系统的作用	
	熟悉悬架系统常规保养检查项目与检查方法	
任务实施过程中出现的失误		
建议		

任务二　减振器的检查与更换

一、任务描述

李先生的某品牌新能源汽车行驶了 12 万千米,当车辆到行驶至颠簸路段时,发现车身姿态出现过分颠簸、摇摆不定的现象,同时减振器发出异响的声音,车轮出现侧倾等现象,根据所学的知识帮助李先生的汽车解决这一故障现象。

二、任务目标

实施步骤	素养目标	知识目标	技能目标
了解减振器的结构和工作原理	树立"安全第一"的工作意识	能正确描述减振器的作用。能正确解释减振器的工作原理	能认识减振器的基本组成，识别各种类型的减振器。能解释减振器的工作原理
更换减振器		能正确描述减振器更换步骤	能按照技术要求独立完成减振器的更换

三、实施步骤

(一) 了解减振器的结构和工作原理

技能实践

(1) 把正确的选项填入方框内。

A. 螺旋弹簧；B. 止推轴承；C. 活塞杆锁母；D. 缓冲橡胶；E. 上部弹簧座；F. 撑杆固定隔离座；G. 撑杆总成；H. 防尘罩。

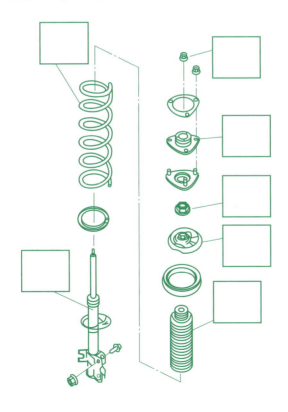

（2）把下列 1~11 对应的零部件名称写在横线上。

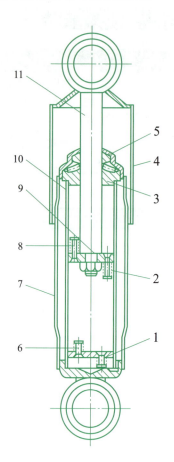

1＿＿＿＿＿＿＿＿；2＿＿＿＿＿＿＿＿＿＿；3＿＿＿＿＿＿＿＿＿＿；4＿＿＿＿＿＿＿＿；

5＿＿＿＿＿＿＿＿；6＿＿＿＿＿＿＿＿＿＿；7＿＿＿＿＿＿＿＿＿＿；8＿＿＿＿＿＿＿＿；

9＿＿＿＿＿＿＿＿；10＿＿＿＿＿＿＿＿＿；11＿＿＿＿＿＿＿＿

 知识学习

1. 减振器概述

当汽车在不平坦的道路上行驶，车身会发生振动，为加速汽车车架和车身振动的衰减，改善汽车行驶的平顺性，汽车悬架中均设有减振器，并与弹性元件并联安装在车架与车桥（车轮）上。

减振器工件原理示意图如图 4-2-1 所示。它是利用液体流动的阻力来消耗振动的能量，使振动消失。当车架与车桥相对运动时，减振器内的油液会通过一些窄小的孔、缝等通道反复地从一个腔室流向另一个腔室，这时孔壁与油液间的摩擦和油液内的分子间的摩擦形成了对车身振动的阻力，工程上将这种阻力称为阻尼力。阻尼力会将车身的振动能转化为热能，并被油液和壳体所吸收。减振器的阻尼力随车架与车桥之间的相对速度的增减而增减,并与孔道数量多少、通道面积、阀门弹簧的软硬和油液的黏度等因素有关。

微课
减振器总成
结构（北汽
EV160）

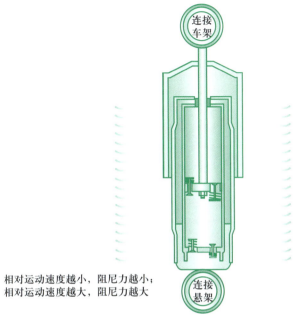

相对运动速度越小,阻尼力越小;
相对运动速度越大,阻尼力越大

图 4-2-1　减振器工作原理示意图

为了更好地实现轿车的行驶平稳性和安全性,将阻尼系数不固定在某一数值上,而是能随轿车运行的状态而变化,使悬架性能总是处在最优的状态附近。

减振器的阻尼力过大,虽然振动衰减过快,但车身受到的冲击较大,不利于提高乘坐的舒适性。为此,对减振器的工作提出如下要求。

(1) 在悬架的压缩行程,减振器应具有较小的阻尼力,以充分发挥弹性元件的弹性作用来缓和路面的冲击。

(2) 在悬架的伸张行程,减振器应具有较大的阻尼力,以迅速衰减振动能量。

(3) 当车桥与车架间相对速度过大时,减振器应能自动加大油液流过通道的面积,以限制阻尼力的过分增长,避免减振器承受过大的冲击载荷。

减振器有单向作用式和双向作用式两种类型。只在伸张行程起减振作用的减振器为单向作用式减振器,在压缩行程和伸张行程均起减振作用的减振器为双向作用式减振器,目前汽车上广泛采用的是双向作用筒式减振器。减振器还有新式减振器,包括充气式减振器和阻力可调式减振器。减振器内所用油液为特制的减振器油。

2. 双向作用筒式减振器

双向作用筒式减振器的结构如图 4-2-2 所示,上耳连车架,下耳连车桥,有 3 个同心缸筒,最外面为防尘罩 4,中间是储油缸筒 7,最里面是工作缸筒 10。工作缸中的活塞 9 固定在与防尘罩制成一体的活塞杆 11 上,活塞上有伸张阀 8、流通阀 2,在工作缸下端的支座上有压缩阀 6 和补偿阀 1。其中流通阀和补偿阀为配以小刚度弹簧的普通单向阀,压缩阀和伸张阀是配以较大刚度弹簧的卸载阀,需要较高的油压力推动,才能将阀门开启,而当油压降低到一定程度时,它们即自行关闭。

微课
双向作用筒
式减振器
工作原理

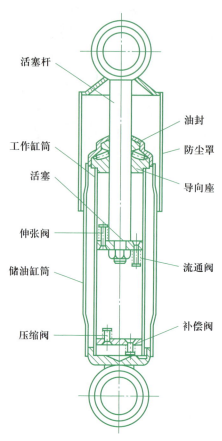

活塞杆
油封
工作缸筒
防尘罩
活塞
导向座
伸张阀
流通阀
储油缸筒
压缩阀
补偿阀

图 4-2-2   双向作用筒式减振器的结构

其工作原理如下。

(1) 压缩行程:活塞下移,使其下腔容积减小,油压升高,油液经流通阀进入活塞上腔。因活塞杆占用部分容积,使上腔室增加的容积小于下腔减小的容积。使下腔室油液不能全部流入上腔室,则多余的油液打开压缩阀流回储油缸。当车身剧烈振动时,压缩阀的开口增大,这样油压和阻尼力不会过大,可使弹性元件的缓冲作用得到充分发挥。

(2) 伸张行程:活塞上移,使其上腔容积减小,油压升高,油液经伸张阀进入活塞下腔。因活塞杆占用部分容积,使下腔室减少的容积小于下腔增加的容积。储油缸中的油液在真空度的作用下流经补偿阀进入下腔室来补偿。由于伸张阀的弹簧刚度和预紧度大于压缩阀,且伸张行程的通道截面比压缩行程的通道截面小,因此伸张行程产生的阻尼力远大于压缩行程产生的阻尼力,从而达到迅速减振的要求,并保护弹性元件不被拉坏。

（二）更换减振器

技能实践

根据所学的内容，参考维修手册，完成减振器的更换并填写工作任务单。

更换减振器	工作任务单	班级：
		姓名：

1. 车辆信息记录

品牌		整车型号		VIN 码	
电机功率		减速器型号		行驶里程	
车辆维修记录					

2. 作业场地准备

（1）是否设置隔离栏	□是	□否
（2）是否设置安全警示牌	□是	□否
（3）是否检查灭火器压力、有效期	□是	□否
（4）是否安装车辆挡块	□是	□否
（5）是否安装车内、车外三件套	□是	□否

3. 举升车辆，执行相关检查

（1）检查工具是否准备完毕	□正常	□异常
（2）举升车辆	□正常	□异常
（3）拆卸车轮（以左前轮为例）	□正常	□异常

4. 拆装减振器

序号	拆装步骤	备注
1		
2		
3		
4		
5		
6		
7		
8		
9		
10		

续表

5. 作业操作结束检验	
(1) 减振器是否按照技术要求进行拆卸	☐是 ☐否
(2) 减振器是否按照技术要求进行安装	☐是 ☐否
6. 作业场地恢复	
(1) 拆卸车内三件套	☐是 ☐否
(2) 拆卸翼子板布、前格栅布	☐是 ☐否
(3) 将高压警示牌等放至原位置	☐是 ☐否
(4) 清洁、整理场地	☐是 ☐否

知识学习

1. 减振器的检查

1）减振器过软

减振器过软的检查步骤如图 4-2-3 所示。

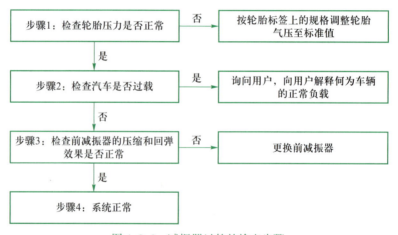

图 4-2-3 减振器过软的检查步骤

2）前减振器有噪声

前减振器噪声的检查步骤如图 4-2-4 所示。

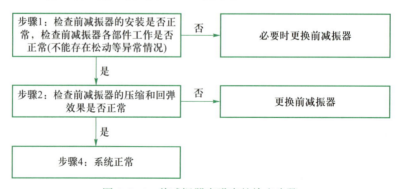

图 4-2-4 前减振器有噪声的检查步骤

3）减振器油泄漏

减振器油泄漏检查步骤如图 4-2-5 所示。

步骤1：检查前减振器的安装是否正常，检查前减振器各部件工作是否正常(不能存在松动等异常情况)

是

步骤2：检查前减振器完全伸展时的密封情况，防尘罩是否存在破损等情况 —— 是 —— 更换前减振器

否

步骤3：检查前减振器上的油液是否过多 —— 是 —— 更换前减振器

否

步骤4：系统正常

图 4-2-5 减振器油泄漏检查步骤

2. 减振器的更换

实训器材：吉利 EV450 实车、举升机、常用拆装工具及维修手册等。

作业准备：检查举升机，车辆停放在工位合适位置，铺好车内和车外护套。

拆装减振器的步骤如表 4-2-1 所示。

表 4-2-1 拆装减振器的步骤

步骤	操作方法	操作示意图	备注
1	使用指针式扭力扳手、六角长套筒预松左前轮	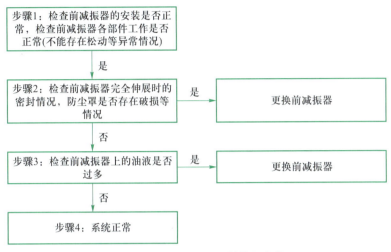	对角交叉预松车轮固定螺母

续表

步骤	操作方法	操作示意图	备注
2	举升车辆	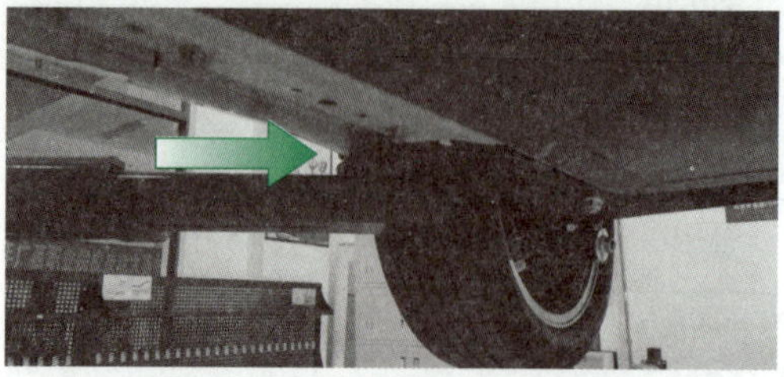	后端举升机垫块不能碰到门槛板至车架纵梁外侧或地板
3	使用指针式扭力扳手、六角长套筒拆卸左前轮		注意对角拆卸
4	拆卸前制动油管的固定卡扣，并脱开前制动油管		—
5	拆卸固定ABS的螺栓		—

续表

步骤	操作方法	操作示意图	备注
6	拆卸前稳定杆连接杆与前减振器1个连接螺母,从前减振器上脱开前稳定杆连接杆	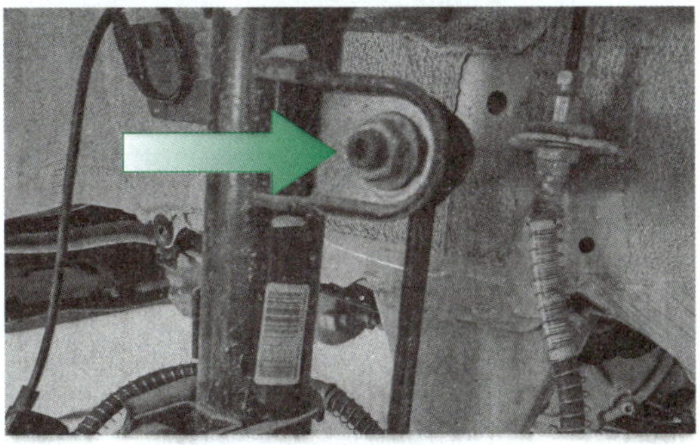	—
7	拆卸转向节和前减振器的2个连接螺栓		—
8	拆卸前减振器上部3个固定螺母,并从轮罩侧取出前减振器总成	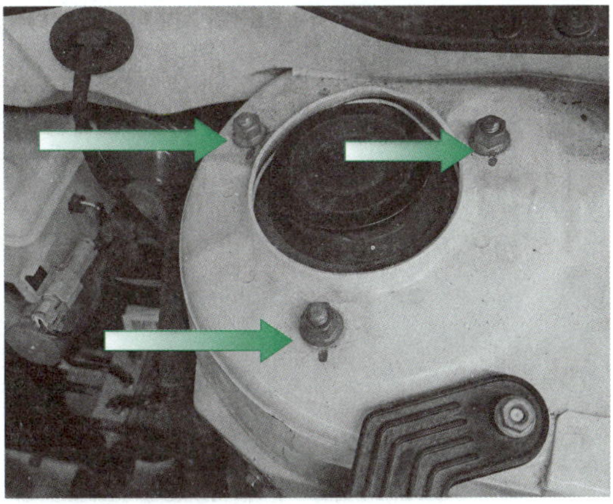	拆卸到最后一个螺栓时,用手托一下前支柱总成,防止碰伤脚

续表

步骤	操作方法	操作示意图	备注
9	将拆下来的减振器总成固定到减振器弹簧拆装机上		—
10	使用专用工具拆下锁紧螺母		不可使用气动扳手,否则会损伤压缩工具
11	拆卸前减振器上支座总成、前螺旋弹簧上支座、前悬架螺旋弹簧、前减振器防尘罩及缓冲块		—

续表

步骤	操作方法	操作示意图	备注
12	安装：在减振器支架上安装前减振器防尘罩及缓冲块、前悬架螺旋弹簧、前螺旋弹簧上支座、前减振器上支座总成		将螺旋弹簧下端装入减振器弹簧座的凹口上
13	使用专用工具安装锁紧螺母并盖上前减振器上支座防尘盖。力矩为 70 N·m（公制）		—
14	安装减振器总成；将前减振器总成顶部 3 个螺杆穿入前机舱侧安装孔，并紧固上部 3 个固定螺母。力矩为 39 N·m（公制）		务必小心操作，以免在搬动前悬架螺旋弹簧时，损坏或划伤涂层。损坏涂层会导致早期故障

续表

步骤	操作方法	操作示意图	备注
15	将前转向节总成安装至前减振器,并紧固螺母。力矩:200 N·m(公制);将前稳定杆连接杆安装至前减振器并紧固螺母。力矩为140 N·m(公制)	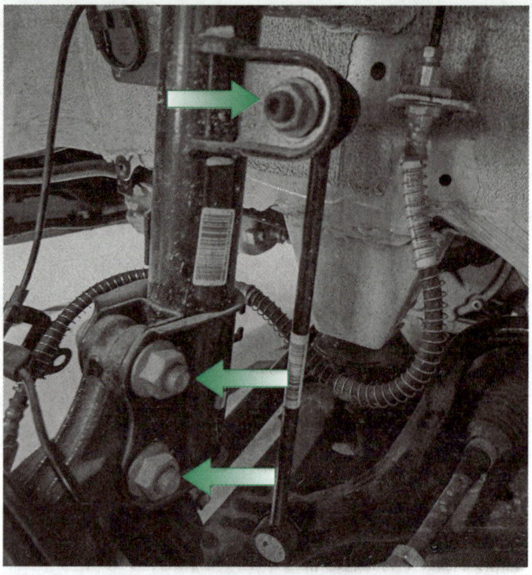	—
16	将前制动油管固定至前减振器上并固定好卡扣;紧固固定ABS的螺栓	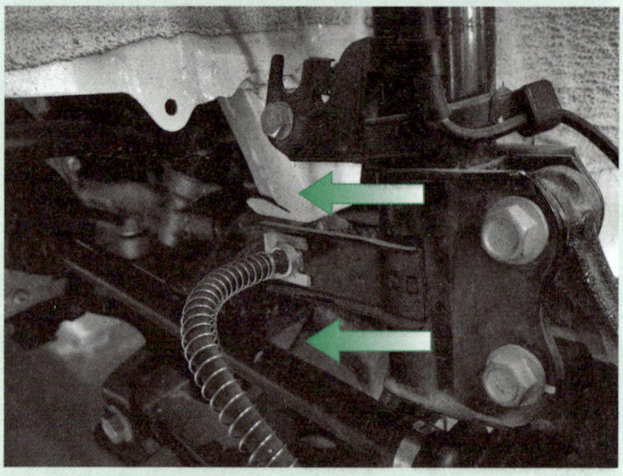	—
17	安装车轮	安装顺序与拆卸顺序相反	—
18	放下车辆	—	注意安全

 四、学习测试

（一）混项选择题

1. 减振器的结构可分（　　　）。

　A. 双筒式　　　　　　　　　　　　B. 单筒充气式

　C. 双筒充气式　　　　　　　　　　D. 液压式

2. 车身和车架之间除放置特制橡胶垫块,还安装（　　　）,将震动减至最小。

　　　A. 减振器　　　　B. 弹簧　　　　　C. 螺钉

3. 双向筒式减振器在伸张行程内打开的是哪两个阀？（　　　）

　　　A. 流通阀　　　B. 补偿阀　　　　C. 压缩阀　　　　　D. 伸张阀

4. 下列对减振器阻尼力的要求描述错误的是（　　　）。

　　　A. 随汽车振动速度的增减而增减

　　　B. 在压缩行程,阻尼力要小,伸张行程阻尼力要大

　　　C. 尽可能使阻尼力保持恒定,不随外界变化

　　　D. 在车架与车桥相对速度过大时,要使阻尼力保持在一定范围内,以避免承受过大的冲击载荷

5. 减振器的主要作用是将车身和车架的振动能量转化为（　　　）并耗散掉。

　　　A. 热能　　　　B. 动能　　　　C. 势能　　　　　D. 以上均不是

（二）判断题

1. 减振器是产生阻尼力的主要元件,其作用是迅速衰减汽车的振动。　　（　　　）
2. 目前在汽车上广泛使用的减振器主要是筒式液力减振器。　　　　　（　　　）
3. 双向筒式减振器伸张阀弹簧刚度比压缩阀的小。　　　　　　　　　（　　　）
4. 悬架弹性元件中,空气弹簧和橡胶弹簧只作为弹簧使用。　　　　　（　　　）
5. 空气弹簧的尺寸较小,质量轻,寿命相对较长,适用于中小型汽车。　（　　　）

🖥 五、评价总结

（一）自我评价

　　结合学习过程及学习效果,对自己的学习主动性和效果进行自评,评价等级为优、良、合格和不合格,针对出现的失误进行反思,完善改进方向及改进措施。

评价维度		评价标准	评级
学习主动性	课前	课前预习,完成老师布置的课前任务	
	课中	积极思考,参与课堂互动;辅助老师完成教学演示或模拟练习	
	课后	及时总结,完成课后练习任务,并向老师反馈学习建议	
学习效果		能够通过实车识别减振器的结构组成,并解释减振器的工作原理	
		能够按技术要求独立完成减振器的更换	
任务实施过程中出现的失误			
改进的方向及措施			

（二）学生互评

通过提问、观察同学的演示以及上课的情况，对同学这次学习任务的效果开展评价，评价等级为优、良、合格和不合格，指出任务实施过程中出现的失误，给出改进建议。

小组成员姓名：

评价维度	评价标准	评级
学习效果	能够通过实车识别减振器的结构组成，并解释减振器的工作原理	
	能够按技术要求独立完成减振器的更换	
任务实施过程中出现的失误		
建议		

任务三　电控悬架的检测与维修

一、任务描述

一辆新能源汽车，经该车车主综合描述，这款轿车表现出的状况为：车子回到车库关闭点火开关，空气泵仍在不停工作，闻到有焦灼味，较长时间后，空气泵才不工作，底盘高度为最低状态，之后车辆及空气泵均不工作，底盘仍旧为最低状态。请根据该故障现象制订一份电控悬架不能调节底盘高度故障检修方案，并完成故障诊断与排除。

二、任务目标

实施步骤	素养目标	知识目标	技能目标
识别电控悬架的组成并了解其工作原理	培养学生发现问题、分析问题以及解决问题能力	能正确描述电控悬架的组成及电路工作原理	能在车上识别电控悬架的组成及正确描述电路工作原理
电控悬架系统故障诊断		能正确描述电控悬架系统的故障诊断流程	能够正确使用诊断设备对电控悬架进行故障诊断。 能依据维修手册对电控悬架系统进行故障诊断与排除

三、实施步骤

（一）识别电控悬架的组成并了解其工作原理

 技能实践

（1）电控悬架的组成：

（2）标注下图中各部件的名称。

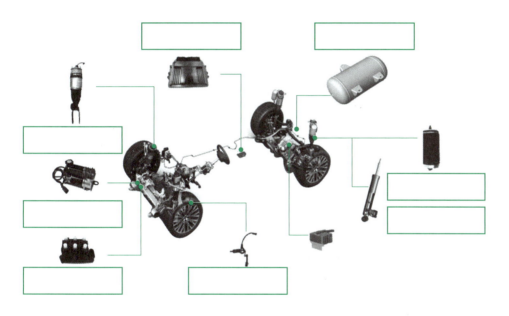

知识学习

1. 认识汽车电控悬架系统

汽车电控悬架是一种可调节式的车辆悬架。使用空气悬架很容易实现车身自水平调节，自水平调节机构一般就集成在悬架系统中。它的优点在于：静态压缩量与载荷无关，总保持恒定，这样就可以大大减小车轮拱罩内为车轮自由转动而预留的空间，对总体的空间利用很有好处；车身可以支承在较软的弹簧上，这样可以提高行车的舒适性；不论载荷多大，均可以保证回弹和压缩的整个行程不变；不论载荷多大，均可以保证相应的离地间隙；加载时不需要变动前束和外倾角；不会恶化风阻系数值和车辆外形；由于偏转角较小，因此球头连接的磨损也小；必要时载荷可以高一些。

2. 汽车电控悬架系统的组成

奥迪 A8 轿车的自适应空气悬架系统（图 4-3-1）由空气供给总成、前桥空气悬架

微课

电控悬架
系统认知

支柱、车身加速度传感器、自适应空气悬架控制单元、前部显示和操纵单元(MMI)、组合仪表、带压力传感器的电磁阀组、后桥空气悬架支柱、蓄压器和后桥车身水平传感器。

图 4-3-1　奥迪 A8 轿车自适应空气悬架系统的组成

1) 操纵系统

操纵系统是集成在MMI上的,这就使得操作过程简单易学,操作系统如图4-3-2所示。

CAR 按键:在 MMI 显示屏上以优先等级 1 直接调出。

SETUP 按键:显示状态信息和调整情况。

控制旋钮:激活调整后的新模式。

指示灯:在使用标准底盘时显示低状态显示非常低或非常高的状态。

警报灯:显示非常低或非常高的状态。

图 4-3-2　操纵系统

2）剩余压力保持阀

在每个空气悬架支柱上都有一个剩余压力保持阀,它直接安装在空气接口上,该阀用于保证空气悬架内总能保持有至少约 3.5bar 的压力。这样就可最大限度地避免在仓储和装配时发生损坏的可能性,如图 4-3-3 所示。

3）减振器

采用的是双管式充气减振器,该减振器具有电动连续可调功能。内部的电磁线圈未通电时,减振阻尼力最大。在减振阻尼力最小时,电磁线圈要通上约 1800mA 的电流,在应急状态时电磁线圈是不通电的,这时减振阻尼力被设定在最大状态,以便保证动态行驶的稳定性,减振器如图 4-3-4 所示。

图 4-3-3　剩余压力保持阀

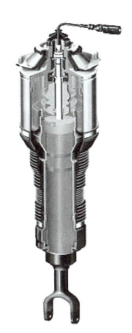

图 4-3-4　减振器

4）空气供给总成

空气供给总成安装在发动机舱内左前部,这样就可避免在乘员舱内产生噪声,而且可以实现有效的冷却效果。可延长压缩机的接通时间,从而提高调节的质量,如图 4-3-5 所示。

5）减振器电磁阀体

包含压力传感器以及用于控制空气弹簧和蓄压器的阀,如图 4-3-6 所示。

6）封装式空气弹簧

可伸缩膜盒包在一个铝制的缸体内,这样可以改善相应特性。为防止在这个缸体和可伸

图 4-3-5　空气供给总成

缩膜盒之间出现脏物,使用一个胀圈封锁住了活塞和缸体之间的区域,为了能以最佳的承载宽度来达到行李箱的最大容积,后桥的空气弹簧直径就被限制到最小的尺寸。满足舒适要求的同时空气的体积又不能太小,为了解决这个矛盾,使用了一个与减振器连在一起的储气罐,用于额外供应空气。封装式空气弹簧如图 4-3-7 所示。

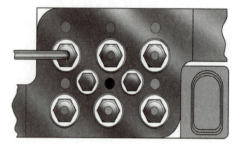

图 4-3-6　减振器电磁阀体

7) 蓄压器

蓄压器是铝制的,容积为 5.8L,最大工作压力为 16bar;蓄压器和空气弹簧之间应存在至少 3bar 的压力差,蓄压器如图 4-3-8 所示。

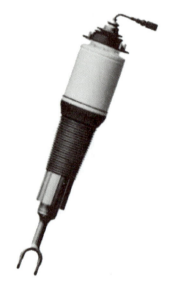

图 4-3-7　封装式空气弹簧

图 4-3-8　蓄压器

3. 空气悬架的工作原理

汽车电控悬架系统模式调整有车辆高度状态和减振调节两种模式。车辆高度状态由驾驶员意愿和车速来预先确定。减振调节由驾驶人意愿、路面特点、车速、载重、当前行驶状态确定。奥迪 A8 轿车有两种底盘:一种是标准底盘,另一种是运动底盘。

1) 标准底盘

标准底盘中可以手动或自动选择下列程序:"automatic"(自动)模式,基本高度底盘。在车速超过 120km/h 的 30s 后,底盘会下沉 25mm(高速公路底盘下沉)。底盘下沉可以改善空气动力学性能并降低燃油消耗;"comfort"(舒适)模式:底盘高度与"automatic"(自动)模式是一样的,但在车速低时减振要弱一些,因此与"automatic"(自动)模式相比,舒适性更好一些,如图 4-3-9 所示。

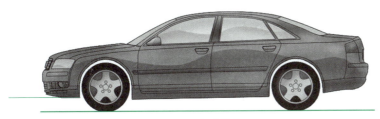

图 4-3-9　自动模式

"dynamic"（动态）模式：与"automatic"（自动）模式相比，底盘下沉 20mm，并且自动调整到运动模式的减振曲线，在车速超过 120km/h 的 30s 后，底盘会再下沉 5mm；"lift"（提升）模式：与"automatic"（自动）模式相比，底盘提升了 25mm，与"automatic"（自动）模式一样，是以舒适为主的，如图 4-3-10 所示。

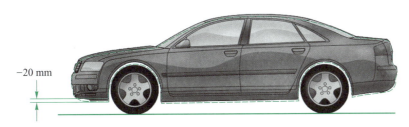

"动态"模式：-20 mm

"提升"模式：+25 mm

图 4-3-10　"动态"模式和"提升"模式

2）运动底盘

"自动"模式：车身标准水平高度相当于标准底盘"动态"模式，带有相应减振特性曲线的偏向运动型调节（比"动态"模式更舒适的调整）。从 120km/h 开始 30s 后再下降 5mm（"高速公路车身降位"）。

"动态"模式：车身高度和运动型底盘"自动"模式一样，带有相应减振特性曲线的偏向运动型的调整，从 120km/h 开始 30s 后再下降 5mm（"高速公路车身降位"）。

"舒适"模式：车身水平高度和运动型底盘"自动"模式一样，在低速范围内比"自动"模式更低的减振阻尼。没有自动的高速公路车身降位，如图 4-3-11 所示。

"提升"模式：相对于运动底盘"自动"模式车身水平高度提升了 25mm，偏向运动型的调整，如图 4-3-12 所示。

标准水平高度
标准底盘

标准水平高度
运动型底盘(−20 mm)

"动态""自动"和"舒适"模式：运动型底盘的标准水平高度

图 4-3-11　"动态""自动"和"舒适"模式

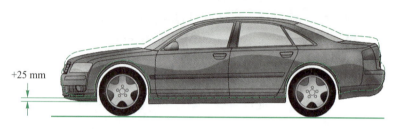

+25 mm

"提升" 模式：+25 mm

图 4-3-12　"提升"模式

（二）电控悬架系统故障诊断

技能实践

1. 传感器的检测

传感器	图示	步骤	记录
前车身高度传感器	低 正常 高	（1）将端子 2 与正极相连，端子 3 与负极相连。 （2）将控制杆缓慢上下移动，同时检测端子 1 与 3 之间的电压。 位置 / 电压 /V 高　6.2~11.2 正常　6.2 低　1~6.2	

续表

传感器	图示	步骤	记录
后车身高度传感器	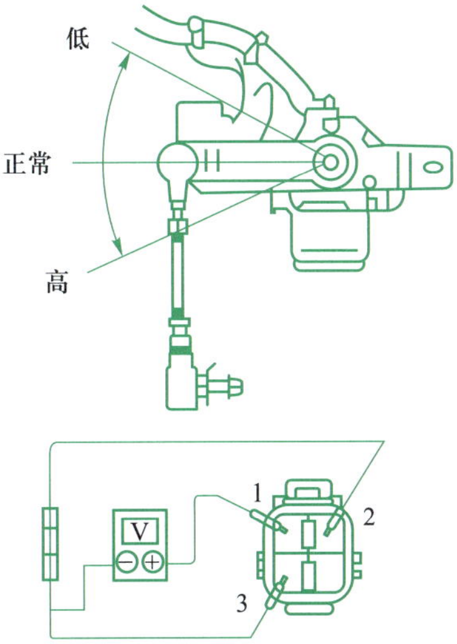	（1）将端子2与正极相连,端子3与负极相连。 （2）将控制杆缓慢上下移动,同时检测端子1与3之间的电压。 位置表格如下	
前加速度传感器	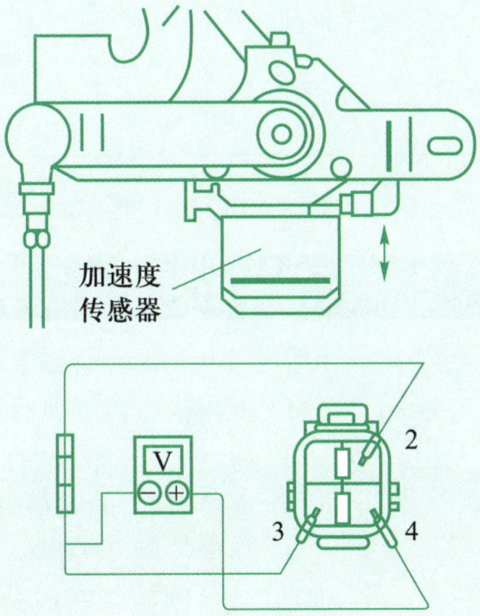	（1）将端子2与正极相连,端子3与负极相连。 （2）使传感器上下振动,同时检测端子4与3之间的电压。 （3）静止时电压为6.2 V,振动时电压1~11.2 V 为正常	
后加速度传感器	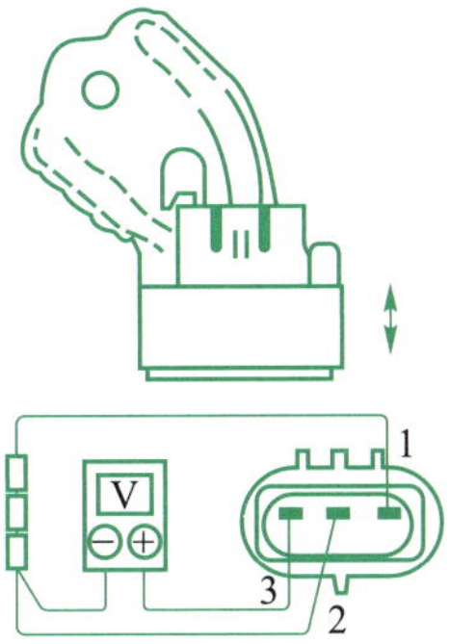	（1）将端子1与正极相连,端子2与负极相连。 （2）使传感器上下振动,同时检测端子2与3之间的电压。 （3）静止时电压为6.2 V,振动时电压1~11.2 V 为正常	

后车身高度传感器电压表：

位置	电压 /V
高	6.2~11.2
正常	6.2
低	1~6.2

续表

传感器	图示	步骤	记录
转向盘转角传感器	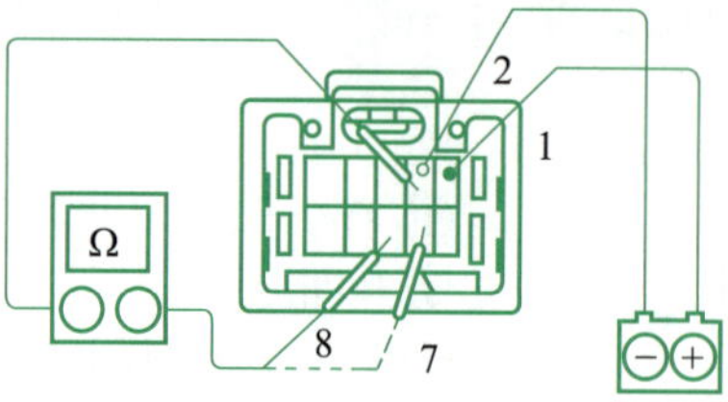	（1）将端子 1 与正极相连，端子 2 与负极相连。 （2）分别检测端子 7、8 与 2 之间的电压。 （3）正常：0～∞ 变化	
高度控制开关	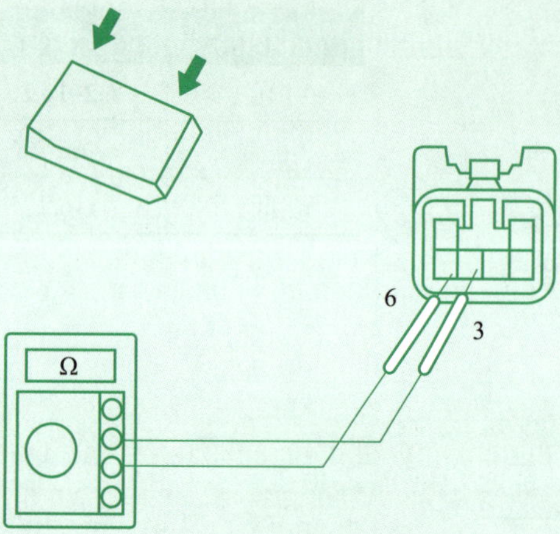	（1）断开高度控制开关连接器。 （2）将高度控制开关分别按在"NORM"和"HIGH"位置，测量端子 3 和 6 之间的电压。 （3）正常："NORM"为 ∞（开路）；"HIGH"为 0 断路	

2. 悬架控制执行器的检查

检查内容	图示	步骤	记录
悬架控制执行器运行检查	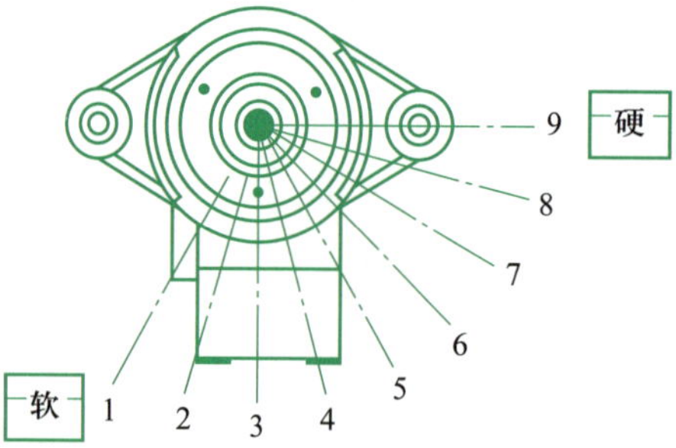	（1）拆出执行器和执行器盖。 （2）将点火开关转至"ON"位置。 （3）连接 TDCL 的 TD 和 E1 端子。 （4）高度控制开关每向"HIGH"推动一次，则执行器应向"硬"进一步	
悬架控制执行器电阻检查		测量悬架控制执行器连接端子之间电阻，应符合以下标准。 | 端子	电阻/Ω | |---|---|
1、2	14.7～15.7
1、3	14.7～15.7
1、4	14.7～15.7
1、5	14.7～15.7		

续表

检查内容	图示	步骤	记录
悬架控制执行器工作检查	悬架控制执行器连接器	（1）用螺丝刀将悬架控制执行器输出轴调至"软"位置。 （2）将蓄电池电压如下表施加到悬架控制执行器各端子时，执行器运动应符合要求。	

蓄电池 +	蓄电池 −	位置
2 和 3	1	1→2
3 和 4	1	2→3
4 和 5	1	3→4
5 和 2	1	4→5
2 和 3	1	5→6
3 和 4	1	6→7
4 和 5	1	7→8
5 和 2	1	8→9

知识学习

1. 车辆倾斜故障检查

汽车起步加速时，前后轴的负荷会发生变化，指示灯 S、M、F 都点亮，说明悬架的刚度和高度属于较强的水平；否则会出现"后向"故障，即车后下沉，车前抬起，影响乘坐舒适性。

检查车速传感器的电路，即悬架电子控制单元的 SPD 端子到车速传感器接地的电路是否正常。如果电路正常，用万用表将 SPD 端子和 GND 端子之间的电路导通 4 次，电压在 0~6V 之间变化。如果异常，表明车速传感器有故障，需要更换。

检查悬架电子控制单元、发动机电子控制单元和节气门位置传感器之间的电路是否正常。如果电路正常，打开点火开关，逐渐踩下油门踏板，悬架 ECU 中 L1 端子和 GND 端子之间的电压变化应为 $0\downarrow\rightarrow 5V$，L2 端子和 GND 端子之间的电压应为 $5V\downarrow\rightarrow 0\downarrow\rightarrow 5V$，L3 端子和 GND 端子之间的电压应为 $5V\downarrow\rightarrow 0$。如果出现异常，检查节气门位置传感器输出端子之间的电阻值以及发动机悬架电子控制单元是否正常。如果上述检查正常，表明悬架电子控制单元有故障，应修理或更换。

2. 车辆侧倾故障的诊断

当汽车以 40 km/h 的速度行驶并突然转弯时，无论悬架控制模式选择开关处于"NORM"还是"SPORT"位置，所有指示灯（S、M、F）都应点亮，表示悬架刚度高度处于"强水平"，否则会出现侧倾和头部摆动故障，影响稳定性和乘坐舒适性。

首先检查车速传感器的电路，与上面"车辆倾斜故障检查"中的方法相同。

检查转向传感器和悬架电子控制单元之间的连接线是否正常。如果线路正常，打开点火开关，检查悬架电子控制单元中的 Vs 和 GND 端子之间的电压应为 3.5 ~ 4.2 V，如果 Vs 和 GND 端子之间的电压异常，表明悬架电子控制单元有故障，应修理或更换。缓慢转动转向盘时，检查 SS1 端子和 GND 端子之间的电压以及 SS2 端子和 GND 端子之间的电压，两个电压应在 0~5 V 反复变化。如果 SS1、SS2 和 GND 之间的电压异常，表明转向传感器有故障，应进行修理或更换。

3. 汽车点头故障的诊断

当汽车以 60 km/h 的速度行驶并使用紧急制动时，无论悬架控制模式选择开关处于"NORM"还是"SPORT"位置，所有指示灯（S、M、F）都应点亮，表示悬架的刚度和高度处于"强水平"；否则会出现点头故障，影响乘坐舒适性。

首先检查车速传感器的电路，与上面"车辆倾斜故障检查"中的方法相同。

检查制动灯开关、制动灯和悬架电子控制单元之间的连接是否正常。如果电路正常，制动踏板未踩下时，悬架电子控制单元上 STP 和 GND 端子之间的电压为 0 V，制动踏板踩下时，STP 和 GND 之间的电压为 12V。如果电压异常，制动灯开关有故障，应该更换；如果电压正常，需要修理或更换悬架电子控制单元。

4. 汽车高速失控故障诊断

当车辆从 100 km/h 逐渐加速到 120 km/h 时，悬架控制模式选择开关处于"NORM"位置，悬架阻尼力应变为"中等水平"，则指示灯 S、M 应点亮，但 F 灯不会亮；否则，检查车速传感器的电路是否正常（检查方法与上述"车辆倾斜故障检查"中的检查方法相同）。如果正常，表明悬架电子控制单元有故障。

5. 汽车自动换挡过程中后倾故障诊断

一辆装有自动变速器的汽车在挂挡起步时，无论选挡杆开关处于"NORM"还是"SPORT"位置，指示灯（S、M、F）都应点亮，表示悬架的刚度和高度处于"强水平"；否则汽车会后仰。

首先检查车速传感器的电路，与上面"车辆倾斜故障检查"中的方法相同。

检查空启动开关和悬架电子控制单元之间的连接是否正常。如果正常，打开点火开关。当换挡杆处于"N"或"P"位置时，悬架电子控制单元上的 NTR 和 GND 端子之间的电压为 0 V；当换挡杆处于任何其他位置时，NTR 和 GND 端子之间的电压为 12 V。

 ## 四、学习测试

(一) 单项选择题

1. 电子控制油气弹簧悬架系统是（　　）。
　　A. 被动悬架系统　　　　　　　　B. 主动悬架系统
　　C. 开环控制系统
2. 电控空气悬架系统的 ECU 根据（　　）信号判定驾驶员选择的模式。
　　A. 模式选择开关　　　　　　　　B. 高度选择开关

C. 门控灯开关

3. 装有电控悬架系统的汽车,在凹凸不平的路面上高速行驶时,会自动提高汽车的(   )。

A. 制动性能　　　 B. 通过性能　　　 C. 加速性能　　　 D. 经济性能

4. 下列指示灯中,NORM 表示的是(   )。

A. 高度控制指示灯　　　　　　 B. 刚度阻尼指示灯

C. 高度控制照明灯　　　　　　 D. 以上均不正确

5. 下列指示灯中,LRC 表示的是(   )。

A. 高度控制指示灯　　　　　　 B. 刚度阻尼指示灯

C. 高度控制照明灯　　　　　　 D. 以上均不正确

(二) 判断题

1. 根据阻尼系数和刚度是否可调,悬架分为主动悬架和被动悬架两种。(   )

2. 主动悬架是在悬架系统中采用控制元件组成的一个闭环控制系统。(   )

3. 转矩传感器的作用是测量转向盘与转向器之间的相对转矩。(   )

4. 电控悬架系统的节气门位置传感器信号直接进入电脑。(   )

5. 装有电控悬架系统的汽车,在水平路面上高速行驶时,车身会变高,弹簧会变软。

(   )

五、评价总结

(一) 自我评价

结合学习过程及学习效果,对自己的学习主动性和效果进行自评,评价等级为优、良、合格和不合格,针对出现的失误进行反思,完善改进方向及改进措施。

评价维度		评价标准	评级
学习主动性	课前	课前预习,完成老师布置的课前任务	
	课中	积极思考,参与课堂互动;辅助老师完成教学演示或模拟练习	
	课后	及时总结,完成课后练习任务,并向老师反馈学习建议	
学习效果		能够通过实车识别电控悬架的结构组成,并能正确描述电控悬架的工作原理	
		能够正确使用诊断设备对电控悬架进行故障诊断	
任务实施过程中出现的失误			
改进的方向及措施			

(二) 学生互评

通过提问、观察同学的演示以及上课的情况,对同学这次学习任务的效果开展评价,评价等级为优、良、合格和不合格,指出任务实施过程中出现的失误,给出改进建议。

小组成员姓名:

评价维度	评价标准	评级
学习效果	能够通过实车识别电控悬架的结构组成,并能正确描述电控悬架的工作原理	
	能够正确使用诊断设备对电控悬架进行故障诊断	
任务实施过程中出现的失误		
建议		

项目五 ▶▶▶

制动系统的检查、诊断和维修

▶ 项目描述

制动系统是可以强制降低汽车行驶速度的一系列专门装置,主要功用是使行驶中的汽车减速甚至停车、使下坡行驶的汽车速度保持稳定、使已停驶的汽车保持不动。作为一项主动安全装置,制动系统对行车安全至关重要。传统汽车的制动技术已经发展得非常成熟,由于新能源汽车的结构与传统燃油汽车有所不同,因此在制动系统上也会有一些差异,本项目学习新能源汽车制动系统的组成、制动器及相关的电子控制系统。本项目包含以下3个工作任务。

任务一 制动系统的保养与检修。

任务二 真空助力系统的检测与维修。

任务三 制动系统电子控制系统的诊断。

通过完成以上 3 个工作任务,能够正确描述新能源汽车制动系统的组成,熟悉制动器的分类,了解相关的电子控制系统,掌握制动系统的检查与维护,能够对制动系统出现的故障进行检修。

任务一　制动系统的保养与检修

一、任务描述

　　一辆吉利帝豪 EV450 轿车,其车主发现汽车在制动的时候发出异响,且仪表盘中制动系统故障指示灯点亮,要求进行检修。作为汽车维修技师,请根据所学的知识,从新能源汽车制动系统工作原理与维护维修的角度,向客户分析和解释制动系统发出异响与故障指示灯点亮的原因,并为客户提供维护、检修服务。

二、任务目标

实施步骤	素养目标	知识目标	技能目标
识别制动系统的结构组成并了解其工作原理	培养善于发现问题和解决问题的意识。培养良好的沟通能力和动手能力。具有良好的职业道德	能说出新能源汽车行车制动系统的分类、组成与原理	会查阅培训手册或上网检索相关资料。能够熟练描述新能源汽车制动系统的结构组成与控制原理
制动系统常规检查与保养		了解制动系统常规检查与保养的内容及方法。熟悉摩擦片、制动盘、制动钳的拆装步骤	能对制动系统进行常规检查与保养。能够根据工作原理检测维修车轮制动器的部件。能够根据拆装步骤更换车轮制动器的部件

三、实施步骤

　　（一）识别制动系统的结构组成并了解其工作原理

技能实践

　　（1）写出行车制动系统的主要结构组成。

（2）根据制动系统图，在车上找到下列制动系统零部件并写出零部件名称。

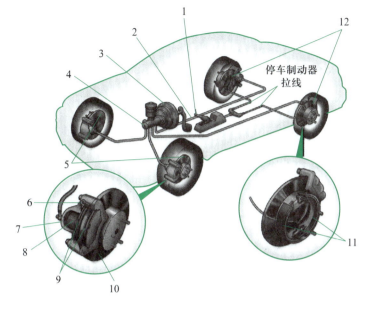

1＿＿＿＿＿＿；2＿＿＿＿＿＿；3＿＿＿＿＿＿；4＿＿＿＿＿＿；
5＿＿＿＿＿＿；6＿＿＿＿＿＿；7＿＿＿＿＿＿；8＿＿＿＿＿＿；
9＿＿＿＿＿＿；10＿＿＿＿＿＿；11＿＿＿＿＿＿；12＿＿＿＿＿＿

 知识学习

1. 制动系统的功用

制动系统主要有以下功用：按照需要使汽车减速或在最短距离内停车；下坡行驶时保持车速稳定；使停驶的汽车可靠驻停。

当汽车行驶在宽阔平坦、车流和人流又较少的路况下时，可以通过高速行驶提高运输生产效率。但汽车行驶过程中也会遇到复杂多变的路面状况，如进入弯道、行经不平道路、两车交会、突遇障碍物等，为了保证行驶安全，就要求汽车在尽可能短的距离内将车速降低，甚至停车。

此外，汽车下长坡时，在重力产生的下滑力作用下，汽车有不断加速到危险程度的趋势，此时应将车速限定在安全值内，并保持相对稳定；对停驶的车辆，特别是在坡道上停驶的汽车，应使之可靠地驻留在原地不动。

2. 制动系统的结构组成

新能源汽车制动系统包括行车制动系统和驻车制动系统两大部分。行车制动系统用于使行驶中的车辆减速或停车，通常由驾驶人操纵，一般由制动踏板、制动助力器、制动主缸、车轮制动器、制动管路、防抱死制动系统（ABS）、轮速传感器、制动报警灯等组成。

驻车制动系统用于使停驶的汽车驻留在原地，通常由驾驶人操纵，一般包含驱车制动杆、拉锁（或拉杆）、制动器，为完善制动系统，还包括制动力调节装置、报警装

动画

制动系统
基本原理

置、压力保护装置。汽车上设置有彼此独立的制动系统,它们起作用的时刻不同,但它们的组成相似,如图 5-1-1 所示。

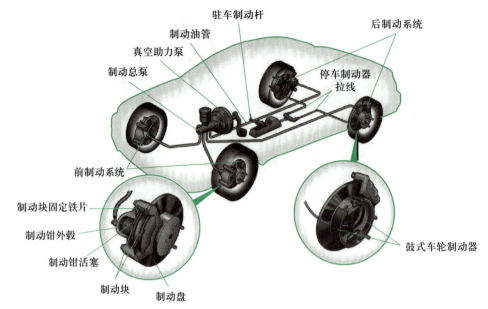

驻车制动杆

制动油管

真空助力泵

制动总泵

后制动系统

停车制动器拉线

前制动系统

制动块固定铁片

制动钳外壳

制动钳活塞

制动块　　制动盘

鼓式车轮制动器

图 5-1-1　驻车制动系统的结构组成

3. 制动系统的工作原理

传统汽车制动系统的一般工作原理是,利用与车身(或车架)相连的非旋转元件以及与车轮(或传动轴)相连的旋转元件之间的相互摩擦来阻止车轮的转动或转动趋势。制动系统工作原理如图 5-1-2 所示。

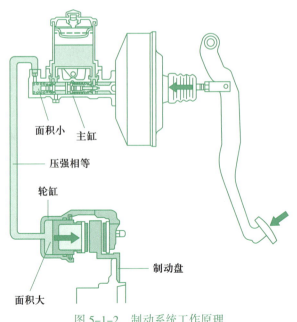

面积小　　主缸

压强相等

轮缸

制动盘

面积大

图 5-1-2　制动系统工作原理

（二）制动系统常规检查与保养

技能实践

（1）查阅维修手册可知，吉利帝豪 EV450 轿车制动衬块的标准厚度为＿＿＿＿mm，最小厚度为＿＿＿＿＿mm。测量实训车辆制动衬块厚度为＿＿＿＿＿mm，判断是否需要维修或更换：＿＿＿＿＿＿＿。

（2）查阅维修手册可知，吉利帝豪 EV450 轿车制动盘的标准厚度为＿＿＿＿＿mm，最小厚度为＿＿＿＿＿mm。测量实训车辆制动盘厚度为＿＿＿＿＿mm，判断是否需要维修或更换：＿＿＿＿＿＿＿。

（3）鼓式车轮制动器有哪些类型？钳盘式车轮制动器有哪些类型？

（4）根据制动器分解图，在车上找到下列零部件的位置并写出零部件的名称。

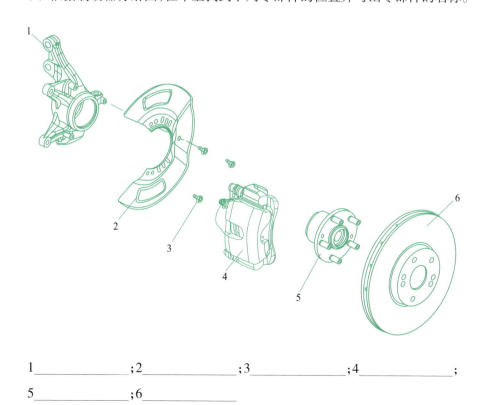

1＿＿＿＿＿＿＿＿；2＿＿＿＿＿＿＿＿；3＿＿＿＿＿＿＿＿；4＿＿＿＿＿＿＿＿；

5＿＿＿＿＿＿＿＿；6＿＿＿＿＿＿＿＿

知识学习

1. 车轮制动器介绍

目前,汽车用的车轮制动器可分为鼓式和盘式两种。鼓式车轮制动器摩擦副中的旋转元件为制动鼓,其工作表面为圆柱面;盘式车轮制动器的旋转元件为圆盘状的制动盘,其工作表面为端面。

1)鼓式车轮制动器

鼓式车轮制动器是利用制动器内静止的制动蹄去摩擦随着车轮转动的制动鼓,以产生摩擦力使车轮转动速度降低的制动装置。鼓式车轮制动器主要由制动轮缸、制动蹄、制动鼓、回位弹簧、摩擦片和支承销等组成,如图5-1-3所示。在获得相同制动力矩的情况下,鼓式车轮制动器的制动鼓直径可以比盘式车轮制动器的制动盘直径小许多。因此,载货用的大型车辆为获取强大的制动力,只能在轮圈的有限空间中安装鼓式车轮制动器。

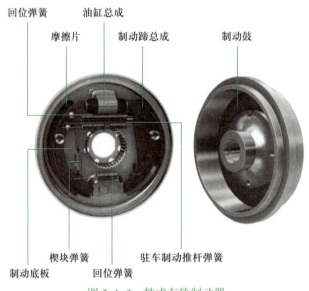

图 5-1-3　鼓式车轮制动器

根据在制动过程中两制动蹄产生的制动力矩不同,鼓式车轮制动器可分为领从蹄式、双领蹄式、双从蹄式、双向双领蹄式、单向自增力式和双向自增力式等。

(1)领从蹄式车轮制动器。领从蹄式车轮制动器示意图如图5-1-4所示。若制动蹄张开时的旋转方向与制动鼓的旋转方向相同,则此制动蹄称为领蹄;若制动蹄张开时的旋转方向与制动鼓的旋转方向相反,则此制动蹄称为从蹄。图5-1-4所示车轮逆时针旋转,这时左蹄为领蹄,右蹄为从蹄。车轮顺时针旋转时,左蹄为从蹄,右蹄为领蹄。这种在制动鼓正向旋转和反向旋转时,都有一个领蹄和一个从蹄的车轮制动器称为领从蹄式车轮制动器。

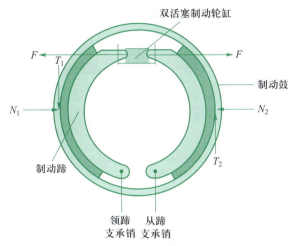

图 5-1-4 领从蹄式车轮制动器示意图

领从蹄式车轮制动器制动轮缸的两活塞都可在轮缸内轴向移动,且二者直径相同。因此,制动时两活塞对两个制动蹄所施加的促动力 F 永远相等。制动时,领蹄和从蹄在相等的促动力 F 作用下,分别绕各自的支撑点旋转至压紧在制动鼓上。旋转着的制动鼓即对两制动蹄分别作用着法向反力 N_1 和 N_2 以及相应的切向反力 T_1 和 T_2。由图 5-1-4 可见,领蹄上的切向反力 T_1 的作用结果是使领蹄在制动鼓上压得更紧,即 N_1 变得更大,从而使 T_1 也更大,这表明领蹄具有"增势"作用;从蹄上的切向反力 T_2 的作用结果是使从蹄有放松制动鼓的趋势,即有使 N_2 和 T_2 减小的趋势,这表明从蹄具有"减势"作用。

$N_1 > N_2$,相应地 $T_1 > T_2$,故两制动蹄对制动鼓所施加的制动力矩不相等,领蹄产生的制动力矩为从蹄产生的制动力矩的 2~2.5 倍。汽车倒车时,领蹄变成从蹄,从蹄变成领蹄,因此汽车在前进和倒车时的制动效果一样。由于领蹄和从蹄所受的法向反力不等,在两制动蹄摩擦片工作面积相等的情况下,领蹄摩擦片上的单位压力较大,因而磨损较严重。两制动蹄法向反力不相平衡,则它们法向反力之和只能由车轮轮毂轴承的反力来平衡,这就对轮毂轴承造成了附加径向载荷,使其寿命缩短。领从蹄式车轮制动器的制动鼓所受来自两制动蹄的法向反力不能互相平衡,故其属于非平衡式车轮制动器。

(2)双领蹄式车轮制动器。双领蹄式车轮制动器示意图如图 5-1-5 所示。其结构特点是:两制动蹄各用一个单活塞制动轮缸;两套制动蹄、制动轮缸和支承销在制动底板上的布置是中心对称的。在汽车前进制动时,双领蹄式车轮制动器的两制动蹄都是领蹄,当汽车倒车制动时,双领蹄式车轮制动器的两制动蹄又都是从蹄,导致前进制动效能提高,倒车制动效能降低。双领蹄式车轮制动器属于平衡式车轮制动器。

(3)双从蹄式车轮制动器。双从蹄式车轮制动器示意图如图 5-1-6 所示。其结构特点是:与双领蹄式车轮制动器相比,每个制动蹄的支承销和单活塞制动轮缸互换位置。汽车在前进时,双从蹄式车轮制动器的两制动蹄均为从蹄。虽然双从蹄式车轮制动器的前进制动效能低于双领蹄式和领从蹄式车轮制动器,但其效能对摩擦因数变化的敏感程度较小,即具有良好的制动效能稳定性。双从蹄式车轮制动器属于平衡式车轮制动器。

图 5-1-5　双领蹄式车轮制动器示意图

（4）双向双领蹄式车轮制动器。双向双领蹄式车轮制动器示意图如图 5-1-7 所示。其结构特点是:采用两个双活塞制动轮缸;两制动蹄的两端都采用浮式支承,且支承点的周向位置也是浮动的;制动底板上的所有固定元件既按轴对称,又按中心对称布置。无论汽车前进制动还是倒车制动,双向双领蹄式车轮制动器的两制动蹄都是领蹄。双向双领蹄式车轮制动器属于平衡式车轮制动器。

（5）单向自增力式车轮制动器。单向自增力式车轮制动器示意图如图 5-1-8 所示。其结构特点是:制动蹄 1 和制动蹄 2 的下端分别支承在浮动的顶杆两端,制动器只在上方有一个支承销;不制动时,两制动蹄上端均靠各自的回位弹簧拉靠在支承销上。

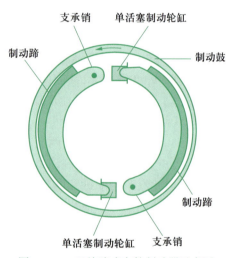

图 5-1-6　双从蹄式车轮制动器示意图

汽车前进制动时,单活塞制动轮缸只将促动力 F_1 施加于制动蹄 1,使其上端离开支承销,整个制动蹄绕顶杆左端支承点旋转,并压靠在制动鼓上。显然,制动蹄 1 是领蹄,并且在促动力 F_1、法向反力 N_1、切向反力 T_1 和沿顶杆轴线方向的 S_1 作用下处于平衡状态。由于顶杆是浮动的,自然成为制动蹄 2 的促动装置,将与 S_1 大小相等、方向相反的促动力 F_2 施加于制动蹄 2 的下端,故制动蹄 2 也是领蹄。正因为顶杆是完全浮动的,不受制动底板约束,作用在制动蹄 1 上的促动力和摩擦力的作用没有如一般领蹄那样完全被制动鼓的法向反力和固定于制动底板上的支承件反力的作用所抵消,而是通过顶杆传到制动蹄 2 上,形成制动蹄 2 的促动力 F_2。对制动蹄的受力分析可知,$F_2 > F_1$。此外,F_2对制动蹄 2 支承点的力臂也大于F_1对制动蹄 1 的力臂。因此,制动蹄 2 的制动力矩必然大于制动蹄 1 的制动力矩。由此可见,在制动蹄尺寸和摩擦因数相同的条件下,这种车轮制动器的前进制动效能不仅高于领从蹄式车轮制动器,而且高于双领蹄式车轮制动器。

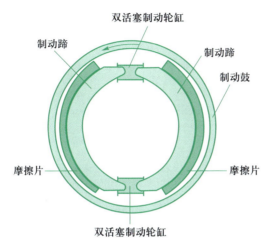

图 5-1-7 双向双领蹄式车轮制动器

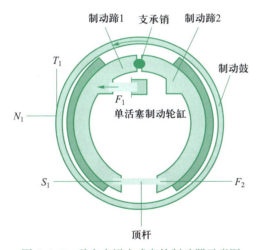

图 5-1-8 单向自增力式车轮制动器示意图

汽车倒车制动时,制动蹄 2 则因未受促动力而不起制动作用。制动蹄 1 上端压靠支承销不动,制动蹄 1 仍是领蹄,但因此时力臂大为减小,制动蹄 1 的制动效能比一般领蹄的制动效能低得多。所以,整个车轮制动器的制动效能甚至比双从蹄式车轮制动器的制动效能还低。

(6)双向自增力式车轮制动器。双向自增力式车轮制动器示意图如图 5-1-9 所示。其结构特点是:与单向自增力式车轮制动器相比,单活塞制动轮缸换成了双活塞制动轮缸。

汽车前进制动时,两制动蹄在促动力F的作用下张开,压向制动鼓。此时,两制动蹄的上端均离开支承销,沿逆时针方向旋转的制动鼓对两制动蹄产生摩擦力矩,带动两制动蹄沿旋转方向转过一个不大的角度,直到制动蹄1又顶靠到支承销上为止。此时,制动蹄1为领蹄。制动鼓作用在制动蹄1上的摩擦力和法向反力的一部分对推杆形成一个推力S,推杆又将此推力完全传到制动蹄2的下端。制动蹄2在推力S的作用下也形成领蹄,并在轮缸促动力F的共同作用下进一步压紧制动鼓。推力S比促动力F大得多,从而使制动蹄2产生的制动力矩比制动蹄1更大。

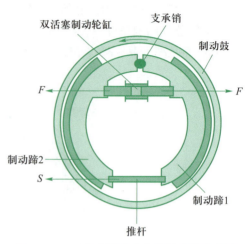

图5-1-9 双向自增力式车轮制动器示意图

汽车倒车制动时,与前进制动时具有同等的自增力作用。

2) 盘式车轮制动器

盘式车轮制动器是以静止的制动块夹住随车轮转动的制动盘以产生摩擦力,使车轮转动速度降低的制动装置。盘式车轮制动器的结构组成如图5-1-10所示,其主要由制动钳体、制动盘、活塞、制动块和放气螺钉等组成。盘式车轮制动器分为钳盘式车轮制动器和全盘式车轮制动器,目前钳盘式车轮制动器越来越多地被不同等级轿车和货车用作车轮制动器,全盘式车轮制动器只有少数重型汽车将其用作车轮制动器。钳盘式车轮制动器又可分为定钳盘式车轮制动器和浮钳盘式车轮制动器两种。

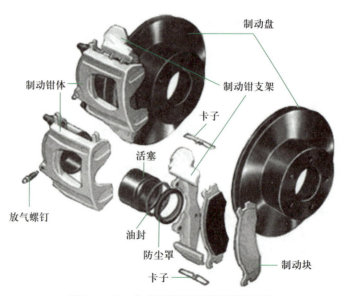

图5-1-10 盘式车轮制动器的结构组成

（1）定钳盘式车轮制动器。定钳盘式车轮制动器的结构如图 5-1-11 所示。制动钳体固定安装在车桥上，既不能旋转，也不能沿制动盘轴线方向移动，其内的两个活塞分别位于制动盘的两侧。制动时，制动主缸内的制动液经进油口进入制动钳体中两个相通的液压缸，将两侧的制动块压向与车轮固定连接的制动盘，从而产生制动力。

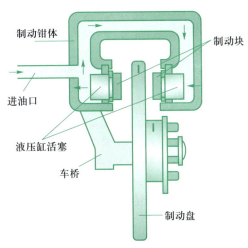

图 5-1-11　定钳盘式车轮制动器结构

定钳盘式车轮制动器液压缸较多，使制动钳结构复杂、尺寸过大，难以安装在现代轿车的轮辋内，若兼用于驻车制动，则应加装一个机械促动的驻车制动钳。目前定钳盘式车轮制动器逐渐让位于浮钳盘式车轮制动器。

（2）浮钳盘式车轮制动器。浮钳盘式车轮制动器的结构如图 5-1-12 所示。制动钳体通过导向销与车桥相连，可以相对于制动盘轴向移动。制动钳体只在制动盘的内侧设置液压缸，而外侧的制动块则附装在制动钳体上。制动时，来自制动主缸的制动液通过进油口进入液压缸，推动活塞及其上的制动块向右移动，并压到制动盘上。制动盘给活塞一个向左的反作用力，使得活塞连同制动钳体整体沿销钉向左移动，直到制动盘右侧的制动块也压到制动盘上。此时，两侧的制动块都压在制动盘上，夹住制动盘使其制动。

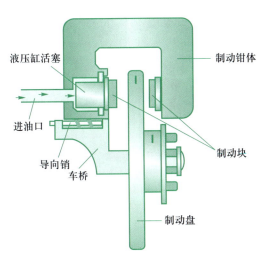

图 5-1-12　浮钳盘式车轮制动器的结构

3）制动盘

按是否有散热孔，制动盘可分为实心盘式制动盘和通风式制动盘，如图 5-1-13 所示。实心盘式制动盘在汽车制动时不能快速散热，逐渐被通风式制动盘所取代。

通风式制动盘内部是中空的,冷空气可以从中间穿过进行降温。从外表看,它在圆周上有许多通向圆心的空洞,利用汽车在行驶中产生的离心力能使空气对流,达到散热的目的。

(a) 实心盘式制动盘　　　　　(b) 通风式制动盘

图 5-1-13　制动盘

打孔通风式制动盘如图 5-1-14 所示,它在通风式制动盘的基础上对盘面进行打孔,最大限度保证空气流通,降低热衰减。高性能的跑车上常使用这种制动盘,具有较好的冷却作用。

图 5-1-14　打孔通风式制动盘

按材料的不同,制动盘又可分为铸铁式制动盘和陶瓷式制动盘。铸铁式制动盘价格便宜,但一般用上几年就要更换。陶瓷式制动盘并非就是普通陶瓷,而是在1700 ℃高温下碳纤维与碳化硅合成的增强型复合陶瓷,陶瓷式制动盘的质量只有普通铸铁式制动盘的一半不到。例如,采用陶瓷式制动盘的 SLR MCIAREB,其前轮制动盘直径为 370 mm,但其质量仅为 6.4 kg;而采用普通铸铁式制动盘的 CL-CLASS,其前轮制动盘直径为 360 mm,但其质量高达 15.4 kg。

4）制动块

如图 5-1-15 所示，制动块一般是由钢板及粘贴或铆接在其上的摩擦材料构成的。制动块上的摩擦材料比用于鼓式制动蹄的硬很多，这是因为制动块推压、接触制动盘的摩擦面积较小，压力非常大。

图 5-1-15 制动块

2. 制动系统常规检查与保养

1）检查与维修车轮制动部件时的注意事项

（1）维修车轮制动部件时，应避免以下操作。

① 不得修磨制动摩擦衬片。

② 不得用砂纸打磨制动摩擦衬片。

③ 不得用干刷或压缩空气清理车轮制动部件。

有些车型或售后加装的制动部件可能含有纤维，这种纤维会混在粉尘中。吸入含有纤维的粉尘会严重损害身体，应用湿布清理制动部件上的任何粉尘。

（2）制动液对皮肤和眼睛有刺激性。一旦接触应采取以下措施。

① 眼睛接触：用水彻底冲洗。

② 皮肤接触：用肥皂和水清洗。

2）了解制动系统紧固件规格、制动盘、制动块厚度

制动系统紧固件规格如表 5-1-1 所示，制动盘、制动块厚度如表 5-1-2 所示。

表 5-1-1 制动系统紧固件规格

应用	规格	力矩范围	
		公制 /（N·m）	英制 /（lb·ft）
制动软管接头螺母	—	21~25	15.5~18.4
制动钳螺栓	M8×21.5	22~32	16.2~23.6
制动钳支架安装螺栓	M12×35	90~110	66.4~81.1
前防尘罩安装螺栓	M6×10	9~11	5.2~6.6

表 5-1-2 制动系统制动盘、制动块厚度

应用	公制 /mm	英制 /in
前制动盘报废厚度	22.5	0.89
前制动盘允许端面跳动量	0.025	—
前制动盘厚度（新）	25	0.98
前制动块标准厚度	11.2	0.44
前制动块最小厚度	2.5	0.1

3）认识制动器的分解图

制动器的分解图如图 5-1-16 所示。

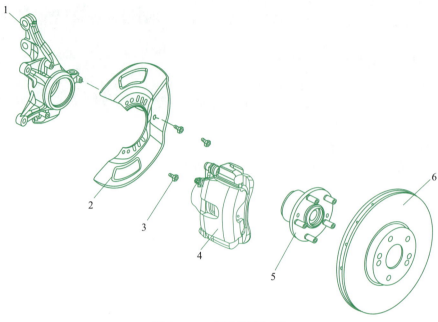

图 5-1-16 制动器分解图

1—前转向节；2—前防尘罩；3—前防尘罩安装螺栓；4—前制动钳总成；5—前轮毂总成；6—前制动盘

4）制动块的检查

（1）定期检查制动块，按照图 5-1-17 所示进行测量，如果超过规格，更换制动块。

（2）如果需要更换，应按盘式制动块更换。

（3）检查盘式制动块的摩擦面是否开裂、破裂或损坏。

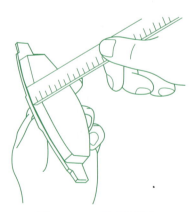

图 5-1-17 制动块检查

5）制动钳的检查

（1）检查制动钳壳体是否开裂、严重磨损和损坏，若出现上述状况，则需要更换制动钳。

（2）检查制动钳活塞防尘罩密封圈是否开裂、破裂、有缺口、老化和未在制动钳体内正确安装，若出现上述任何状况，则需要更换制动钳。

（3）检查制动钳活塞防尘罩密封圈周围和盘式制动块上是否有制动液泄漏，若出现制动液泄漏迹象，则需要更换制动钳。

（4）检查制动钳活塞是否能顺畅进入制动钳液压缸内且行程完整，制动钳液压缸内制动钳活塞的运动应顺畅且均匀，若制动钳活塞卡滞或者难以到达底部，则需要更换制动钳。

6）制动块导向片的检查

（1）检查制动块导向片是否存在缺失、严重腐蚀、安装凸舌弯曲状况。如果发现上述任何情况，则需要更换盘式制动块导向片。

（2）确保制动块在盘式制动衬块导向片上滑动顺畅，没有阻滞现象。

7）制动钳浮动销的检查

检查制动钳浮动销是否存在以下情况：①卡滞；②卡死；③护套开裂或破损；④护套缺失。如果发现上述任何情况，则需要更换制动钳和防尘罩密封圈。

8）制动盘表面和磨损检查

（1）用工业酒精或准许的等效制动器清洗剂清洗制动盘摩擦面。

（2）检查制动盘摩擦面是否存在如下状况。

①严重锈蚀和／或点蚀。

②轻微的表面锈蚀。

③开裂和／或灼斑。

④严重变色发蓝。

⑤制动盘摩擦面的深度划痕。

如果制动盘摩擦面出现上述一种或几种情况，则制动盘需要进行表面修整或更换。

9）制动盘厚度的测量

（1）用工业酒精或类似的制动器清洗剂清洗制动盘摩擦面。

（2）用测微计测量并记录沿制动盘圆周均匀分布的 4 个或 4 个以上位置点的最小厚度，如图 5-1-18 所示，务必确保仅在制动块接触区域内进行测量，且每次测量时测微计与制动盘外边缘的距离必须相等。

（3）如果制动盘厚度超过规格，则制动盘需要进行表面修整或更换。

> **注意：**对制动盘进行表面修整或更换后，对制动块也要进行更换。

10）制动盘装配后端面跳动量的测量

> **注意：**当将制动盘从轮毂／车桥法兰拆离时，应清除轮毂／车桥法兰和制动盘配合面上的铁锈或污物，否则可能会导致制动盘装配后端面跳动量过大，从而导致制动器跳动。

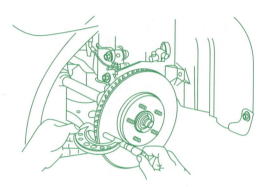

图 5-1-18　制动盘厚度的测量

（1）从车上拆卸制动盘。

（2）用工业酒精或类似的制动器清洗剂清洗制动盘摩擦面。

（3）将制动盘安装至轮毂／车桥法兰上。

（4）用手安装螺母并用扳手紧固螺母。

（5）将百分表底座安装至转向节并安置好百分表测量头，如图 5-1-19 所示，使其与制动盘摩擦面接触，并成 90°，且距离制动盘外边缘 13 mm（公制）[0.5 in（英制）]。

（6）转动制动盘，直到百分表读数达到最小，然后将百分表归零。

（7）转动制动盘，直到百分表读数达到最大。

（8）标记并记录端面跳动量。

（9）将制动盘装配后端面跳动量与标准值相比较。标准值为 0.005 mm（公制）[0.002 in（英制）]。

（10）如果制动盘装配后端面跳动量超过标准值，应检查轴承轴向间隙和车桥轮毂的跳动，若轴承轴向间隙和车桥轮毂跳动正常，制动盘厚度在规定的范围内，则应对制动盘进行表面修整以确保正确的平整度。

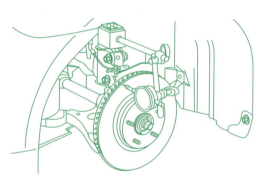

图 5-1-19　制动盘装配后端面跳动量的测量

3. 制动器检测与维修

1）制动块的拆装步骤（表5-1-3）

表5-1-3　制动块的拆装步骤

步骤	操作方法	操作示意图	备注
拆卸			
1	找到4个支撑点用举升机举升车辆	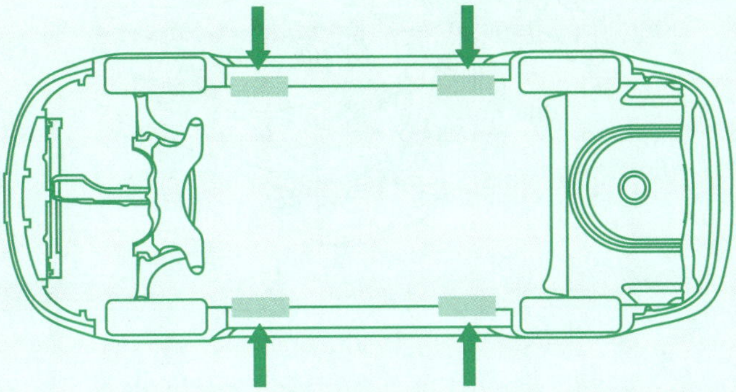	注意：举升机安装时要安装牢固
2	拆卸车轮		对角交叉预松车轮固定螺母
3	拆卸制动钳下端固定螺栓	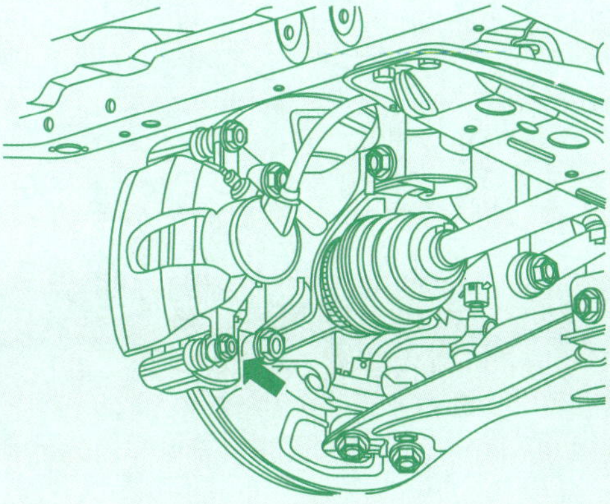	—

续表

步骤	操作方法	操作示意图	备注
4	向上翻动制动钳,拆下制动块	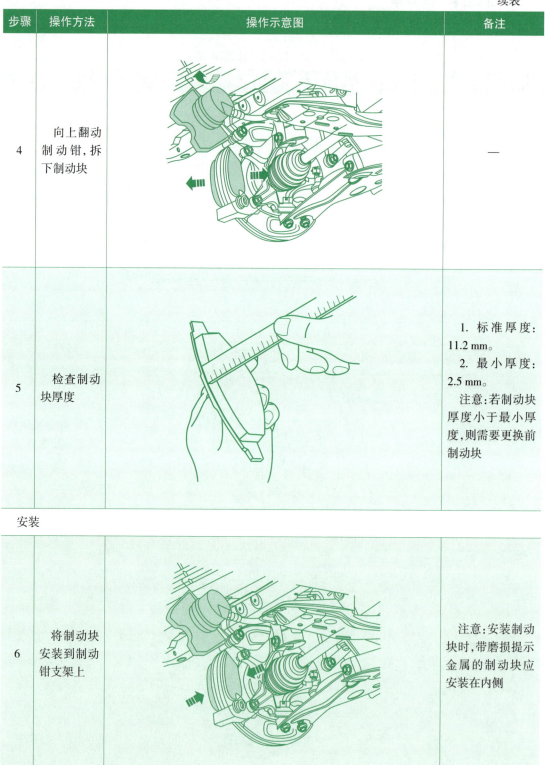	—
5	检查制动块厚度		1. 标准厚度:11.2 mm。 2. 最小厚度:2.5 mm。 注意:若制动块厚度小于最小厚度,则需要更换前制动块

安装

步骤	操作方法	操作示意图	备注
6	将制动块安装到制动钳支架上		注意:安装制动块时,带磨损提示金属的制动块应安装在内侧

续表

步骤	操作方法	操作示意图	备注
7	向下拉制动钳并安装下端固定螺栓	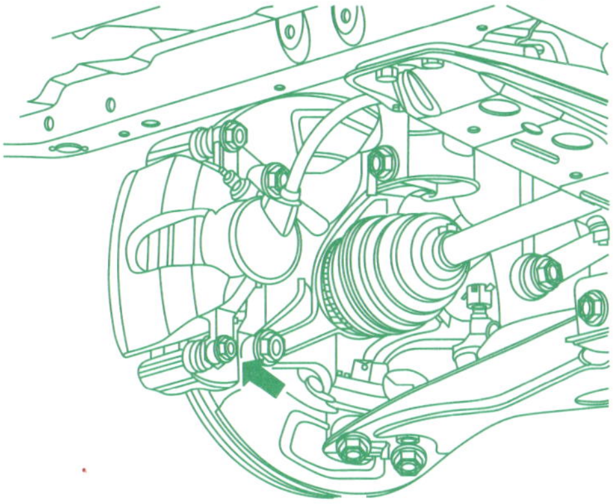	力矩:27 N·m。注意:向下拉制动钳和安装下端固定螺栓时要小心,不要损坏活塞防尘密封件
8	对准拆卸车轮时所做的标记,安装前轮,放下车辆	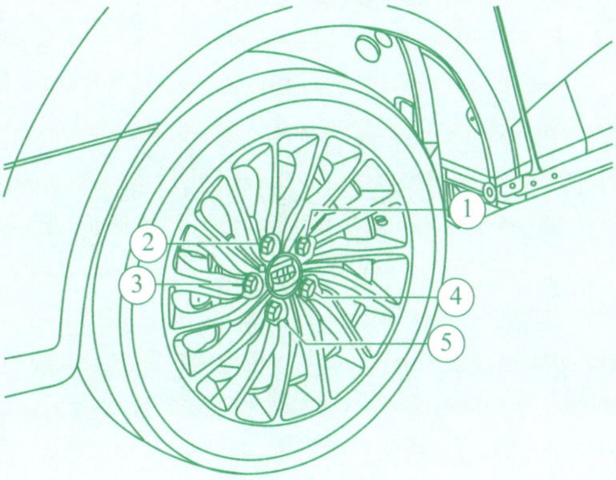	可按图示顺序1—5—2—4—3,紧固车轮螺母,力矩:130 N·m

2）制动钳的拆装步骤（表 5-1-4）

表 5-1-4 制动钳的拆装步骤

步骤	操作方法	操作示意图	备注
拆卸			
1	拆卸制动钳上端固定螺栓,取出制动钳	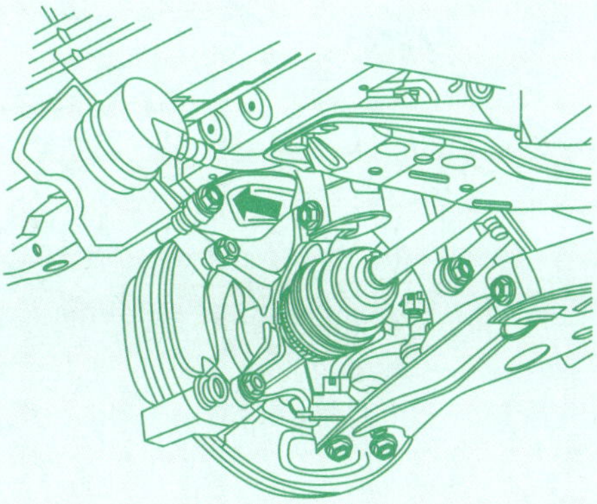	—

续表

步骤	操作方法	操作示意图	备注
2	拆卸制动钳制动软管进口螺栓,取下制动钳,并塞住制动钳进口和制动软管,防止制动液流失或污染	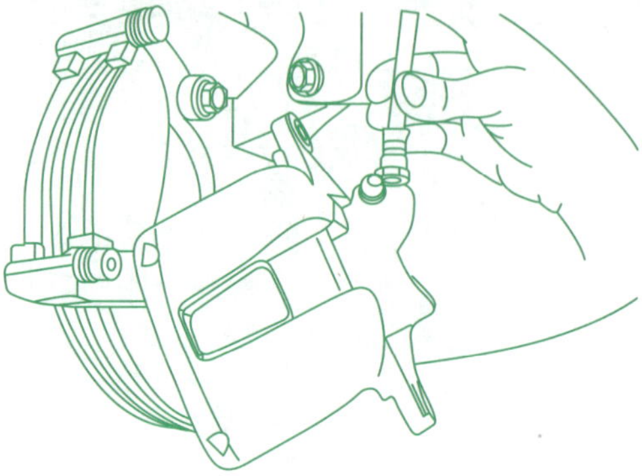	注意:拆卸时旋转制动钳,使制动软管进口螺栓拧出制动钳进油口,防止损坏制动软管
3	拆卸制动钳支架固定螺栓,取出制动钳支架	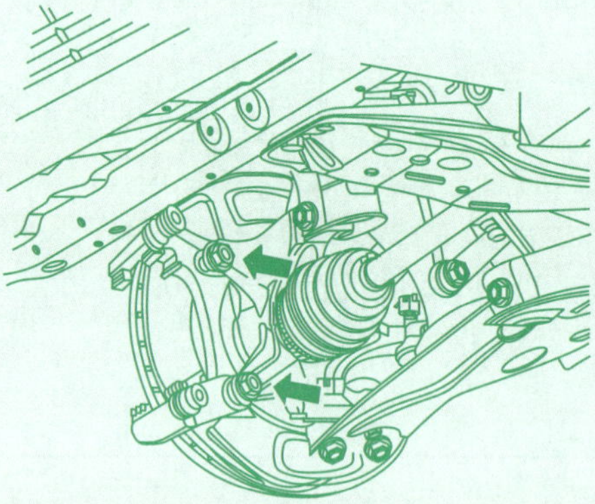	—
安装			
4	安装制动钳支架固定螺栓	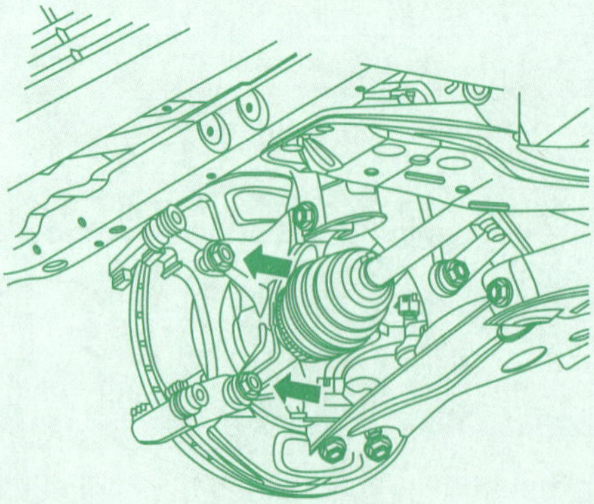	力矩:120 N·m

续表

步骤	操作方法	操作示意图	备注
5	安装制动钳制动软管进口螺栓	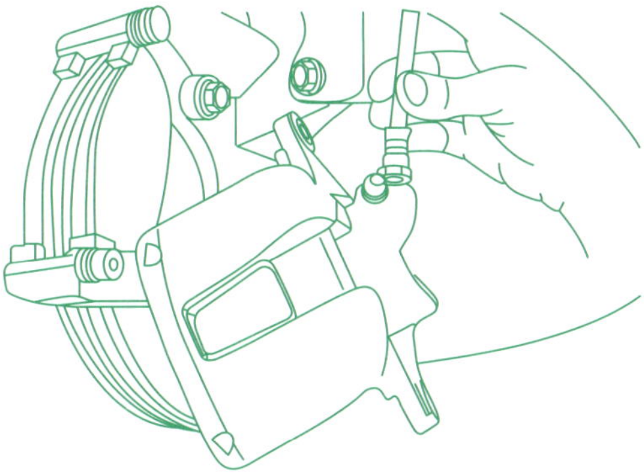	力矩:40 N·m。注意:安装时旋转制动钳,使制动软管进口螺栓拧入制动钳进油口,防止损坏制动软管
6	安装制动钳,并紧固制动钳上端固定螺栓	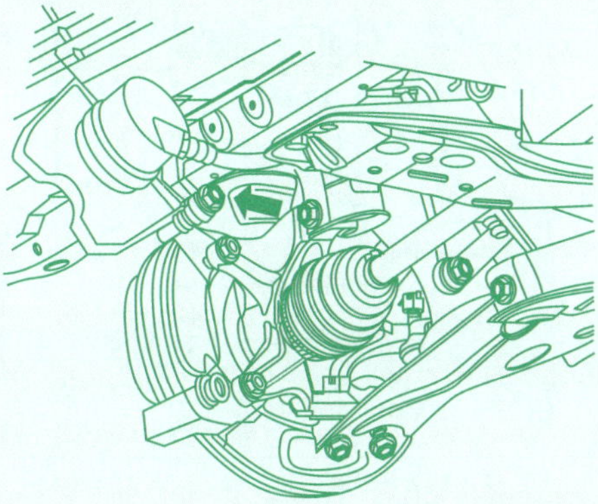	力矩:27 N·m
7	安装制动块和前轮,放下车辆	—	—

3）制动盘的拆装步骤（表5–1–5）

表5–1–5　制动盘的拆装步骤

步骤	操作方法	操作示意图	备注
拆卸检查			
1	拆卸制动盘，取下制动盘	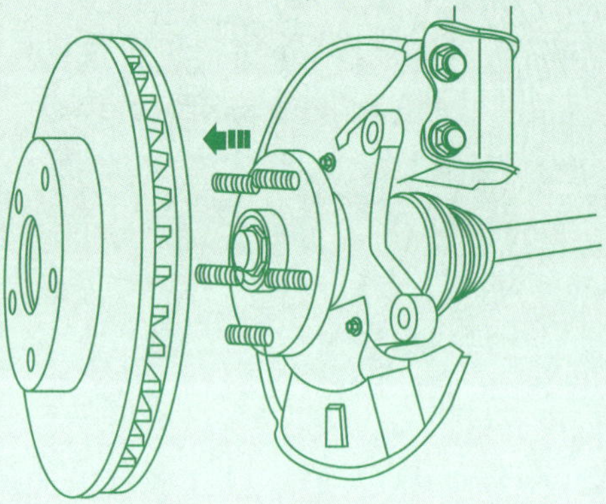	注意：在制动盘和车桥轮毂上标上配合标记
2	检查制动盘厚度，若前制动盘厚度小于最小值，则更换前制动盘		标准厚度：25 mm。最小厚度：22.5 mm
3	检查制动盘跳动	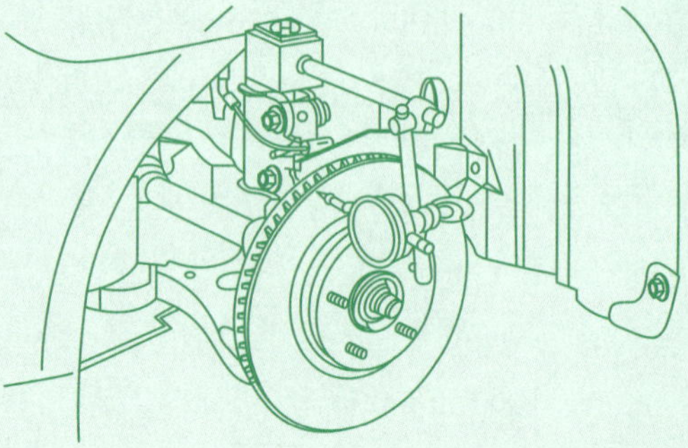	将百分表安装在减振器上，使用百分表在制动盘边缘距离外侧13 mm的位置测量制动盘跳动，制动盘跳动最大值：0.025 mm

步骤	操作方法	操作示意图	备注
注意:若制动盘跳动超过最大值,先改变制动盘和车桥安装位置以使制动盘跳动最小,若改变安装位置后,制动盘跳动还超过最大值,应检查轴承向上的间隙和车桥轮毂的跳动,若轴承间隙和车桥轮毂跳动正常,或者制动盘厚度在规定的范围内,应研磨制动盘;若制动盘厚度小于最小值,则需要更换制动盘			
安装			
4	安装制动盘	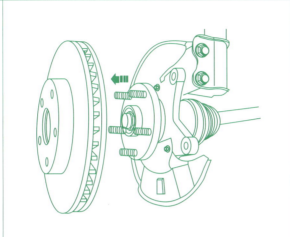	对准制动盘和车桥轮毂上的配合标记,安装制动盘

 四、学习测试

(一) 填空题

1. 行车制动系统一般由_____、_____、_____、_____、_____、_____、_____等组成。

2. 汽车用的车轮制动器一般可分为_____和_____两种。

3. 根据在制动过程中两制动蹄产生的制动力矩不同,鼓式车轮制动器可分为_____、_____、_____、_____和_____等。

4. 钳盘式车轮制动器又可分为_____和_____两种。

5. 制动盘按是否有散热孔可分为_____和_____。

(二) 单项选择题

1. 在结构形式、几何尺寸和摩擦副的摩擦系数一定时,制动器的制动力矩取决于(   )。

    A. 促动管路内的压力   B. 车轮与地面间的附着力

    C. 轮胎的胎压   D. 车轮与地面间的摩擦力

2. 在汽车制动过程中,假如前轮制动到抱死滑移而后轮还在转动,则汽车可能
(　　　)。
　　A. 失去转向性能　　　　　　　　B. 甩尾
　　C. 正常转向　　　　　　　　　　D. 调头

3. 制动控制阀排气阀门开度的大小影响(　　　)。
　　A. 制动效能　　　　　　　　　　B. 制动强度
　　C. 制动状态　　　　　　　　　　D. 制动排除时间

4. 领从蹄式车轮制动器一定是(　　　)。
　　A. 等促动力车轮制动器　　　　　B. 不等促动力车轮制动器
　　C. 非平衡式车轮制动器　　　　　D. 以上三个都不对

5. 双向双领蹄式车轮制动器固定元件的安装是(　　　)。
　　A. 中心对称　　　　　　　　　　B. 轴对称
　　C. 既是 A 又是 B　　　　　　　　D. 既不是 A 也不是 B

(三) 多项选择题

1. 汽车制动时,制动力的大小取决于(　　　　　　　)。
　　A. 汽车的载质量　　　　　　　　B. 制动力矩
　　C. 车速　　　　　　　　　　　　D. 轮胎与地面的附着条件

2. 我国国家标准规定任何一辆汽车都一定拥有(　　　　　　　)。
　　A. 行车制动系统　　　　　　　　B. 驻车制动系统
　　C. 第二制动系统　　　　　　　　D. 协助制动系统

3. 国际标准化组织(ISO)规定(　　　　　　)一定能实现渐进制动。
　　A. 行车制动系统　　　　　　　　B. 驻车制动系统
　　C. 第二制动系统　　　　　　　　D. 协助制动系统

(四) 判断题

1. 制动力一定是外力。　　　　　　　　　　　　　　　　　　(　　　)
2. 液压制动主缸的补偿孔堵塞,会造成制动不灵。　　　　　　(　　　)
3. 挂车制动应比驻车制动略早。　　　　　　　　　　　　　　(　　　)
4. 等促动力的领从蹄式车轮制动器一定是简单非平衡式车轮制动器。(　　　)
5. 无论制动鼓正向还是反向旋转,领从蹄式车轮制动器的前蹄都是领蹄,后蹄
都是从蹄。　　　　　　　　　　　　　　　　　　　　　　　　(　　　)
6. 等位移式车轮制动器是平衡式车轮制动器。　　　　　　　　(　　　)
7. 简单非平衡式车轮制动器在汽车前进与倒车制动时的制动力相等。(　　　)
8. 在动力制动系统中,驾驶人的肌体不但作为控制能源,还作为部分制动能源。
　　　　　　　　　　　　　　　　　　　　　　　　　　　　(　　　)
9. 驻车制动没有渐进控制的要求,因此驻车制动阀一般只是一个气动开关而已。
　　　　　　　　　　　　　　　　　　　　　　　　　　　　(　　　)

10. 只要增大制动管路内的制动压力,就可加大制动器的制动力矩,制动力就可随之增大。　　　　　　　　　　　　　　　　　　　　　　　　　　（　　）

 五、评价总结

(一) 自我评价

结合学习过程及学习效果,对自己的学习主动性和效果进行自评,评价等级为优、良、合格和不合格,针对出现的失误进行反思,完善改进方向及改进措施。

评价维度		评价标准	评级
学习主动性	课前	课前预习,完成老师布置的课前任务	
	课中	积极思考,参与课堂互动;辅助老师完成教学演示或模拟练习	
	课后	及时总结,完成课后练习任务,并向老师反馈学习建议	
学习效果		能够熟练描述新能源汽车制动系统的结构组成与控制原理	
		能够区分新能源汽车制动系统中的鼓式、盘式车轮制动器	
		能够根据工作原理检测维修车轮制动器的部件	
		能够根据拆装步骤更换车轮制动器的部件	
任务实施过程中出现的失误			
改进的方向及措施			

(二) 学生互评

通过提问、观察同学的演示以及上课的情况,对同学这次学习任务的效果开展评价,评价等级为优、良、合格和不合格,指出任务实施过程中出现的失误,给出改进建议。

小组成员姓名:

评价维度	评价标准	评级
学习效果	能够熟练描述新能源汽车制动系统的结构组成与控制原理	
	能够区分新能源汽车制动系统中的鼓式、盘式制动器	
	能够根据工作原理检测维修车轮制动器的部件	
	能够根据拆装步骤更换车轮制动器的部件	
任务实施过程中出现的失误		
建议		

任务二　真空助力系统的检测与维修

一、任务描述

　　某新能源汽车车主发现踩下制动踏板比较费力，明显感觉没有之前轻盈，且仪表盘中制动系统故障指示灯点亮，要求进行检修。作为汽车维修技师，请根据所学的知识，从新能源汽车真空助力系统控制策略的角度，向客户分析踩制动踏板时比较费力与故障指示灯点亮的原因，并为客户提供维护、检修服务。

二、任务目标

实施步骤	素养目标	知识目标	技能目标
识别真空助力系统	培养善于发现问题和解决问题的意识。 培养良好的沟通能力和动手能力。 具有良好的职业道德	能说出真空助力系统的关键零部件	会查阅培训手册或上网检索相关资料。 能够熟练描述新能源汽车真空助力系统的结构组成与控制原理
真空助力系统故障诊断与检修		能说出真空助力系统的工作原理。 熟悉真空助力器总成、电动真空泵、制动真空度传感器的拆装步骤	能够根据工作原理检测维修真空助力系统的部件。 能够根据拆装步骤更换车轮制动真空助力系统的部件

三、实施步骤

（一）识别真空助力系统

　　技能实践

　　（1）写出真空助力系统的结构组成。

（2）根据真空助力系统图，在车上找到下列真空助力系统零部件并写出零部件的名称。

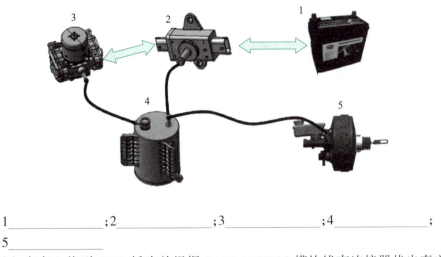

1＿＿＿＿＿＿＿＿＿；2＿＿＿＿＿＿＿＿＿；3＿＿＿＿＿＿＿＿＿；4＿＿＿＿＿＿＿＿＿；
5＿＿＿＿＿＿＿＿＿

（3）在车上找到CA20插头并根据CA20 ABS/ESC模块线束连接器找出真空度传感器线束的3个端子分别是＿＿＿＿＿＿＿、＿＿＿＿＿＿＿、＿＿＿＿＿＿＿。

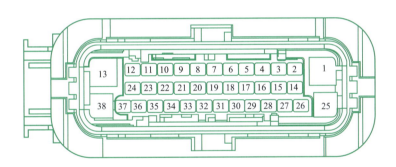

知识学习

1. 真空助力系统

新能源汽车与传统汽车采用的液压制动系统在基本结构上区别不大，但是在液压制动系统的真空助力器和制动主缸两个部件上存在较大的差异。

绝大多数的新能源汽车采用真空助力伺服制动系统，人力和助力并用。真空助力器利用前后腔的压差提供助力。传统汽车真空助力装置的真空来自发动机进气歧管，真空度负压一般可达0.05~0.07MPa。新能源汽车由于没有发动机总成，即没有传统的真空源，仅由人力所产生的制动力无法满足行车制动的需要，因此通常需要单独设计一个电动真空泵来为真空助力器提供真空源。这个助力系统就是电动真空助力（Electric Vacuum Pump，EVP）系统。

如图5-2-1所示，真空助力系统由真空泵、真空罐、真空泵控制器［后期集成到

微课

真空助力伺
服制动系统
工作原理

VCU（整车控制器）里]以及与传统汽车相同的真空助力器、12V 车辆直流电源等组成。

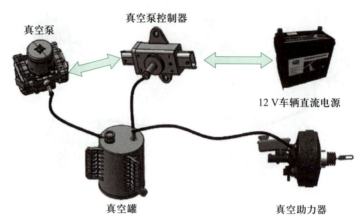

图 5-2-1　真空助力系统的组成

电动真空助力系统的工作过程为：当驾驶人起动汽车时，车辆电源接通，真空泵控制器开始进行系统自检，如果真空罐内的真空度小于设定值，真空罐内的真空压力传感器输出相应电压信号至真空泵控制器，此时真空泵控制器控制真空泵开始工作，当真空度达到设定值后，真空压力传感器输出相应电压信号至真空泵控制器，此时真空泵控制器控制真空泵停止工作，当真空罐内的真空度因制动消耗，真空度小于设定值时，真空泵再次开始工作，如此循环。

2. 电动真空助力系统的主要组成元件

1）真空泵

真空泵是指利用机械、物理、化学或物理化学的方法对容器进行抽气而获得真空的器件或设备。通俗来讲，真空泵是用各种方法在某一封闭空间中改善、产生和维持真空的装置。如北汽 EV 系列车型通常采用的真空泵如图 5-2-2 所示。

2）真空罐

真空罐用于储存真空，通过真空压力传感器感知真空度，并把信号发送给真空泵控制器，如图 5-2-3 所示。

图 5-2-2　北汽 EV 系列车型真空泵

图 5-2-3　真空罐（电线插头位置为真空压力传感器）

3）真空泵控制器

真空泵控制器是电动真空系统的核心部件。它根据真空罐内的真空压力传感器发送的信号控制真空泵工作，如图 5-2-4 所示。

4）真空助力器

真空助力器通过真空管路连接到真空罐，再通过真空管路连接到真空泵，真空罐上设有压力开关，压力开关与延时继电器连接，真空泵延时继电器与电动汽车辅助电源、真空泵电路连接，真空罐通过真空管路连接制动助力泵。该电动汽车采用的制动助力泵提供一定的空气压力，使真空助力器本体两侧的压力差增大，在汽车熄火后，助力装置提供的多余压力即为真空助力器本体两侧的压力差，真空罐和真空泵

图 5-2-4　真空泵控制器

之间设过滤器和消声器，有效地避免了空气中微粒和杂质的进入而对真空罐造成的损伤，同时减小噪声，改善操作人员的工作环境。制动主缸的真空助力器如图 5-2-5 所示。

图 5-2-5　制动主缸的真空助力器

🌀动画

新能源汽车
真空助力伺
服制动系统
工作过程

3. 电动真空助力系统的工作原理

以下介绍真空泵控制器对电动真空助力系统的控制原理。

1）电动真空助力系统性能参数

电动真空助力系统性能参数如表 5-2-1 所示。

表 5-2-1　电动真空助力系统性能参数

真空泵尺寸 /mm×mm×mm	214.5×95×114
真空罐尺寸 /mm×mm	$\phi120×226$
工作电流 /A	<15
最大工作电流 /A	<25
额定电压（DC）/V	12
最大真空度 /kPa	>85
测试容积 /L	2
抽至真空度 55 kPa,压力形成时间 /s	<4
抽至真空度 70 kPa,压力形成时间 /s	<7
真空度从 40 kPa 抽至 85 kPa,压力形成时间 /s	<4
延时模块接通闭合的真空度 /kPa	55
延时时间 /s	15
使用寿命 / 万次	30
工作环境温度范围 /℃	−20~100
启动温度 /℃	−30
噪声 /dB	75
真空罐密封性	在 (66.7±5) kPa 真空度下,15 s 内真空压力降 $\Delta p \leqslant 3$

2）真空泵启动策略

当驾驶人启动车辆时,12 V 直流电源接通,电子控制系统模块开始自检,如果真空罐内的真空度小于设定值,真空压力开关处于常开状态,此时真空泵开始工作;当真空罐内的真空度大于设定值时,真空压力开关或传感器处于常闭状态,电子延时模块立即进入延时工作模式,15 s 左右延时时间停止。此时真空罐内的真空度达到设定值,电机停止工作,当真空罐内的真空度因制动消耗,真空度小于设定值时,真空压力开关或传感器再次处于常开状态,真空泵再次开始工作,如此循环。

3）真空泵工作原理

电线连接好后,接通 12 V 直流电源,真空泵控制器接通真空泵电机开始工作,当真空度达到 55 kPa 时,真空压力开关闭合,输出高电平信号给真空泵控制器,真空泵控制器接收到信号延时 10 s,电机停止工作。

(二) 真空助力系统故障诊断与检修

 技能实践

(1) 根据制动系统图,在车上找到下列制动系统零部件并查询维修手册,写出零部件名称。

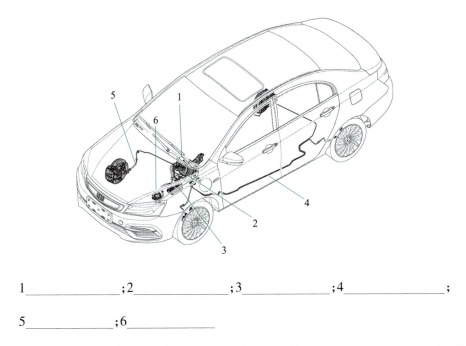

1＿＿＿＿＿＿＿＿;2＿＿＿＿＿＿＿＿;3＿＿＿＿＿＿＿＿;4＿＿＿＿＿＿＿＿;

5＿＿＿＿＿＿＿＿;6＿＿＿＿＿＿＿＿

(2) 根据制动助力器图,在车上找到下列零部件并查询维修手册,写出零部件名称。

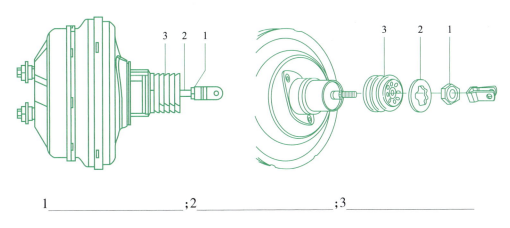

1＿＿＿＿＿＿＿＿＿＿＿＿＿;2＿＿＿＿＿＿＿＿＿＿＿＿＿;3＿＿＿＿＿＿＿＿＿＿＿＿＿

(3) 在车上找到 CA20 线束插头,查询维修手册及电路图,写出 1、3、14、26 引脚的定义。

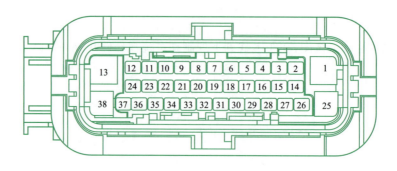

知识学习

1. 真空助力器总成拆装

真空助力器拆装步骤如表 5-2-2 所示。

表 5-2-2　真空助力器总成拆装步骤

步骤	操作方法	操作示意图	备注
拆卸			
1	断开蓄电池负极电缆		参见吉利 EV450 维修手册: 2.6.7.5 蓄电池总成更换

续表

步骤	操作方法	操作示意图	备注
2	拆卸仪表台左下护板	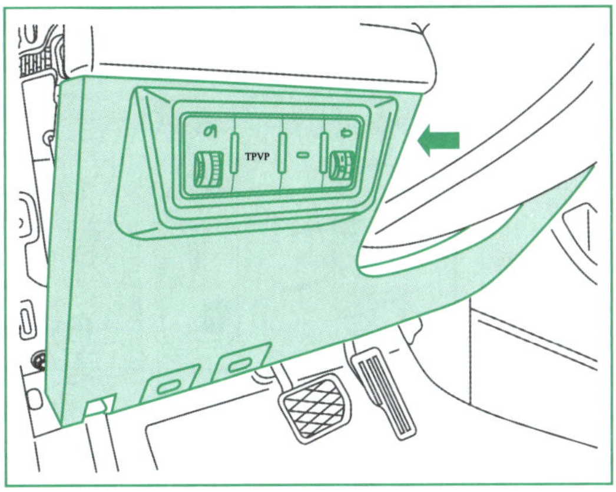	参见吉利EV450维修手册:12.8.3.1仪表板左侧下护板的更换
3	排放制动液	—	—
4	拆卸制动液液面传感器线束连接器	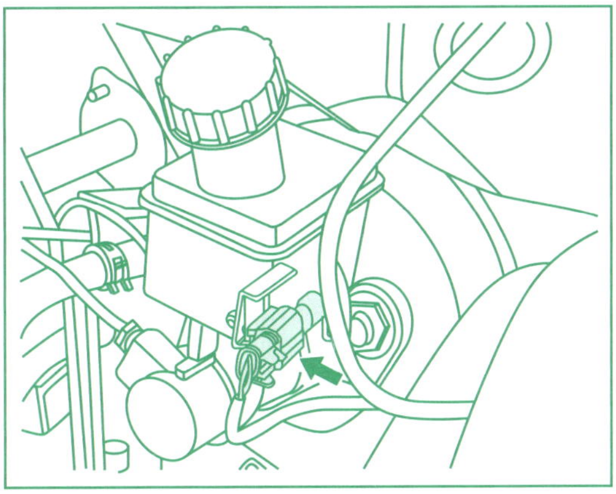	—
5	(1) 拔出真空管③。 (2) 拆卸制动油管2个接头螺母①。 (3) 拆卸制动总泵2个固定螺栓②,取出制动总泵	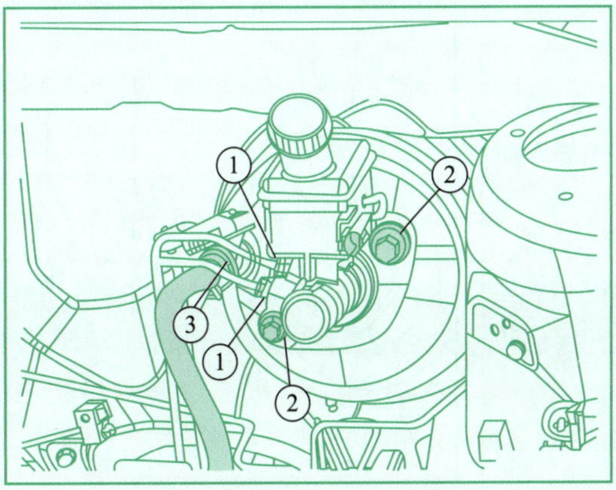	—

续表

步骤	操作方法	操作示意图	备注
6	（1）断开真空助力器连杆 U 形夹与制动踏板的连接锁销①。 （2）拆卸真空助力器与制动踏板固定螺母②，取出真空助力器总成	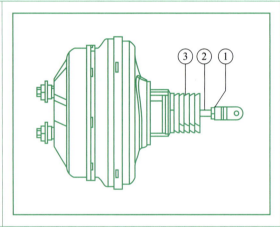	—
分解助力器			
7	（1）松开连杆上 U 形夹的锁止螺母，旋出 U 形夹和锁止螺母①。 （2）拆卸弹簧卡夹②。 （3）拆卸橡胶护套和密封垫③		注意：如果橡胶护套损坏或老化，应将其报废并报废密封垫
组装助力器			
8	（1）安装新的密封垫，再将橡胶护套①套在助力器连杆上。 （2）安装弹簧卡夹②。 （3）拧入 U 形夹的锁止螺母和连杆 U 形夹，并拧紧螺母③	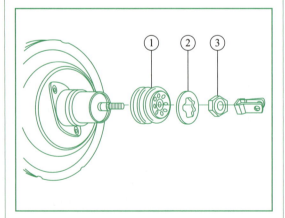	—

步骤	操作方法	操作示意图	备注
9	（1）调整连杆 U 形夹的行程。 （2）紧固 U 形夹的锁止螺母	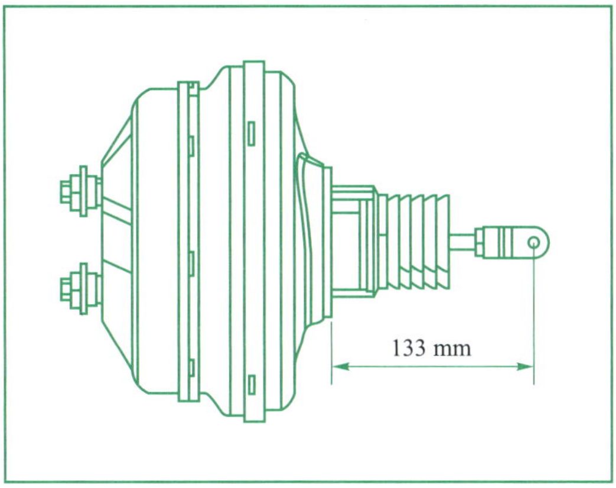 133 mm	连杆 U 形夹与助力器后端面的距离：133 mm。 力矩：20 N·m
安装			
10	（1）放置真空助力器总成，紧固真空助力器与制动踏板固定螺母②。 （2）连接真空助力器连杆 U 形夹与制动踏板锁销①	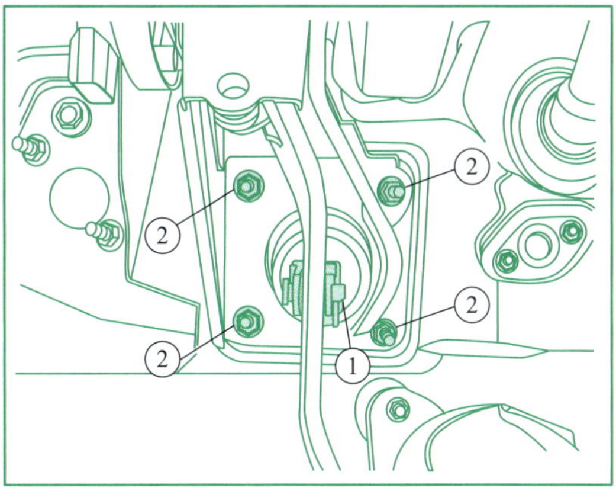	紧固螺母力矩：23 N·m
11	（1）放置制动泵总成，紧固制动总泵 2 个固定螺栓②。 （2）安装制动油管 2 个接头螺母①。 （3）连接真空管③	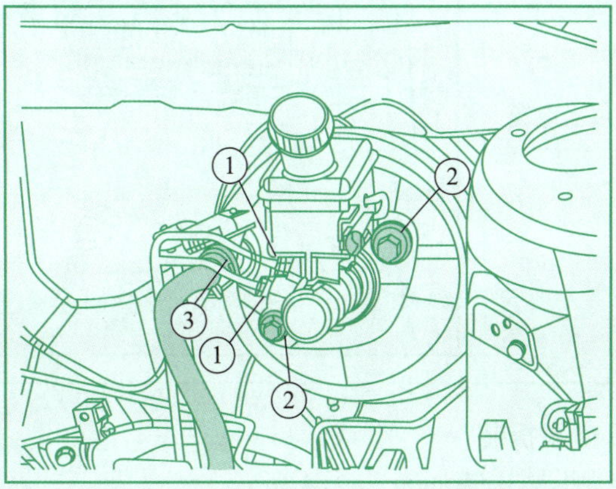	螺栓②力矩：23 N·m。 螺母①力矩：16 N·m

续表

步骤	操作方法	操作示意图	备注
12	连接制动液液面传感器线束连接器	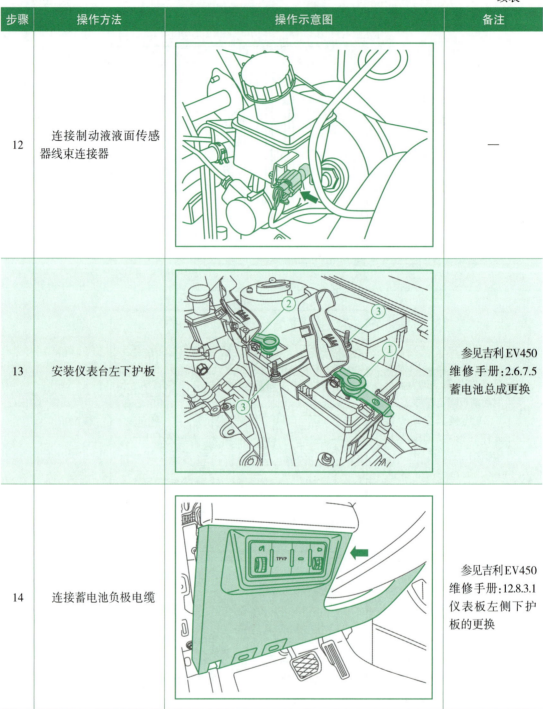	—
13	安装仪表台左下护板		参见吉利EV450维修手册:2.6.7.5蓄电池总成更换
14	连接蓄电池负极电缆		参见吉利EV450维修手册:12.8.3.1仪表板左侧下护板的更换

2. 真空泵拆装

真空泵拆装步骤如表 5-2-3 所示。

表 5-2-3　真空泵拆装步骤

步骤	操作方法	操作示意图	备注
拆卸			
1	打开机舱盖,断开蓄电池负极电缆	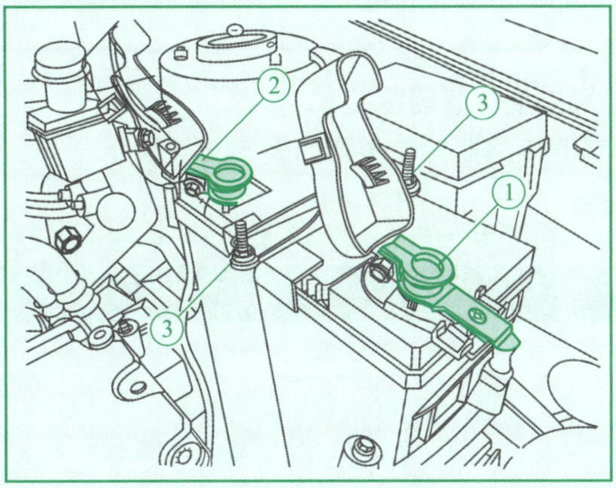	参见吉利EV450维修手册:2.6.7.5 蓄电池总成更换
2	(1) 断开电动真空泵线束连接器①。 (2) 断开真空管②。 (3) 拆卸电动真空泵 2 个固定螺栓③,取下电动真空泵	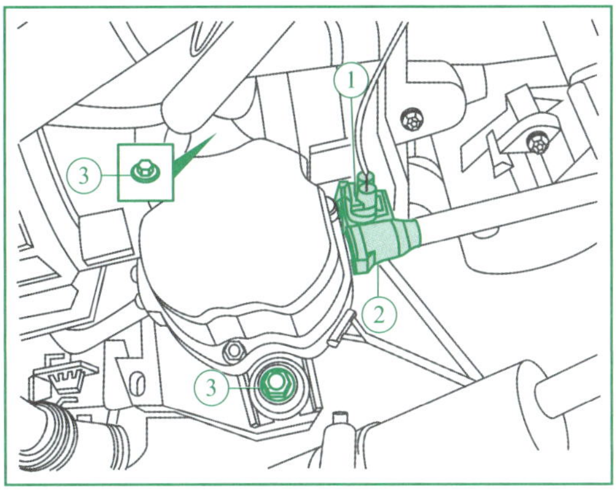	—
安装			
3	(1) 安装电动真空泵 2 个固定螺栓③,力矩:9 N·m。 (2) 连接真空管②。 (3) 连接电动真空泵线束连接器①	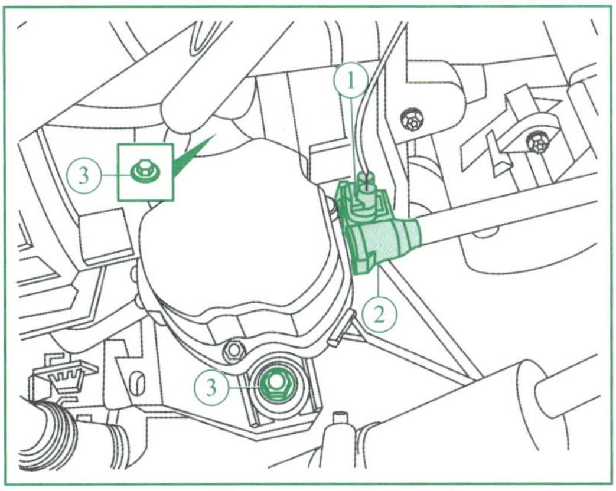	固定螺栓③力矩:9 N·m

步骤	操作方法	操作示意图	备注
4	连接蓄电池负极电缆，关闭机舱盖	—	—

3. 制动真空度传感器拆装

制动真空度传感器拆装步骤如表 5-2-4 所示。

表 5-2-4　制动真空度传感器拆装步骤

步骤	操作方法	操作示意图	备注
拆卸			
1	打开机舱盖，断开蓄电池负极电缆	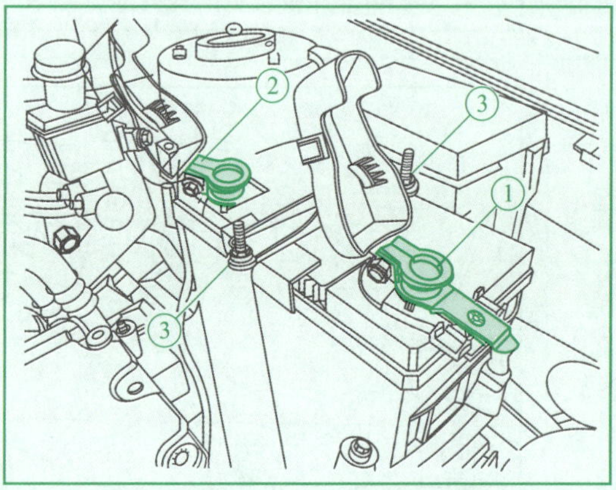	参见吉利 EV450 维修手册:2.6.7.5 蓄电池总成更换
2	（1）拔出真空管。 （2）断开制动真空度传感器线束连接器。 （3）取下制动真空度传感器	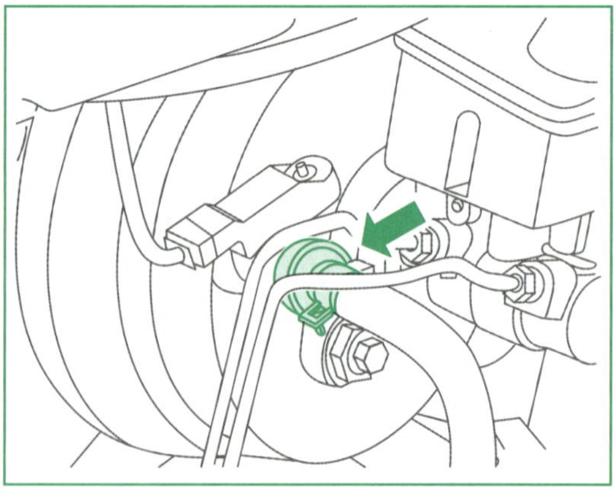	—

续表

步骤	操作方法	操作示意图	备注
安装			
3	（1）安装制动真空度传感器。 （2）连接制动真空度传感器线束连接器。 （3）安装真空管	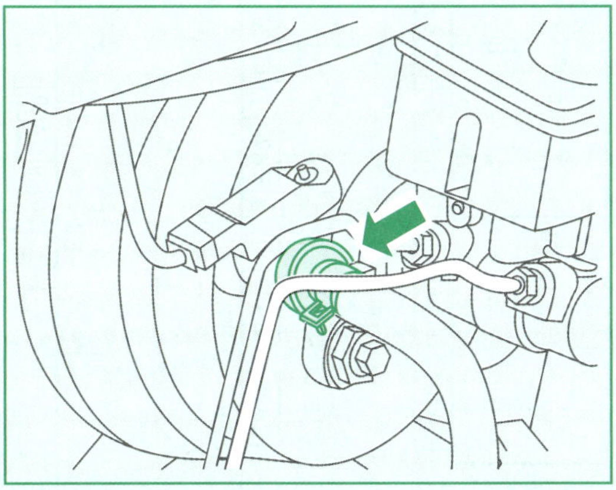	
4	连接蓄电池负极电缆,关闭机舱盖	—	—

4. 制动真空度传感器故障检修（以吉利 EV450 轿车为例）

1）制动真空度传感器故障诊断代码说明（表 5-2-5）

表 5-2-5 制动真空度传感器故障诊断代码说明

故障诊断代码	说明
C10AD08	真空传感器故障

2）制动真空度传感器电路图

制动真空度传感器电路图如图 5-2-6 所示。

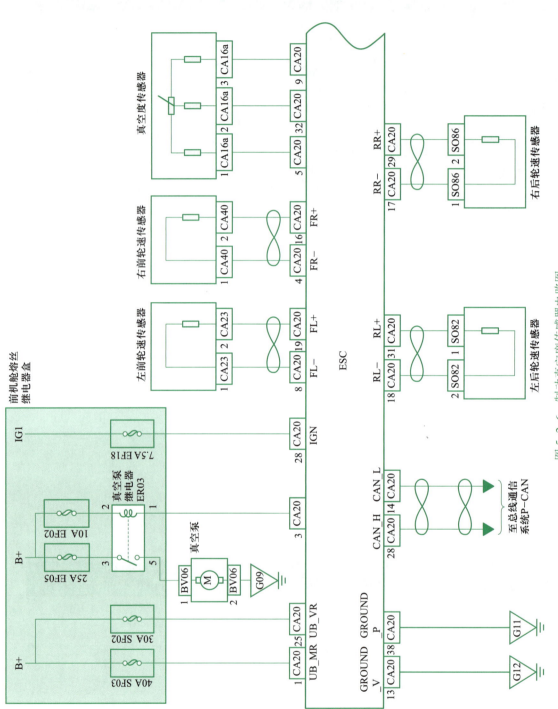

图 5-2-6　制动真空度传感器电路图

3）诊断步骤

步骤1：外观检查。检查真空管路是否存在破损漏气处，存在则维修故障；不存在则进入下一步。

步骤2：检查制动真空度传感器和液压电子控制单元之间的线束。

（1）操作起动开关使电源模式至OFF状态。

（2）将蓄电池负极电缆从蓄电池上断开。

（3）断开液压电子控制单元线束连接器CA20。

（4）将蓄电池负极电缆连接到蓄电池上。

（5）操作起动开关使电源模式至ON状态。

（6）测量真空度传感器线束连接器CA16a的端子1、2、3分别与液压电子控制单元CA20的端子5、32、9之间的电阻值。电阻标准值：小于1Ω。确认测量值是否符合标准值，标准则正常，不标准则更换制动真空度传感器，如图5-2-7所示。

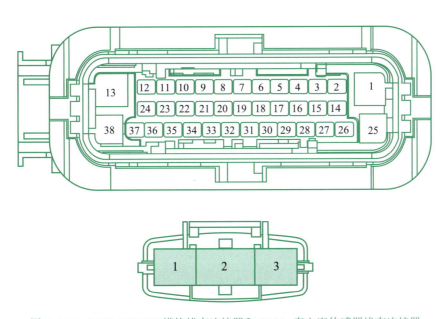

图5-2-7　CA20 ABS/ESC模块线束连接器和CA16a真空度传感器线束连接器

步骤3：更换制动真空度传感器。

（1）连接蓄电池正极。

（2）操作起动开关使电源模式至OFF状态，确认故障是否排除，排除则系统正常，未排除则更换ESC。

步骤4：更换ESC。

（1）连接蓄电池正极。

（2）操作起动开关使电源模式至OFF状态，确认ABS警告灯是否点亮后熄灭，是则系统正常。

四、学习测试

(一) 填空题

1. 真空助力系统由_____、_____、_____以及与传统汽车相同的_____、_____等组成。

2. _____是指利用机械、物理、化学或物理化学的方法对被抽容器进行抽气而获得真空的器件或设备。

3. _____是电动真空助力系统的核心部件。它根据真空罐内的真空压力传感器发送的信号控制真空泵工作。

(二) 单项选择题

1. 以下属于纯电动汽车制动系统特点的有(   )。
   A. 没有制动真空助力器
   B. 不再采用液压制动管理
   C. 制动前需要先挂入 P 挡
   D. 具有制动能量回收功能
2. 电动真空助力系统的真空泵采用的形式是(   )。
   A. 液压真空泵   B. 手动真空泵
   C. 电动真空泵   D. 气动真空泵
3. 丰田普锐斯制动执行器液压控制部分的电磁阀总共有(   )。
   A. 4个   B. 6个   C. 8个   D. 10个

(三) 判断题

1. 纯电动汽车液压制动通常需要单独设计一个电动真空泵来为真空助力器提供真空源。   (   )
2. 真空泵控制器根据制动踏板位置传感器发送的信号控制真空泵工作。(   )
3. THS-II 制动系统正常制动时,主缸产生的液压力直接作用在轮缸上。(   )
4. 如果电动真空助力系统真空度一直不足,真空泵就会一直工作。(   )
5. 电动真空泵的电源是来自动力蓄电池的高压电。   (   )
6. 若电动真空助力系统出现故障,制动系统就无法工作。   (   )

五、评价总结

(一) 自我评价

结合学习过程及学习效果,对自己的学习主动性和效果进行自评,评价等级为优、良、合格和不合格,针对出现的失误进行反思,完善改进方向及改进措施。

评价维度		评价标准	评级
学习主动性	课前	课前预习,完成老师布置的课前任务	
	课中	积极思考,参与课堂互动;辅助老师完成教学演示或模拟练习	
	课后	及时总结,完成课后练习任务,并向老师反馈学习建议	
学习效果		能够熟练描述真空助力系统的控制策略	
		能够根据工作原理检测真空助力系统的部件	
		能够根据工作原理更换真空助力系统的部件	
任务实施过程中出现的失误			
改进的方向及措施			

(二) 学生互评

通过提问、观察同学的演示以及上课的情况,对同学这次学习任务的效果开展评价,评价等级为优、良、合格和不合格,指出任务实施过程中出现的失误,给出改进建议。

小组成员姓名:

评价维度	评价标准	评级
学习效果	能够熟练描述真空助力系统的控制策略	
	能够根据工作原理检测真空助力系统的部件	
	能够根据工作原理更换真空助力系统的部件	
任务实施过程中出现的失误		
建议		

任务三 制动系统电子控制系统的诊断

 一、任务描述

　　成功的取得往往都依赖于在一次次失败或者挫折中找原因,然后不断改进、完善,最终实现目标。汽车制动系统在百年发展过程中,研究人员从一次次的车辆事故中总结原因,改进技术,从原来的纯机械结构慢慢向电子化发展,更多的电子控制系统用来优化汽车制动系统,以获得最佳的驾驶效果和制动性能,保障人们的行车安全。例如,人们发现,汽车在紧急制动时,车轮容易抱死拖滑,导致转向轮不起作用,于是发明了ABS(防抱死制动系统),用来防止汽车紧急制动时车轮抱死,保证操纵的稳定性。汽车在起步或者雨天行车中,驱动轮容易打滑,于是发明了驱动防滑系统,通过控制车轮的制动力和发动机的输出功率来防止车轮打滑。

二、任务目标

实施步骤	素养目标	知识目标	技能目标
认识ABS系统	培养善于发现问题和解决问题的意识	1. 掌握ABS系统的定义、作用和结构组成。 2. 掌握ABS系统的工作原理和过程	1. 能够说出ABS系统的定义和作用。 2. 能够根据实物或者图片指出相应部件的名称。 3. 能解释ABS系统的工作原理和过程
制动压力调节器总成更换	严格执行作业现场"5S"管理规范	掌握制动压力调节器的分类和结构组成	能对制动压力调节器总成进行更换
ABS系统的维护与检修	通过制定、优化故障检修流程,养成严谨细致、精益求精的工作习惯	1. 掌握ABS系统的检查与维护的项目和流程。 2. 掌握ABS系统常见故障的种类,了解故障现象,并分析故障原因	1. 能够按照要求对ABS系统进行维护保养。 2. 能够判断故障类型,并按照流程对故障进行检修
电子驻车制动(EPB)系统常见故障检修		掌握EPB系统常见故障的种类,了解故障现象,并分析故障原因	能够判断故障类型,并按照流程对故障进行检修

三、实施步骤

（一）认识 ABS 系统

技能实践

（1）ABS 系统的全称是＿＿＿＿＿＿＿＿，其作用是＿＿＿＿＿＿＿＿＿＿＿

＿＿＿＿＿＿＿＿＿＿＿＿＿＿＿＿＿＿＿＿＿＿＿＿＿＿＿＿＿＿＿＿＿。

（2）车轮滑动率是指车轮运动中滑动成分所占的比例，用 S 表示，当 $S=0$ 时表示

＿＿＿＿＿＿＿，当 $S=100\%$ 时表示＿＿＿＿＿＿。

（3）写出图中部件的名称和作用，并在实车上找到相应的部件。

部件 1 名称：＿＿＿＿＿＿＿＿＿＿＿＿＿＿＿＿＿＿＿＿＿

部件 1 作用：＿＿＿＿＿＿＿＿＿＿＿＿＿＿＿＿＿＿＿＿＿

部件 2 名称：＿＿＿＿＿＿＿＿＿＿＿＿＿＿＿＿＿＿＿＿＿

部件 2 作用：＿＿＿＿＿＿＿＿＿＿＿＿＿＿＿＿＿＿＿＿＿

（4）写出图中方框的部件名称，在下方空白处写出其作用，并在实车上找到相应的部件。

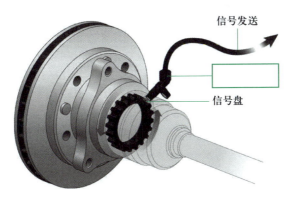

（5）客户王先生在对汽车做保养时询问，起动汽车的时候，ABS 指示灯会闪烁一下，然后就熄灭了，这是不是正常现象。根据所学的知识向客户解释缘由。

（6）客户王先生在听完维修技师的解释后对 ABS 非常感兴趣，请向他解释 ABS 系统的工作原理。

 知识学习

1. ABS 系统概述

ABS 系统的作用是在汽车制动时，通过调节轮缸（或制动气室）的制动压力使作用车轮的制动力矩受到控制，自动控制制动器制动力的大小，从而控制车轮的滑移率，使车轮不被抱死，处于边滚边滑（滑移率在 20% 左右）的状态，以保证车轮与地面的附着力为最大值。

1）轮胎与路面的附着关系

轮胎与路面的附着关系为 $F_u = G \times \mu$。其中，F_u 为轮胎与路面间的附着力；G 为轮胎与路面间的垂直载荷；μ 为轮胎与路面间的附着系数。由于轮胎与路面之间的垂直载荷和附着系数会随许多因素而变化，因此，轮胎与路面间的附着力实际上是经常变化的。

2）车轮滑动率对附着系数的影响

汽车在制动过程中，车轮的运动可以划分为 3 个阶段：纯滚动、边滚边滑、完全拖滑。一般用滑动率 S 表示滑动成分在车轮纵向运动中所占的比例，ω 为车轮滚动角速度，v 为车速，r 为车轮半径。

（1）汽车在制动过程中，车轮可能相对于路面发生滑移，滑移成分在车轮纵向运动中所占的比例可以表示为 $S=(r\omega-v)/v \times 100\%$，$0<S<100\%$，车轮滑移所占成分越多，$S$ 越大，当 S 为 100% 时表示车轮抱死滑移。

（2）汽车在驱动过程中，驱动车轮可能相对于路面发生滑转，滑转成分在车轮纵向运动中所占的比例可表示为 $S=(r\omega-v)/(r\omega) \times 100\%$，$0<S<100\%$，车轮滑转比例越大，$S$ 越小，当 S 为 0 时表示车轮 100% 滑动。

2. ABS 系统的组成

ABS 系统通常由车轮轮速传感器、制动压力调节器、电子控制单元（ECU）和 ABS 警示装置等组成，如图 5-3-1 所示。

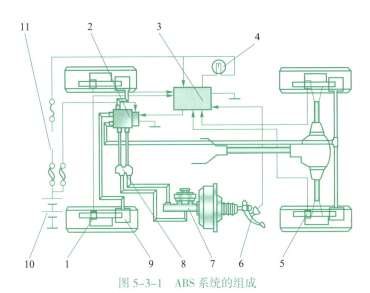

图 5-3-1　ABS 系统的组成

1—前轮轮速传感器;2—制动压力调节器;3—ABS 电子控制单元;4—ABS 警告灯;5—后轮轮速传感器;
6—刹车灯开关;7—制动主缸;8—比例分配阀;9—制动轮缸;10—蓄电池;11—点火开关

1) 车轮轮速传感器

车轮轮速传感器(图 5-3-2)的功用是检测车轮的旋转速度,并将速度信号输入 ECU。目前,常用的轮速传感器主要有电磁式和霍尔式。轮速传感器一般安装在每个车轮的轮毂上,一些后轮驱动的汽车只在主减速器或变速器中安置一个电磁式转速传感器。

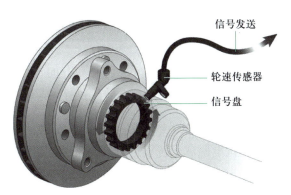

信号发送

轮速传感器

信号盘

图 5-3-2　轮速传感器

(1) 电磁式。电磁式轮速传感器主要由传感器头和齿圈两部分组成,它可以安装在车轮上,也可以安装在主减速器或变速器中。如图 5-3-3 所示,齿圈随车轮或传动轴一起转动,齿圈在磁场中旋转时,齿圈齿顶和电极之间的间隙以一定的速度变化,使磁路中的磁阻发生变化,磁通量周期地增减,在线圈的两端产生正比于磁通量增减速度的感应电压,该交流电压信号输送给 ECU。

(2) 霍尔式。霍尔式轮速传感器也主要由传感器头和齿圈组成。其齿圈的结构及安装方式与电磁式轮速传感器的齿圈相同,传感器头由永磁体、霍尔元件和电子电路等组成。霍尔式轮速传感器的工作原理示意图如图 5-3-4 所示,永磁体的磁力线穿过霍尔元件通向齿圈,齿圈相当于一个集瓷器。当齿圈位于图 5-3-4(a)所示位置时,穿过霍尔元件的磁力线分散,磁场相对较弱;而当齿圈位于图 5-3-4(b)所示位置时,穿过霍尔元件的磁力线集中,磁场相对较强。齿圈转动时,使得穿过霍尔元件的磁力线密度发生变化,因而引起霍尔元件电压的变化,霍尔元件将输出 1 mV 级的准正弦波电压。此信号由电子电路转化成标准的脉冲电压。

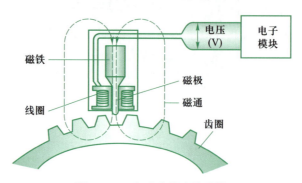

图 5-3-3　电磁式轮速传感器

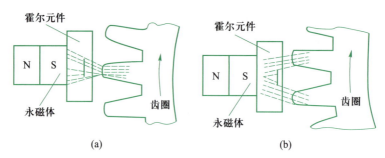

图 5-3-4　霍尔式轮速传感器的工作原理示意图

　　霍尔式轮速传感器克服了电磁式轮速传感器的缺点,其输出信号电压幅值不受转速的影响,频率响应高,抗电磁波干扰能力强。因而,霍尔式轮速传感器在 ABS 中的应用越来越广泛。

　　2)电子控制单元(ECU)

　　ECU 是 ABS 的控制中枢,其功用是接收轮速传感器及其他传感器输入的信号,对这些输入信号进行测量、比较、分析、放大和判别处理,通过精确计算,得出制动时车轮的滑移率、车轮的加速度和减速度,以判断车轮是否有抱死趋势。再由其输出级发出控制指令,控制制动压力调节器去执行压力调节任务。ECU 还具有监控和保护功能,当系统出现故障时,能及时转换成常规制动,并以故障灯点亮的形式警告驾驶人。

　　3)制动压力调节器

　　制动压力调节器(图 5-3-5)安装在制动主缸与轮缸之间,通过电磁阀直接或间接地控制轮缸的制动压力。通常把电磁阀直接控制轮缸制动压力的制动压力调节器称作循环式调节器,把间接控制制动压力的制动压力调节器称作可变容积式调节器。

3. ABS 的工作原理

ABS 是在原有制动装置基础上增加一套控制装置形成的,其工作也是在常规制动过程的基础上进行的。在制动过程中,当车轮还未趋于抱死时,其制动过程与常规制动过程完全相同,只有当车轮趋于抱死时,ABS才对制动压力进行调节。

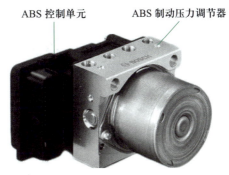

ABS 控制单元　　　ABS 制动压力调节器

图 5-3-5　制动压力调节器

微课
ABS 的
工作原理

在汽车以大于或等于 20km/h 的车速运行过程中,驾驶员踩下制动踏板紧急制动时,ABS 电子控制单元(ABS ECU)接收到制动灯开关接通信号,由装在车轮上的轮速传感器采集 4 个车轮的转速信号,发送到 ABS 电子控制单元计算出每个车轮的线速度和车速,从而推算出车辆的减速度及车轮的滑移率,判断车轮是否有抱死的趋势。若发现哪一个车轮有抱死的趋势,ABS 电子控制单元的液压控制单元就作用于该车轮制动分泵调节液压压力,以防止车轮抱死。

4. ABS 的工作过程

ABS 的工作过程可以分为建压阶段、保压阶段、减压阶段和增压阶段。下面以一个车轮的制动液压压力调节过程为例说明 ABS 系统的工作过程。

1) 建压阶段

如图 5-3-6 所示,踩下制动踏板,ABS 尚未工作时,两电磁阀均不通电,进油电磁阀处于开启状态,出油电磁阀处于关闭状态,制动轮缸与低压储液罐隔离,与制动主缸相通。制动主缸里的制动液被压入轮缸产生制动,车轮转速迅速降低,ABS 电子控制单元通过轮速传感器获取信号,分析车轮是否即将抱死拖滑。

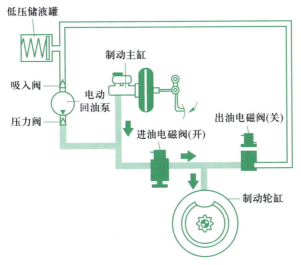

图 5-3-6　建压阶段

2）保压阶段

如图 5-3-7 所示，ABS 电子控制单元通过轮速传感器得到的信号识别出车轮有抱死的倾向时，即向液压控制单元发出控制信号关闭进油电磁阀，此时出油电磁阀仍然关闭，使制动器中的压力保持不变。

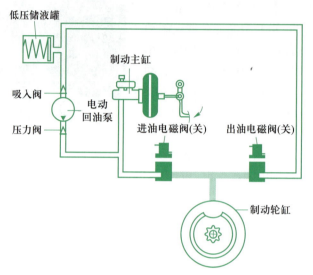

图 5-3-7　保压阶段

3）减压阶段

如图 5-3-8 所示，当 ABS 电子控制单元通过轮速传感器检测到车轮趋于抱死时，进、出油阀均通电，制动轮缸与低压储液罐相通，制动轮缸里的制动液在制动蹄复位弹簧作用下流到低压储液罐，制动压力减小。同时，电动回油泵通电运转，及时将制动液泵回制动主缸，踏板有回弹感。当制动压力减小到车轮的滑移率在设定范围内时，进油电磁阀通电，出油电磁阀断电，制动压力保持不变。

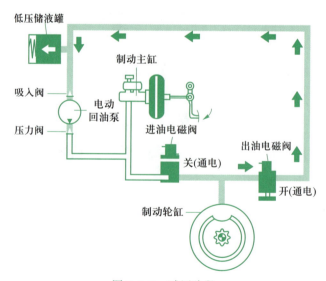

图 5-3-8　减压阶段

4）增压阶段

如图 5-3-9 所示,为了取得最佳的制动效果,当车轮达到一定转速后,ABS 电子控制单元再次命令进、出油电磁阀均断电,进油电磁阀开启,出油电磁阀关闭,同时电动回油泵通电,将低压储液罐里的制动液泵到制动轮缸,制动压力增高。上述过程周而复始。

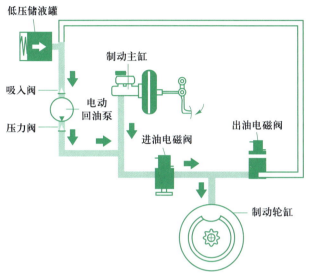

图 5-3-9　增压阶段

（二）制动压力调节器总成更换

技能实践

（1）液压式制动压力调节器有＿＿＿＿＿＿和＿＿＿＿＿＿两种类型。

（2）写出可变容积式制动压力调节器结构图中方框内的部件名称。

1＿＿＿＿＿＿＿＿＿＿＿;

2＿＿＿＿＿＿＿＿＿＿＿;

3＿＿＿＿＿＿＿＿＿＿＿;

4＿＿＿＿＿＿＿＿＿＿＿;

5＿＿＿＿＿＿＿＿＿＿＿

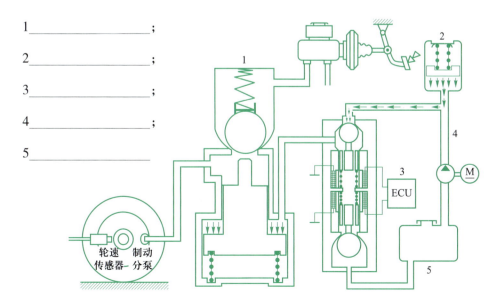

(3) 写出循环式制动压力调节器结构图中方框内的部件名称。

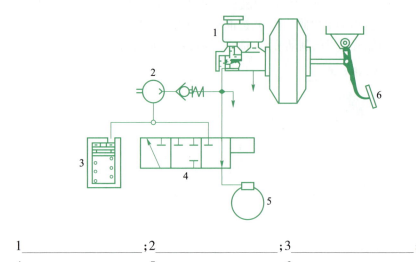

1_____；2_____；3_____；
4_____；5_____；6_____；

(4) 循环式制动压力调节器有_____、_____、_____3 个
过程。

(5) 查阅吉利 EV450 轿车维修手册,对照实车,下图中标号 1~6 的管路分别连接
到哪个部件。

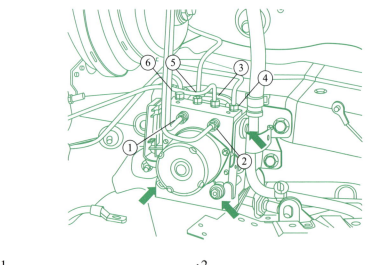

1_____；2_____；
3_____；4_____；
5_____；6_____

(6) 现需要对制动压力调节器总成进行拆卸,请查阅吉利 EV450 轿车维修手册,
将流程进行正确排列:_____。

① 按压插头卡销,向上拉锁紧扣,断开液压电子控制单元的线束连接器。

② 拆卸液压电子控制单元安装支架 3 个固定螺栓,取下控制单元。

③ 排放管路中残留的制动液,同时用抹布罩住线束连接器的插座和插头,以免接触制动液。

④ 从液压电子控制单元上拆卸 6 个制动油管的接头螺母,并立即擦掉溢出的制动液。

⑤ 排空制动液,可通过专用设备抽出,或者进行四轮逐一排空等办法进行操作。

⑥ 断开蓄电池负极。

⑦ 使用标签或做记录,以标识重新连接的位置。

知识学习

1. 制动压力调节器概述

制动压力调节器串接在制动主缸与制动轮缸之间,其作用是根据 ECU 指令,通过电磁阀直接或间接地控制制动轮缸的制动压力,实施自动调节。

2. 制动压力调节器分类

制动压力调节器种类较多,其结构和工作原理也有较大差异。根据调压方式可分为液压式、气压式两种类型。目前现代轿车主要采用液压调节系统,液压式可分为循环式制动压力调节器和可变容积式制动压力调节器,把电磁阀直接控制制动轮缸制动压力的调节器称作循环式制动压力调节器,把间接控制制动轮缸制动压力的调节器称作可变容积式制动压力调节器。

1) 循环式制动压力调节器

循环式制动压力调节器的主要原理是在不改变制动主缸液压的情况下,调节制动轮缸中制动液的量,改变制动轮缸的液压力,使车轮制动时不抱死。从制动轮缸流出的制动液被泵回制动主缸。

如图 5-3-10 所示,循环式制动压力调节器主要由制动踏板机构、制动主缸、制动轮缸、回油泵、储能器、电磁阀组成。制动踏板机构、制动主缸、制动轮缸在前面有详细介绍,在此不再展开讲解。

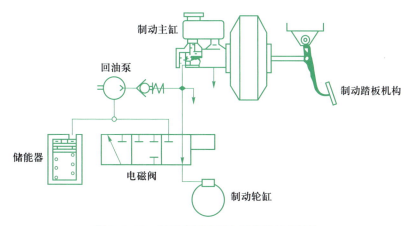

图 5-3-10　循环式制动压力调节器基本结构

（1）回油泵：电磁阀在减压时，从制动轮缸流出的制动液经储能器由回油泵返回制动主缸。

（2）储能器：电磁阀在减压时，从制动轮缸流出的制动液由储能器暂时储存。

（3）电磁阀：如图 5-3-11 所示，电磁阀一般为三位三通类型，阀上有 3 个孔分别通制动主缸、制动轮缸和储能器。电磁阀由 ECU 控制，实现增压、保压、减压 3 种状态。

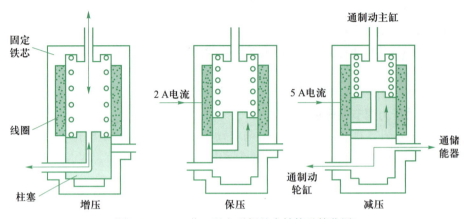

图 5-3-11　三位三通电磁阀基本结构及简化图

2）可变容积式制动压力调节器

在汽车原有制动系统管路中增加一套液压控制装置，用于改变制动管路容积，实现增压—保压—减压—保压的循环调节。改变制动管路容积的控制液压管路与制动液压管路是互相独立的，使用的液体都是同样的制动液。制动液压管路是双管路，控制液压管路是单管路。

如图 5-3-12 所示，可变容积式制动压力调节器主要由电磁阀、液压控制活塞（调压缸）、增压泵和储能器等组成。

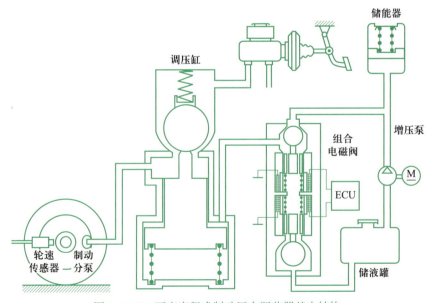

图 5-3-12　可变容积式制动压力调节器基本结构

（1）电磁阀：由输入电磁阀和输出电磁阀组成，主要负责控制储能器、储液罐、调压缸 3 个通道的开关。

（2）液压控制活塞（调压缸）：通过强力弹簧控制活塞推动单向阀，接通制动主缸与制动轮缸的管路，使制动轮缸压力随制动主缸压力变化而变化。

（3）增压泵和储能器：利用电机驱动凸轮，使控制液的压力升高并泵入储能器。此外还装有压力控制开关和压力警示开关，压力控制开关负责监测储能器内油液压力，如图 5-3-13 所示，当压力低于 15 MPa 时，压力控制开关闭合，增压泵工作，当压力达到 18 MPa 时，压力控制开关断开，增压泵停止工作。压力警示开关负责监测储能器内油液压力，如图 5-3-14 所示，当储能器内压力低于规定值时，常开触点闭合，点亮红色制动警示灯；同时常闭触点断开，该信号送给 ECU 关闭 ABS 并点亮黄褐色 ABS 警告灯。

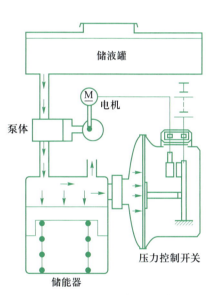

图 5-3-13　压力控制开关

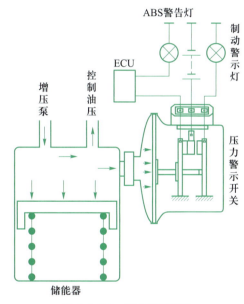

图 5-3-14　压力警示开关

3. 制动压力调节器总成更换步骤

制动压力调节器作为 ABS 的重要组成部件，当在排除故障过程中确定电子控制单元（ECU）、传感器等部件正常时，则可能需要拆卸制动压力调节器进行检修或者更换总成，下面以吉利 EV450 轿车为例，进行制动压力调节器总成的拆装。

实训器材：吉利帝豪 EV450 实车、常用工具和维修手册。

作业准备：检查举升机，车辆停放在车位合适位置，铺好车内和车外护套。

作业步骤：操作步骤如表 5-3-1 所示。

表 5-3-1　制动压力调节器总成更换操作步骤

步骤	操作方法	操作示意图
拆卸		
1	断开蓄电池负极	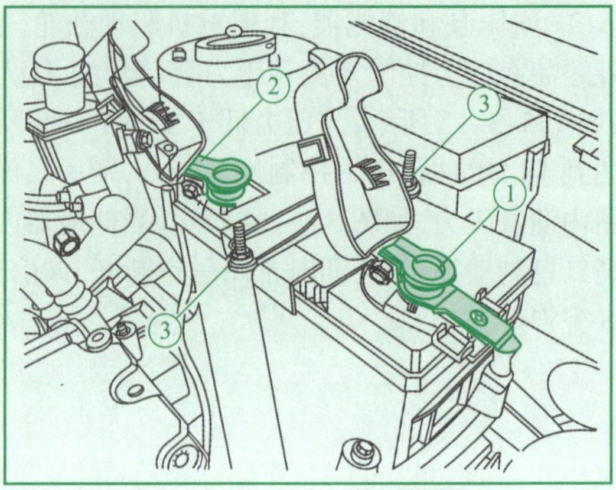
2	排空制动液,可通过专用设备抽出,或者进行四轮逐一排空等办法进行操作	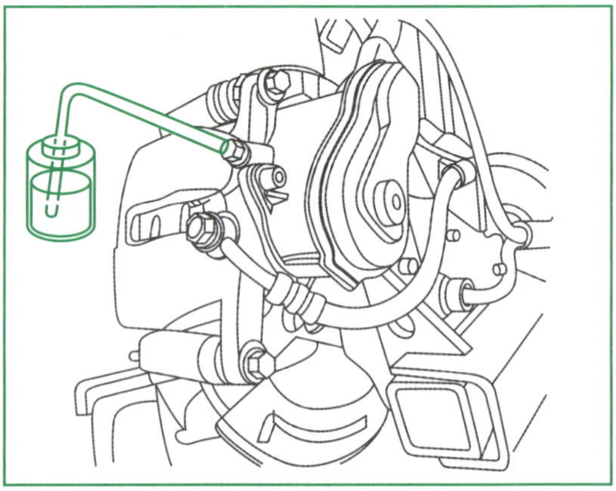
3	按压插头卡销,向上拉锁紧扣,断开液压电子控制单元的线束连接器	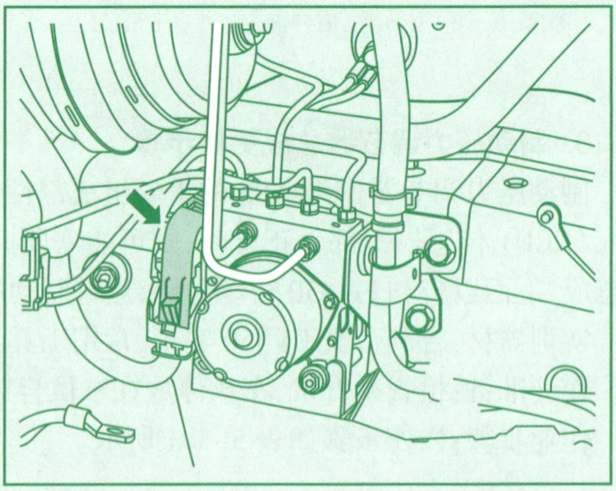

步骤	操作方法	操作示意图
4	排放管路中残留的制动液,同时用抹布罩住线束连接器的插座和插头,以免接触制动液	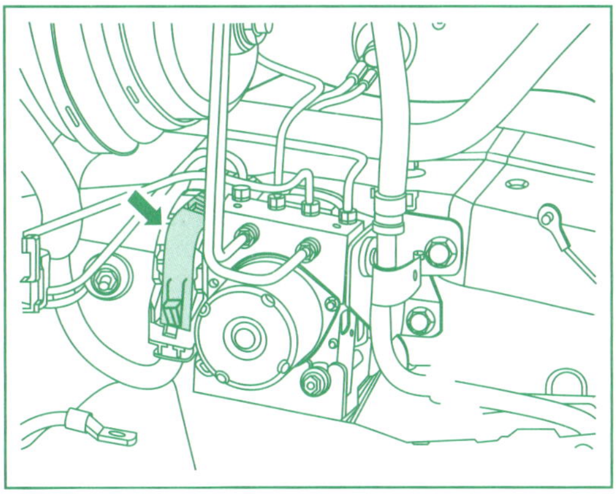
5	从液压电子控制单元上拆卸6个制动油管的接头螺母,并立即擦掉溢出的制动液	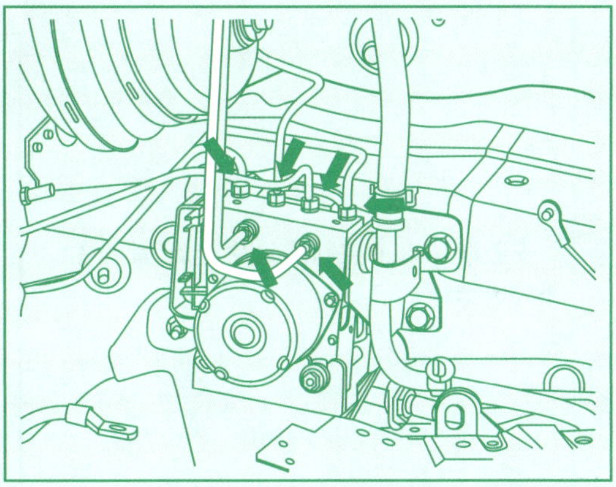
6	使用标签或做记录,以标识重新连接的位置:①、②至制动总泵;③至前轮右侧制动分泵;④至后轮左侧制动分泵;⑤至前轮右侧制动分泵;⑥至后轮右侧制动分泵)	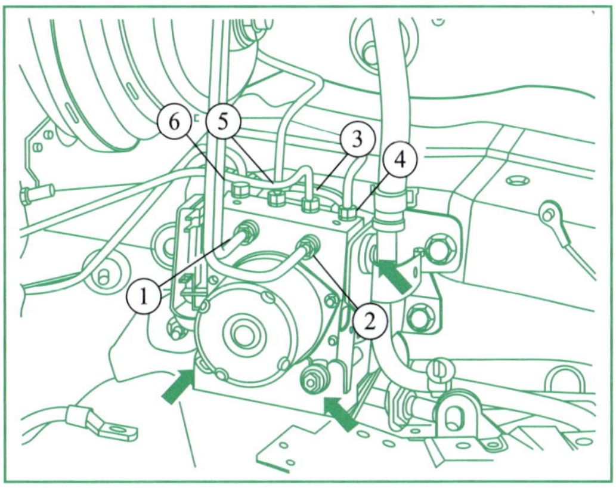

续表

步骤	操作方法	操作示意图
7	拆卸液压电子控制单元安装支架 3 个固定螺栓,取下控制单元	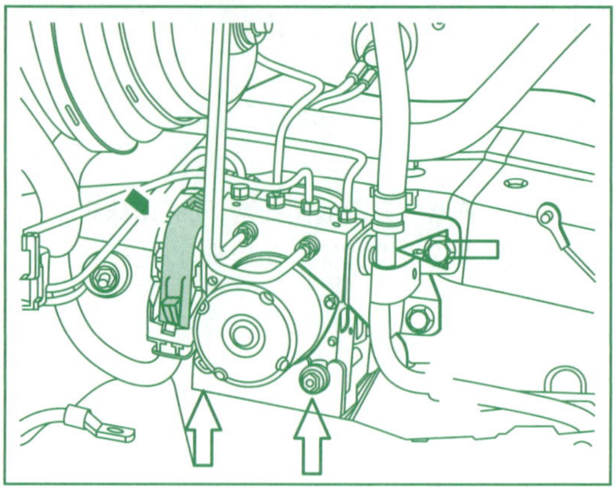
安装		
8	安装液压电子控制单元及支架,紧固 3 个固定螺栓	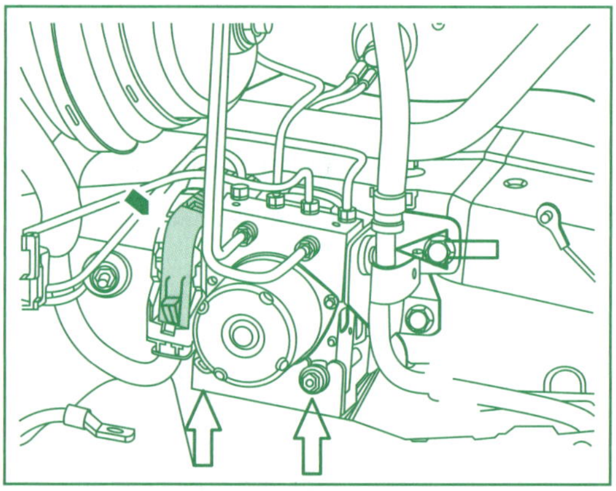
9	按照标识连接制动管	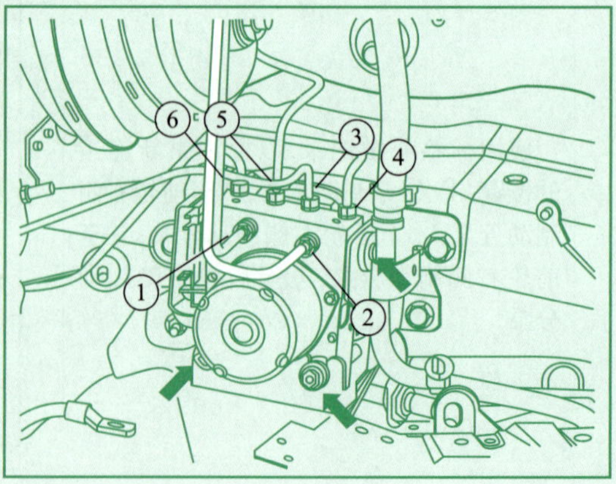

步骤	操作方法	操作示意图
10	连接液压电子控制单元的线束连接器	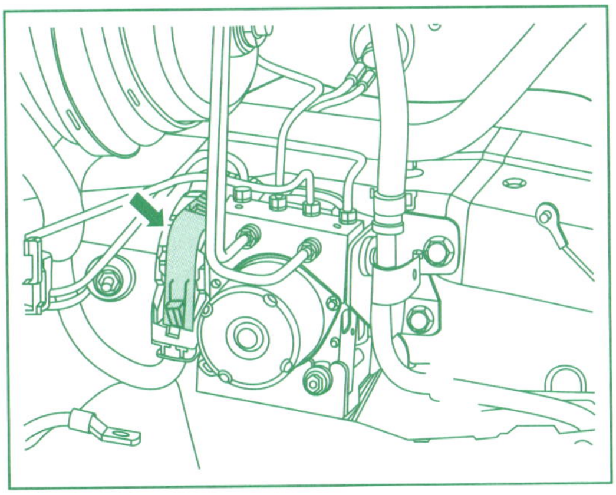
11	排放液压制动系统的空气（参见吉利 EV450 维修手册 1.4.3.9 液压制动系统排气流程）	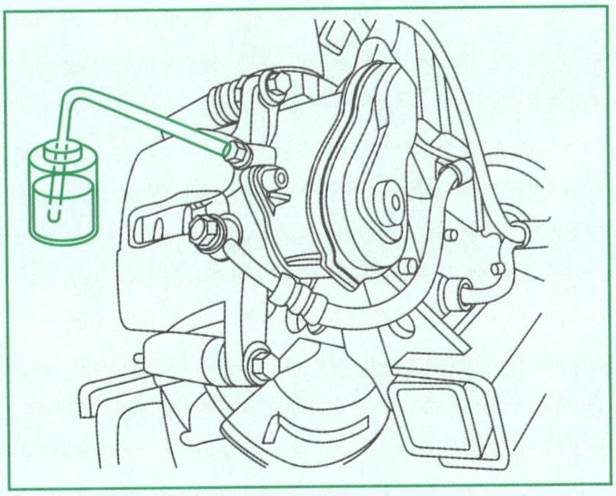
12	检查制动系统是否泄漏	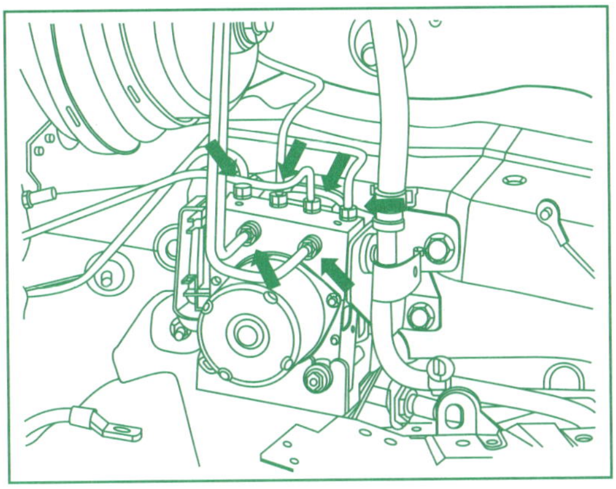

续表

步骤	操作方法	操作示意图
12	检查制动系统是否泄漏	
13	连接蓄电池负极电缆	

（三）ABS 系统的维护与检修

技能实践

（1）查阅维修手册，写出各检查项目所对应的检查内容，按要求完成检查并填写工作任务单。

ABS 系统的常规检查与维护	工作任务单	班级：
		姓名：

1. 车辆信息记录

品牌		整车型号		VIN 码	
电机功率		生产年份		行驶里程	
车辆维修记录					

2. 作业场地准备

(1) 是否设置隔离栏	□是　□否
(2) 是否设置安全警示牌	□是　□否
(3) 是否检查灭火器压力、有效期	□是　□否
(4) 是否安装车辆挡块	□是　□否

3. 举升车辆前，执行相关检查

(1) 检查制动液液面高度	□正常　□异常
(2) 检查 ABS 熔丝导通性	□正常　□异常
(3) 检查 ABS 电子控制单元连接器与线束连接情况	□正常　□异常
(4) 检查制动压力调节器及管路外观	□正常　□异常

4. 举升车辆，执行相关检查

(1) 检查轮速传感器及其线束连接情况	□正常　□异常
(2) 检查轮速传感器与齿圈之间间隙是否正常	□正常　□异常
(3) 检查轮速传感器电阻值是否正常	□正常　□异常

5. 作业操作结束检验

(1) 车辆是否正常上电	□是　□否
(2) 车辆仪表是否有故障指示灯	□是　□否
(3) 车辆制动系统是否正常	□是　□否

6. 作业场地恢复

(1) 是否拆卸车内三件套	□是　□否
(2) 是否拆卸翼子板布	□是　□否
(3) 是否将高压警示牌等放至原位置	□是　□否
(4) 是否清洁、整理场地	□是　□否

（2）一辆吉利 EV450 轿车的 ABS 警告灯常亮，请查阅维修手册，对该故障进行检修，并将结果填入工作任务单中。

ABS 警告灯常见故障诊断		工作任务单	班级：
			姓名：

1. 车辆信息记录

品牌		整车型号		VIN 码	
电机功率		生产年份		行驶里程	
车辆维修记录					

2. 作业场地准备

（1）是否设置隔离栏	□是　　□否
（2）是否设置安全警示牌	□是　　□否
（3）是否检查灭火器压力、有效期	□是　　□否
（4）是否安装车辆挡块	□是　　□否

3. 记录故障现象

4. 分析故障原因

5. 使用故障诊断仪读取故障码、数据流

故障码	
数据流	

6. 画出 ABS 电路简图

7. 故障检测

检测对象	检测值	标准值	结果判断

8. 故障确认

故障点	故障类型	维修措施

9. 故障机理分析

10. 作业完成检验

(1) 车辆是否正常上电	□是 □否
(2) 车辆 ABS 警告灯是否常亮	□是 □否
(3) 车辆 ABS 系统是否正常	□是 □否

11. 作业场地恢复

(1) 是否拆卸车内三件套	□是 □否
(2) 是否拆卸翼子板布	□是 □否
(3) 是否将高压警示牌等放至原位置	□是 □否
(4) 是否清洁、整理场地	□是 □否

📖 知识学习

定期对 ABS 进行常规检查与维护可以有效保障车辆的行车安全性,同时由于驾驶工况不同,有可能会导致 ABS 系统出现故障。下面以吉利 EV450 车型为例,介绍 ABS 的常规检查项目及 ABS 常见故障的检修流程。

1. 制动液液面检查

制动液液面的高低会影响 ABS 警告灯的点亮与熄灭,需要定期对液面高度进行检查,要求液面高度位于储液罐上的 MAX 与 MIN 两刻度之间,如图 5-3-15 所示。

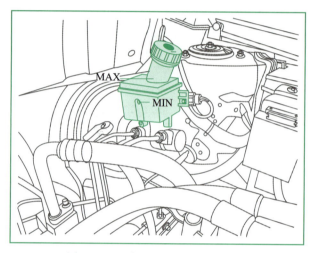

图 5-3-15 制动液液面检查示意图

2. ABS 熔丝检查

ABS 中会有电机、增压泵、制动压力调节器等部件,这些部件需要熔丝来对电路进行保护,若熔丝损坏或者松动,则会引起 ABS 故障,所以需要对熔丝进行常规检查。吉利 EV450 车型中,ABS 泵与 ABS 电机各有一个 30A 和 40A 的熔丝,在检查过程中需要先关闭点火开关,用熔丝盒上的专用工具将熔丝拔出,利用万用表测量其电阻值,正常值为 0.33~1Ω。

3. ABS 电子控制单元连接器与线束

检查 ABS 电子控制单元连接器是否松动,连接线束是否有破损。图 5-3-16 所示为 ABS 电子控制单元线束连接图。

4. 制动压力调节器及管路

检查制动压力调节器是否有漏油及破损,连接的管路是否有破损。

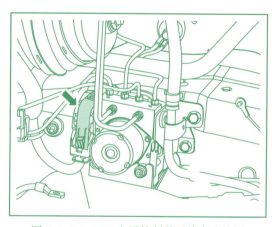

图 5-3-16 ABS 电子控制单元线束连接图

图 5-3-17 所示为制动压力调节器管路连接图。

5. 轮速传感器及其线束

轮速传感器一般安装在每个车轮的轮毂上,检查时首先需要查看线束是否有破损,然后需要拆下轮速传感器进行测量检查。下面以吉利 EV450 车型为例,介绍轮速传感器的拆卸和检修步骤及方法。

实训器材:吉利 EV450 实车、举升平台、万用表、塞尺、常用拆装工具及维修手册等。

作业准备:检查举升机,车辆停放在车位合适位置,铺好车内和车外护套。

作业步骤:操作步骤如表 5-3-2 所示。

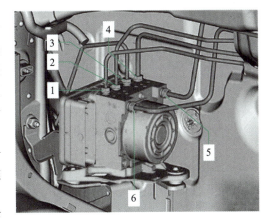

图 5-3-17　制动压力调节器管路连接图

表 5-3-2　轮速传感器拆卸和检修操作步骤

步骤	操作方法	操作示意图
1	断开蓄电池负极电缆	
2	按照车轮拆卸方法将前轮拆下	

续表

步骤	操作方法	操作示意图
3	拆卸前轮罩衬板	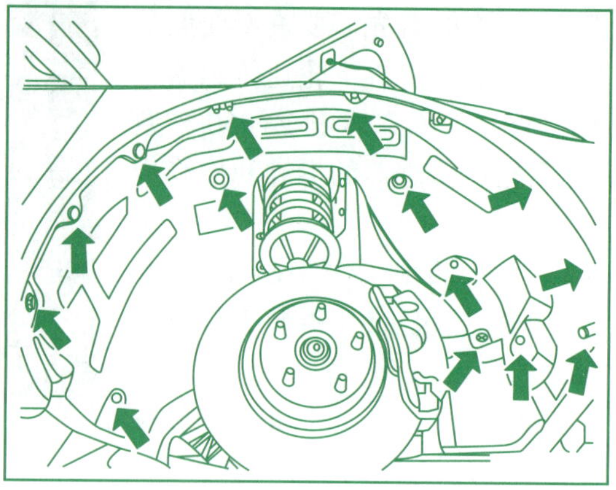
4	断开前轮轮速传感器线束连接器①,脱开前轮轮速传感器线束与车身固定点②,脱开前轮轮速传感器线束与减振器固定点③	
5	拆卸前轮轮速传感器的固定螺栓,取下前轮轮速传感器	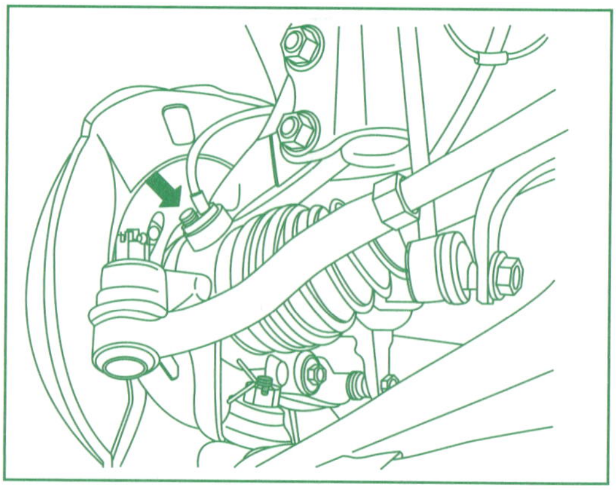

步骤	操作方法	操作示意图
6	利用塞尺,测量前轮轮速传感器与齿圈之间的间隙,前轴标准间隙为1.56 mm,后轴标准间隙小于0.65 mm	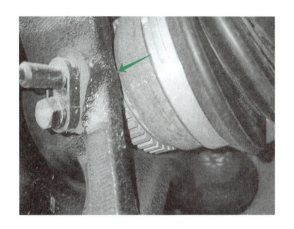
7	检查前轮轮速传感器电阻。该车采用的是两线霍尔式传感器,拆下前轮轮速传感器插头,利用万用表测量前轮轮速传感器电阻,标准值为无穷大,用二极管挡测应有0.3~0.7 V的管压降	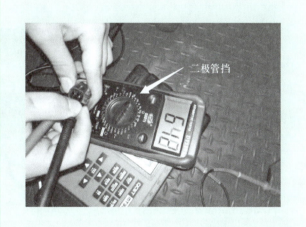二极管挡

6. ABS 警告灯常亮故障检修

ABS 常见故障有 ABS 警告灯常亮、ABS 警告灯不亮、轮速传感器故障等,下面介绍 ABS 警告灯常亮的检修流程。

(1) 故障现象。ABS 警告灯常亮,ABS 自检完成后不熄灭。

(2) 故障原因。

① 液压电子控制单元故障。

② 仪表失去与 ESC 的 CAN 网络通信,点亮 ESC、ABS、EBD 故障等。

(3) ABS 电路简图参见图 5-2-6。

(4) 诊断流程。

实训器材:吉利 EV450 实车、万用表、故障诊断仪、常用拆装工具及维修手册等。

作业准备:车辆停放在车位合适位置,安装车内和车外护套,放置高压警示标志。

作业步骤:操作步骤如表 5-3-3 所示。

表 5-3-3   ABS 警告灯常亮故障诊断操作步骤

步骤	检测项目及方法	操作示意图
1	（1）将故障诊断仪与车辆进行连接通信。 （2）进入 ESC 模块，读取 DCT。 （3）若有 DCT 输出，则根据 DCT 维修电路，若无，则进行下一步	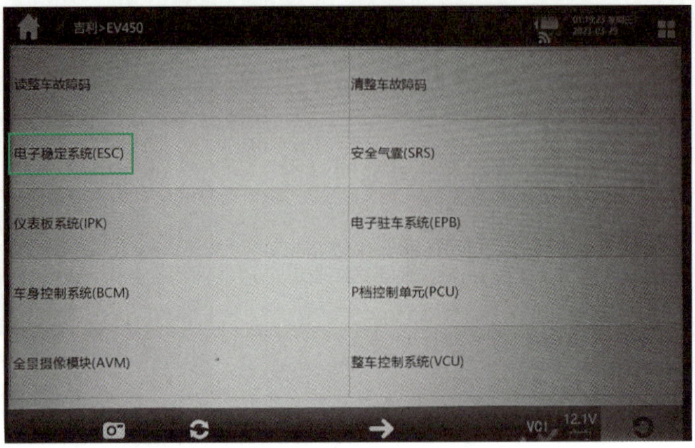
2	将万用表调至直流 20 V 挡，测量蓄电池的静态电压是否在 11~14 V 之间，若不在此范围内，则对蓄电池进行充电	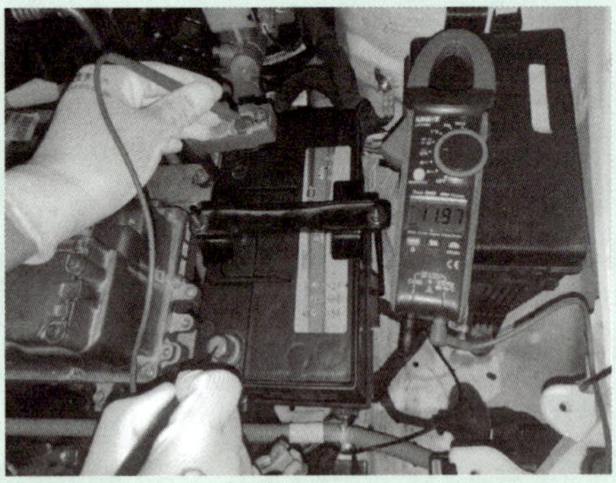
3	检查线束连接器是否正确连接	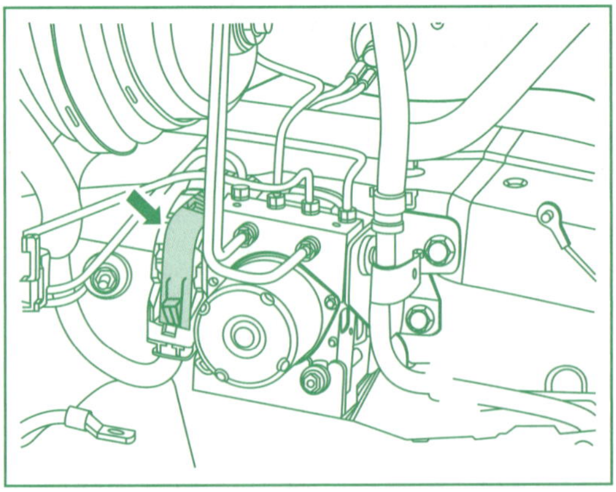

续表

步骤	检测项目及方法	操作示意图
4	（1）检查熔丝 SF02、SF03 是否熔断。 （2）检查继电器ER03、IR02 是否损坏	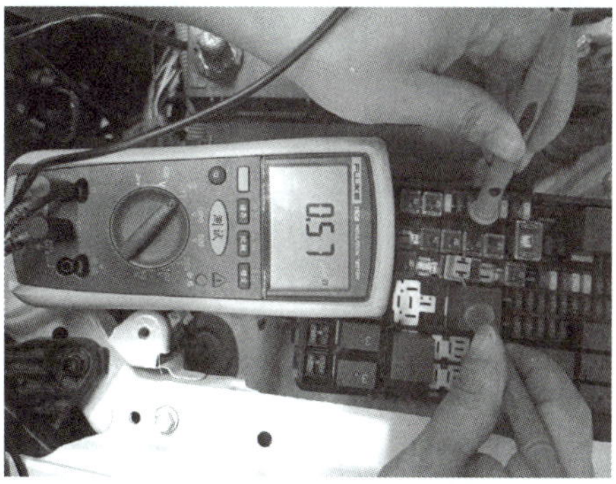
5	（1）检查熔丝 SF02、SF03 线路是否有短路故障。 （2）对线路进行检查修理，确认没有线路短路现象，更换额定电流的熔丝	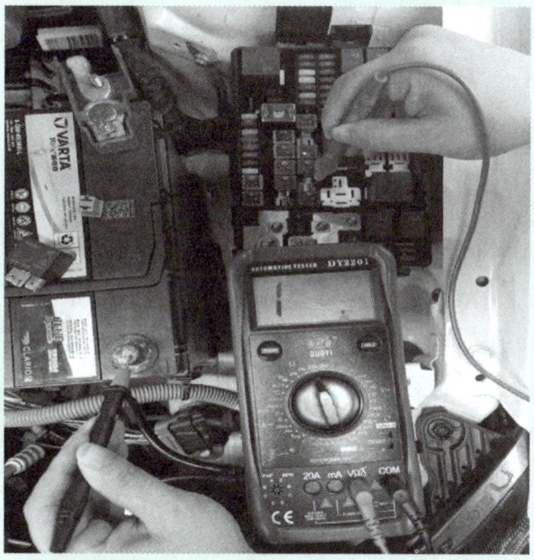
6	（1）检查继电器ER03、IR02 线路是否有短路故障。 （2）对线路进行检查修理，确认没有线路短路现象。 （3）使用相同型号的继电器替换检查	

步骤	检测项目及方法	操作示意图
7	（1）操作起动开关使电源模式转至 OFF 状态，断开 CA20 ESC 模块线束连接器。 （2）操作起动开关使电源模式转至 ON 状态，测量 CA20 ESC 模块线束连接器端子 1、3、25、28 对车身接地的电压是否在 11~14 V 之间，若不在此范围内，则需要修理或更换线束	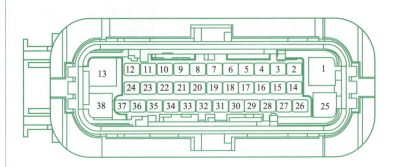
8	检查 ESC 模块线束连接器（接地端子导通性），测量 CA20 ESC 模块线束连接器端子 13、38 与车身接地之间的电阻是否小于 1 Ω，若不是，则需要修理或更换线束或线束连接器；若是，则需要更换 ESC 模块，然后检查 ABS 警告灯是否还点亮	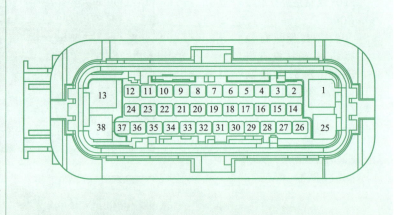
9	若更换 ESC 模块后 ABS 警告灯还点亮，则需要对组合仪表进行检修	

（四）电子驻车制动（EPB）系统常见故障检修

技能实践

一辆吉利 EV450 轿车的 EPB 警告灯常亮，请查阅维修手册，完成电子驻车制动系统常见故障诊断工作任务单的填写。

电子驻车制动系统常见故障诊断	工作任务单	班级：
		姓名：

1. 车辆信息记录

品牌		整车型号		VIN 码	
电机功率		生产年份		行驶里程	
车辆维修记录					

2. 作业场地准备

（1）是否设置隔离栏	□是　□否
（2）是否设置安全警示牌	□是　□否
（3）是否检查灭火器压力、有效期	□是　□否
（4）是否安装车辆挡块	□是　□否

3. 记录故障现象

4. 分析故障原因

5. 使用故障诊断仪读取故障码、数据流

故障码	
数据流	

续表

6. 画出电子驻车制动系统电路简图

7. 故障检测

检测对象	检测值	标准值	结果判断

8. 故障确认

故障点	故障类型	维修措施

9. 故障机理分析

续表

10. 作业完成检验	
（1）车辆是否正常上电	□是　□否
（2）车辆 EPB 警告灯是否常亮	□是　□否
（3）车辆电子驻车制动系统是否正常	□是　□否
11. 作业场地恢复	
（1）是否拆卸车内三件套	□是　□否
（2）是否拆卸翼子板布	□是　□否
（3）是否将高压警示牌等放至原位置	□是　□否
（4）是否清洁、整理场地	□是　□否

知识学习

电子驻车制动（EPB）系统融行车时的临时制动和停车后的长期制动功能为一体，利用电子控制实现驻车制动。由于电子驻车制动系统的执行器只接收电信号指令，因此在汽车防盗系统中也起着重要的作用。

1. 类型

电子驻车制动系统可分为两种类型：电缆牵引式和集成卡钳式。

1）电缆牵引式

电缆牵引式电子驻车制动系统的执行机构与传统驻车制动系统基本相同，均为闸瓦式，但手柄驱动电缆改为电动式。因此，电缆牵引式电子驻车制动系统的安装成本相对较低。

2）集成卡钳式

如图 5-3-18 所示，集成卡钳式电子驻车制动系统主要由制动卡钳、电机、减速齿轮机构等组成，集成卡钳式电子驻车制动系统采用专用的制动卡钳和相关的驻车制动执行机构，因而成本相对较高。但是集成卡钳式电子驻车制动系统摒弃了电缆牵引式电子驻车制动系统的钢索，采用电线进行信号传递，因而有利于车辆组装及系统简化。

2. 系统工作原理

1）静态驻车及解除

车辆停止时，拉起 EPB 开关（无论起动开关处于 ON 或 OFF，以及行车制动系统的状态），EPB 系统工作，制动锁止车辆。释放驻车制动时，启动开关处于 ON 状态（电机工作或不工作均可），踩下行车制动踏板，按下 EPB 开关，EPB 系统停止制动锁止。

当然,如果车辆的前机舱盖和后备厢盖以及 4 个车门都处于 OFF 状态,换挡杆从 P 位移到 R 位或 D 位时,EPB 系统也会自动释放。

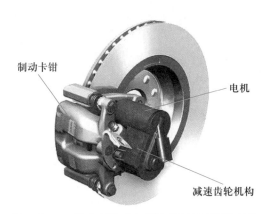

制动卡钳

电机

减速齿轮机构

图 5-3-18   集成卡钳式电子驻车制动系统的结构

2)动态应急制动

车辆行驶过程中,驾驶员拉起 EPB 开关,EPB 控制单元收到开关信号后通过数据总线要求 ESC 系统控制行车制动,如果行车制动系统或是 ESC 系统故障,由 EPB 控制单元直接控制驻车制动系统工作(仅限于后轮)来应对这种紧急情况。EPB 系统的动态制动控制是持续进行的,直到松开 EPB 开关为止。在动态制动工作期间,EPB 警告灯将会一直闪烁。

3)坡道驻车及辅助

坡道驻车时,EPB 会根据集成在液压电子控制模块中的纵向加速度传感器来测算坡度,从而计算出车辆在斜坡上由于重力而产生的下滑力,EPB 系统会对后轮施加制动力平衡下滑,实现坡道驻车。当车辆坡道起步时,EPB 坡道辅助功能会根据坡道角度、驱动电机转矩、加速踏板位置、挡位等信息来计算释放时机,当车辆的牵引力大于下滑力时,自动释放驻车制动,辅助坡道起步。

3. EPB 警告灯常亮故障检修

(1)故障现象。EPB 警告灯在任何状态下都保持常亮,包括汽车启动以后。

(2)故障原因。

①EPB 控制模块故障。

②组合仪表故障。

(3)EPB 系统电路简图。如图 5-3-19 所示。

(4)诊断流程。

实训器材:吉利 EV450 实车、万用表、故障诊断仪、常用拆装工具及维修手册等。

作业准备:车辆停放在车位合适位置,安装车内和车外护套,放置高压警示标志。

作业步骤:操作步骤如表 5-3-4 所示。

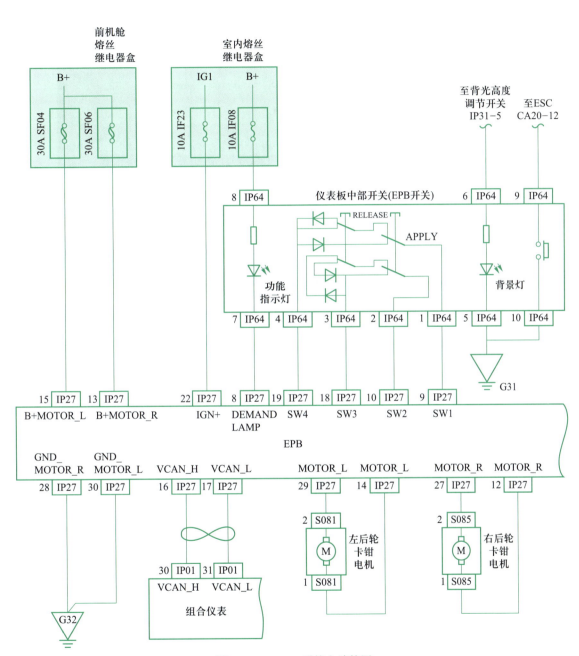

图 5-3-19　EPB 系统电路简图

表 5-3-4 电子驻车制动系统常见故障诊断操作步骤

步骤	操作方法	操作示意图
1	（1）将故障诊断仪与车辆进行连接通信。 （2）进入 EPB 模块，读取 DCT。 （3）若有 DCT 输出，则根据 DCT 维修电路；若无，则进行下一步	
2	测量蓄电池电压是否在 11~14 V 之间，若不在此范围内，则对蓄电池进行充电	
3	用诊断仪进行 EPB 警告灯的主动测试，检查 EPB 警告灯是否工作正常，若不能正常工作，则系统异常	<table>测试仪显示 / 测试部件 EPB 警告 / EPB警告灯亮起或不亮（ON/OFF）</table>
4	（1）操作起动开关使电源模式转至 OFF 状态，将蓄电池负极电缆从蓄电池上断开，断开组合仪表线束连接器 IP01。 （2）将蓄电池负极电缆连接到蓄电池上，操作起动开关使电源模式转至 ON 状态。 （3）测量组合仪表线束连接器 IP01 端子 13、24、32 对车身接地的电压值是否在 11~14 V 之间 （4）操作起动开关使电源模式转至 OFF 状态，测量组合仪表线束连接器 IP01 端子 16 与车身接地之间的电阻值是否小于 1 Ω，若不是，则需修理或更换线束	

测试仪显示	测试部件
EPB 警告	EPB警告灯亮起或不亮（ON/OFF）

步骤	操作方法	操作示意图
4		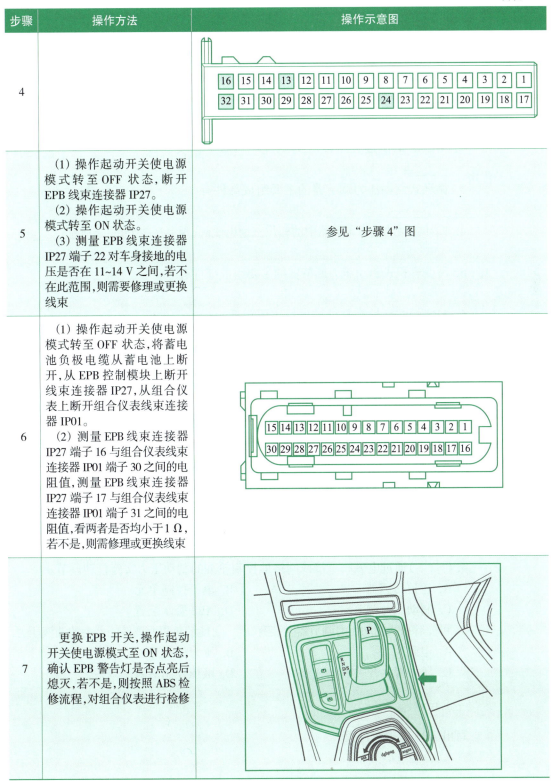
5	（1）操作起动开关使电源模式转至 OFF 状态，断开 EPB 线束连接器 IP27。 （2）操作起动开关使电源模式转至 ON 状态。 （3）测量 EPB 线束连接器 IP27 端子 22 对车身接地的电压是否在 11~14 V 之间，若不在此范围，则需要修理或更换线束	参见"步骤 4"图
6	（1）操作起动开关使电源模式转至 OFF 状态，将蓄电池负极电缆从蓄电池上断开，从 EPB 控制模块上断开线束连接器 IP27，从组合仪表上断开组合仪表线束连接器 IP01。 （2）测量 EPB 线束连接器 IP27 端子 16 与组合仪表线束连接器 IP01 端子 30 之间的电阻值，测量 EPB 线束连接器 IP27 端子 17 与组合仪表线束连接器 IP01 端子 31 之间的电阻值，看两者是否均小于 1 Ω，若不是，则需修理或更换线束	
7	更换 EPB 开关，操作起动开关使电源模式至 ON 状态，确认 EPB 警告灯是否点亮后熄灭，若不是，则按照 ABS 检修流程，对组合仪表进行检修	

四、学习测试

(一) 填空题

1. ABS 的主要组成部件有＿＿＿＿＿＿＿、＿＿＿＿＿＿＿、＿＿＿＿＿＿＿和＿＿＿＿＿＿＿。

2. ABS 的工作过程可以分为＿＿＿＿＿＿＿、＿＿＿＿＿＿＿、＿＿＿＿＿＿＿和＿＿＿＿＿＿＿。

3. 循环式制动压力调节器的主要组成部件有＿＿＿＿＿＿＿、＿＿＿＿＿＿＿、＿＿＿＿＿＿＿、＿＿＿＿＿＿＿、＿＿＿＿＿＿＿。

4. 循环式制动压力调节器中的三位三通电磁阀,阀上有 3 个孔,分别通＿＿＿＿＿＿＿、＿＿＿＿＿＿＿、＿＿＿＿＿＿＿。

5. 可变容积式制动压力调节器的主要组成部件有＿＿＿＿＿＿＿、＿＿＿＿＿＿＿、＿＿＿＿＿＿＿。

6. ABS 的常规检查与维护项目主要包括＿＿＿＿＿＿＿、＿＿＿＿＿＿＿、＿＿＿＿＿＿＿、＿＿＿＿＿＿＿、＿＿＿＿＿＿＿。

7. ABS 的常见故障有＿＿＿＿＿＿＿、＿＿＿＿＿＿＿、＿＿＿＿＿＿＿。

8. 电子驻车制动系统可分为两种类型:＿＿＿＿＿＿＿、＿＿＿＿＿＿＿。

(二) 单项选择题

1. ABS 主要是对(   )的车轮起控制作用。
   A. 抱死　　　　　　B. 打滑　　　　　　C. 滑动　　　　　　D. 静止

2. ABS 在制动过程中,通常将车轮滑移率控制在(   )内。
   A. 5%~10%　　　B. 10%~20%　　　C. 10%~15%　　　D. 15%~20%

3. ABS 工作过程中,进油电磁阀关闭、出油电磁阀也关闭的是(   )过程。
   A. 建压　　　　　　B. 保压　　　　　　C. 减压　　　　　　D. 增压

4. (   )通过电磁阀直接或间接地控制轮缸的制动压力实施自动调节。
   A. 轮速传感器　　　　　　　　　B. 电子控制单元
   C. 制动压力调节器　　　　　　　D. ABS 警示装置

5. 可变容积式制动压力调节器上装有(   ),能够负责监测储能器内的油液压力。
   A. 电磁阀　　　　　　　　　　　B. 压力控制开关
   C. 压力警示开关　　　　　　　　D. 液压控制活塞

(三) 综合题

写出 ABS 的工作过程。

五、评价总结

(一) 自我评价

结合学习过程及学习效果,对自己的学习主动性和效果进行自评,评价等级为优、良、合格和不合格,针对出现的失误进行反思,完善改进方向及改进措施。

评价维度		评价标准	评级
学习 主动性	课前	课前预习,完成老师布置的课前任务	
	课中	积极思考,参与课堂互动;辅助老师完成教学演示或模拟练习	
	课后	及时总结,完成课后练习任务,并向老师反馈学习建议	
学习效果		能够说出制动系统电子控制系统的定义和作用	
		能够根据实物或者图片指出相应部件的名称	
		能够礼貌沟通	
		能够正确解释 ABS 的工作原理及过程	
		能够根据操作流程对制动压力调节器总成进行更换,对 ABS 和电子驻车制动系统的常见故障进行检修	
任务实施过程中 出现的失误			
改进的 方向及措施			

(二) 学生互评

通过提问、观察同学的演示以及上课的情况,对同学这次学习任务的效果开展评价,评价等级为优、良、合格和不合格,指出任务实施过程中出现的失误,给出改进建议。

小组成员姓名：

评价维度	评价标准	评级
学习效果	能够说出制动系统电子控制系统的定义和作用	
	能够根据实物或者图片指出相应部件的名称	
	能够礼貌沟通	
	能够正确解释 ABS 的工作原理及过程	
	能够根据操作流程对制动压力调节器总成进行更换，对 ABS 和电子驻车制动系统的常见故障进行检修	
任务实施过程中出现的失误		
建议		

项目六 ▶▶▶

传动系统的检查、诊断和维修

▶ **项目描述**

　　纯电动汽车传动系统主要由减速器、差速器和传动轴等组成，整车驱动电机发出的动力靠传动系统传递到驱动车轮。传动系统具备减速增扭、锁止动力传输、差速等功能，传动系统对于提高电动汽车能量利用率起到非常重要的作用。混合动力汽车变速箱主要用于耦合发动机和电机动力输出，完成驱动模式的改变，最终实现能量分配和调速的功能。本项目包含以下3个工作任务。

　　任务一：减速器总成的检查与保养。

　　任务二：减速器总成的检测与维修。

　　任务三：混合动力汽车变速箱的检查与保养。

　　通过完成以上3个工作任务，能够向客户解释有关汽车传动系统的功能、安装位置等问题，并能按照保养规范对传动系统进行检查更换。

任务一　减速器总成的检查与保养

 一、任务描述

　　根据车辆保养规范，汽车行驶 1×10^4 km 以后，每 12 个月或每行驶 1×10^4 km 就需要对减速器进行保养维护作业。现有一辆 2018 款吉利帝豪 EV450 轿车在行驶了 2×10^4 km 之后，到店进行维护保养，作为维修技师，请为车辆的减速器进行检查及保养。减速器检查保养项目如表 6-1-1 所示。

表 6-1-1　动力电池组检查保养项目

项　目		作　业
减速器外观及安装	减速器外观是否有磕碰	□ 检查
	减速器紧固螺栓	□ 检查　□ 调整
	减速器是否漏油	□ 检查
	减速器壳体温度	□ 检查
减速器工作状态	工作是否有异响	□ 检查　□ 维修
	减速器油状态	□ 检查　□ 更换
	电池状态	□ 检查

二、任务目标

实施步骤	素养目标	知识目标	技能目标
了解减速器的作用、类型和结构	树立良好的安全防范意识	掌握减速器的组成、类型和结构	在实际生产作业中掌握减速器常规检查与保养技能
掌握减速器的工作原理		掌握减速器的工作原理	
减速器常规检查与保养	培养生产作业中良好的职业素养	掌握减速器常规检查与保养方法	

三、实施步骤

（一）了解减速器的作用、类型和结构

技能实践

（1）根据减速器分解图，写出图中零部件的名称。

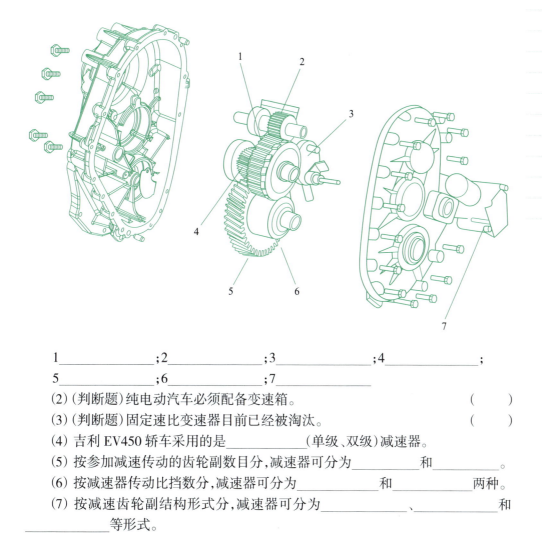

1＿＿＿＿＿＿＿＿；2＿＿＿＿＿＿＿＿；3＿＿＿＿＿＿＿＿；4＿＿＿＿＿＿＿＿；
5＿＿＿＿＿＿＿＿；6＿＿＿＿＿＿＿＿；7＿＿＿＿＿＿＿＿

（2）（判断题）纯电动汽车必须配备变速箱。　　　　　　　　　　（　　　）

（3）（判断题）固定速比变速器目前已经被淘汰。　　　　　　　　（　　　）

（4）吉利 EV450 轿车采用的是＿＿＿＿＿＿＿＿（单级、双级）减速器。

（5）按参加减速传动的齿轮副数目分，减速器可分为＿＿＿＿＿＿和＿＿＿＿＿＿。

（6）按减速器传动比挡数分，减速器可分为＿＿＿＿＿＿和＿＿＿＿＿＿两种。

（7）按减速齿轮副结构形式分，减速器可分为＿＿＿＿＿＿、＿＿＿＿＿＿和
＿＿＿＿＿＿等形式。

知识学习

1. 减速器的作用

电机的速度 – 转矩特性非常适合汽车驱动的需求，纯电动模式下，汽车的驱动

系统不再需要多挡位的变速器,驱动系统结构得以大幅简化。减速器介于驱动电机和驱动半轴之间,驱动电机的动力输出轴通过花键直接与减速器输入轴齿轮连接。一方面减速器将驱动电机的动力传给驱动半轴,起到降低转速、增大扭矩的作用。

减速器是一个用于降低来自驱动电机的转动速度以产生驱动力的装置,在传统汽车中它也改变发动机至车轮的转矩流动方向,而在新能源汽车中减速器不需要改变转矩流动方向。

图 6-1-1 和图 6-1-2 所示分别为前驱电机减速器和后驱电机减速器。

动画
汽车传动
系统功用

图 6-1-1　前驱电机减速器

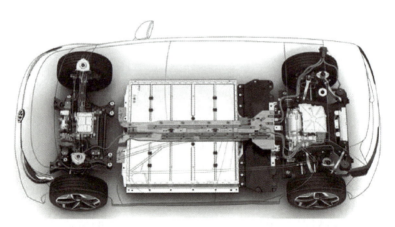

图 6-1-2　后驱电机减速器

2. 减速器的类型

1) 按传动级数分类

按传动级数即参加减速传动的齿轮副数目不同,减速器可分为单级减速器和多级减速器。

(1) 单级减速器。单级减速器结构简单,质量和体积小,传动效率高,且动力性能满足中型以下货车及轿车的要求。因此,这些车型普遍采用单级减速器,如图 6-1-3 所示。

动画
减速器类型

吉利帝豪 EV450 轿车采用的减速器是一款前置前驱的单速比减速器,采用前进挡和倒挡共用结构设计,整车倒车通过驱动电机反转实现。当车辆处在驻车挡时,减速器会通过一套锁止装置锁止减速器。

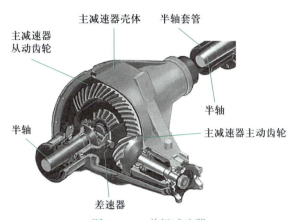

图 6-1-3　单级减速器

（2）双级减速器。当汽车要求减速器具有较大的传动比时,由一对锥齿轮构成的单级减速器已不能保证足够的离地间隙,这时需要采用两对齿轮降速的双级减速器,以使其既能保证足够的动力,又能减小其外廓尺寸,提高汽车的通过性,如图 6-1-4 所示。

一般商用车大多采用双级减速器,在同一传动轴转速下提供更大的半轴扭矩,即提供更大的传动比,以加强减速增扭的作用。

2）按传动比挡数分类

（1）单速减速器。单速减速器传动效率高,开发难度小,成本低,不但可以满足目前中小型电动汽车的设计要求和成本控制,也降低了车企对于选用电机的适配门槛,目前,单速减速器应用于市面上绝大部分电动汽车。

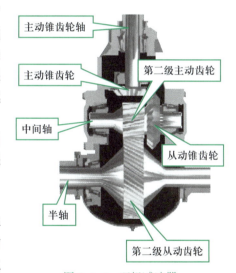

图 6-1-4　双级减速器

（2）双速减速器。单速减速器单一的传动比通常无法同时兼顾纯电动汽车的动力性和经济性,后程加速能力、高速持续续航都是弱项。双速减速器可以把电机的效率谱分成两部分,既能保证低速大扭矩加速过程中的效率,又可以兼顾高速低扭矩时的效率,如图 6-1-5 所示。

2021 年,广汽埃安发布了全球首创高性能两挡双电机"四合一"集成电驱。整套系统实现了双电机、控制器和双速减速器深度集成,能为搭载车辆带来 340 kW 的强劲动力,综合驱动效率达到 90%,功率提升 13%,体积较原有产品减小 30%,质量减轻 25%,将应用在广汽埃安系列车辆上。

图 6-1-5　双速减速器

3) 按结构形式分类

(1) 圆柱齿轮减速器。圆柱齿轮减速器是一种动力传达机构,其利用齿轮的速度转换器将电机的回转数减到所要的回转数,并得到较大的转矩。

圆柱齿轮减速器的齿轮采用渗碳、淬火、磨齿加工。它具有承载能力高、噪声低、寿命长、体积小、效率高、质量轻等优点,用在输入轴与输出轴呈垂直方向布置的传动装置中,主要用于电动汽车齿轮传动结构。

(2) 圆锥齿轮减速器。圆锥齿轮减速器的结构和工作原理与普通齿轮减速器有很大不同,其应用也有所不同,圆锥齿轮减速器主要用在传统汽车传动系统用于改变转矩传递方向。其主要优势体现在以下几方面。

① 传动比大。传动比范围为 70~320,部分装置可达 1 000,多级传动可达 30 000以上。它不仅可以用来减速,还可以用来加速。

② 承载力高。这是因为谐波齿轮传动中同时啮合的齿数多,双波传动中同时啮合的齿数可以达总齿数的 30% 以上。

③ 传输精度高。这是因为圆锥齿轮减速器有多个齿同时啮合,误差是平均的,即多齿啮合可以相互补偿误差,所以精度高。在齿轮精度等级相同的情况下,误差仅为普通圆柱齿轮传动的 1/4 左右。同时,波发生器的半径可以稍微改变,增加柔轮的变形,使齿隙很小,甚至可以实现无齿隙啮合,因此圆锥齿轮减速器齿隙小,适合反向旋转。

④ 传动效率高,运动平稳。由于柔轮齿在传动过程中沿径向均匀运动,即使输入速度很高,齿的相对滑动速度仍然极低,因此齿磨损小,效率高(可达 69%~96%)。由于齿轮的两侧在啮合时都参与工作,因此没有冲击现象,运动平稳。

⑤ 结构简单,零件少,安装方便。基本部件只有 3 个,输入、输出轴同轴,结构简单,安装方便。

⑥ 体积小,质量轻。与一般减速器相比,在输出扭矩相同的情况下,圆锥齿轮减速器的体积和质量可分别减少 2/3 和 1/2。

⑦ 可以将运动传递到受限空间,利用其灵活性。

其缺点主要体现在以下几方面。

① 柔轮周期性变形,产生交变应力,容易产生疲劳损伤。

② 转动惯量大,启动扭矩大,不适合小功率跟踪传动。

③ 传动比小于 35 时不能使用。

④ 用滚柱波发生器,其瞬时传动比不恒定。

⑤ 散热条件差。

(3) 准双曲面齿轮减速器。由于准双曲面齿轮减速器采用偏置设计,传动轴可以降低,从而为后排座椅区域提供更多的空间,这也有助于降低车辆重心和提高车辆稳定性。该机构也增大了齿轮的啮合面积,使得结构更加强劲,操作更加安静(图 6-1-6)。准双曲面齿轮减速器用于所有 FR 车辆和某些 4WD 车辆。

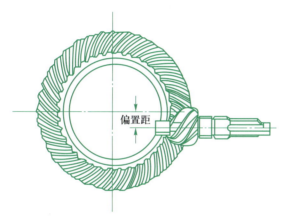

偏置距

图 6-1-6 准双曲面齿轮

按使用类型的不同,主减速器可分为:H 形主减速器,用于刚性和整体式后桥;C 形主减速器,用于刚性桥,具有整体式主减速器壳和桥壳;R 形主减速器,用于独立悬架。

3. 减速器的结构及工作原理

1) 减速器的结构

减速器结构因其类型、用途不同而异,但无论何种类型的减速器,其基本结构都由轴系部件、箱体和附件三大部分组成。下面结合吉利帝豪 EV450 车型,以一级圆柱齿轮减速器为例,重点讲解这三部分。

(1) 轴系部分。轴系部分包括传动件、轴和轴承组合。

① 传动件:减速器外部传动件有链轮、带轮等;箱内传动件主要是齿轮。齿轮传动不仅用来传递运动,而且还要传递动力。按照工作条件,齿轮传动可分为闭式传动和开式传动两种。闭式传动的齿轮封闭在刚性的箱体内,因而能保证良好的润滑和工作条件。开式传动的齿轮是外露的,不能保证良好的润滑,而且易落入灰尘、杂质,故齿面易磨损,只宜用于低速传动。二级圆柱齿轮减速器采用的齿轮传动为闭式传动。

② 轴:减速器中的重要零件之一,用来支持旋转的机械零件和传递转矩,即支撑回转运动零件、传递转矩与运动。齿轮减速器中的轴是转轴,既传递转矩又承受弯矩。二级圆柱齿轮减速器中的轴采用阶梯轴。传动件和轴多以平键连接。

③ 轴承组合:包括轴承、轴承盖和密封装置等。轴承是支承轴的部件,可以分为滑动轴承和滚动轴承两大类。由于滚动轴承摩擦因数比普通滑动轴承小、运动精度高,在轴颈尺寸相同时,滚动轴承宽度比滑动轴承小,可使减速器轴向结构紧凑,润滑、维护简便,因此减速器广泛采用滚动轴承。轴承盖用来固定轴承、承受轴向力,以及调整轴承间隙。轴承盖有嵌入式和凸缘式两种。凸缘式调整轴承间隙方便,密封性好;嵌入式质量较轻。

在输入和输出轴外伸处,为防止灰尘、水汽及其他杂质进入轴承,引起轴承急剧磨损和腐蚀,以及防止润滑剂外漏,需在轴承盖孔中设置密封装置。

(2) 箱体。减速器箱体在减速器中起着支持和固定轴组件,保证轴组件运转精度、良好润滑及可靠密封等重要作用。箱体质量约占减速器总质量的 50%,因此,箱体结构对减速器的工作性能、加工工艺、材料消耗、质量及成本等有很大影响。

减速器箱体常用灰铸铁制造。灰铸铁具有良好的铸造性能和减振性能,易获得美观外形,适宜批量生产。单件生产时,也可用钢板焊接而成。对于重载或受冲击载荷的减速器,也可以采用铸钢箱体。

减速器箱体从结构形式上可以分为剖分式和整体式。剖分式箱体的剖分面多为水平面,与传动件轴心线平面重合。二级圆柱齿轮减速器箱体采用剖分面结构。

(3) 附件。为了使减速器具备较完善的性能,如检查传动件的啮合、注油排油、油面显示、通气及装拆吊运等情况,减速器常具有以下几种零件或装置,通常称为附件。

① 窥视孔:常用于检查传动零件的啮合情况、润滑状态、接触斑点及齿侧间隙等。窥视孔应设置在能观察到零件传动的位置,并有足够的大小,以便手能伸入进行操作。

② 放油孔:设置在箱体底座底面的最低处,常将箱体的内底面设计成向放油孔方向倾斜 1°~1.5°,并在其附近做出一小凹坑,以便攻螺纹及油污的汇集和排放。

③ 游标:用来检查油面的高度,通常设置在便于观察减速器内油面位置及油面是否稳定的位置(如低速级传动齿轮一侧)。

④ 通气器:减速器运转时,箱体内温度升高、气压增大,对减速器的密封极为不利,因此多在箱盖顶部或窥视孔盖上安装通气器,使箱体内的热膨胀气体自由逸出,以保证箱体内外压力均衡,提高箱体有缝隙处的密封性能。

⑤ 起盖螺钉:为了便于起盖,在机盖侧边的凸缘上常有 1~2 个起盖螺钉,在起盖时可先拧动此螺钉顶起机盖。

⑥ 定位销:为了保证轴承座孔的配合精度,在机体连接凸缘的长度方向上两端各安装一个圆锥定位销。

⑦ 起吊装置:为便于减速器搬运,箱体上需设置起吊装置。起吊装置可采用吊环螺钉,也可直接在箱体上铸出吊耳或吊钩。箱盖上的起吊装置用于起吊箱盖,箱座

上的起吊装置用于起吊箱座或整个减速器。

2）减速器的工作原理

电机的输出转速从主动轴输入后，带动小齿轮转动，小齿轮又带动大齿轮转动，由于大齿轮的齿数比小齿轮多，因此大齿轮的转速比小齿轮慢，动力再由大齿轮的输出轴输出，就起到输出减速的作用。减速器齿轮减速比的选择基于车辆行驶阻力、电机速度范围、电机功率输出、有效轮胎半径、最大速度、加速性能、爬坡能力、油耗等。

微课
新能源汽车减速器工作原理（比亚迪 E5）

主减速器齿轮减速比的表达式为

$$主减速器齿轮减速比 = 从动齿轮齿数 / 主动齿轮齿数$$

用主减速器减速比乘以变速器减速比得到的数值被称为总减速比，其表达式为

$$总减速比 = 减速比 1（变速器）× 减速比 2（主减速器）$$

通过改变总减速比，可以使用相同的发动机转矩来增加发动机的动力或车轮转速。通常，轿车和小型卡车上使用的主减速器的减速比为 3.6~4.8，重型卡车和客车上的为 5.5~7.3。

（二）减速器常规检查与保养

🖳 技能实践

（1）查阅维修手册，填写减速器技术参数。

技术指标	技术参数
最高输入转速	
转矩容量	
驱动方式	
减速比	
驻车功能	
质量	
润滑油规格	
设计寿命	

（2）根据所学的内容，参考维修手册，完成减速器总成的检查与保养并填写工作任务单。

减速器总成的检查与保养	工作任务单	班级：
		姓名：

1. 车辆信息记录

品牌		整车型号		VIN 码	
电机功率		减速器型号		行驶里程	
车辆维修记录					

2. 作业场地准备

(1) 是否设置隔离栏	□是　□否
(2) 是否设置安全警示牌	□是　□否
(3) 是否检查灭火器压力、有效期	□是　□否
(4) 是否安装车辆挡块	□是　□否

3. 上车检查

(1) 整车上电检查	□正常　□异常
(2) 挡位检查	□正常　□异常

4. 举升车辆 1 m 高度，执行相关检查

(1) 检查驱动轮的转动情况	□正常　□异常
(2) 转动驱动轮，检查减速器轴承的工作情况	□正常　□异常
(3) 转动驱动轮，检查减速器齿轮的工作情况	□正常　□异常
(4) 转动驱动轮，检查差速器的工作情况	□正常　□异常

5. 举升车辆到底盘作业高度，执行相关检查

(1) 检查减速器外观是否有裂纹	□是　□否
(2) 检查减速器是否漏油	□是　□否
(3) 检查驱动桥外观是否有裂纹	□是　□否
(4) 检查驱动桥是否漏油	□是　□否
(5) 检查传动半轴	□正常　□异常

6. 更换减速器油

序号	更换步骤	备注

续表

序号	更换步骤	备注

7. 作业操作结束检验

(1) 车辆是否正常上电	□是　□否
(2) 车辆是否正常切换挡位	□是　□否
(3) 车辆是否正常行驶	□是　□否

8. 作业场地恢复

(1) 是否拆卸车内三件套	□是　□否
(2) 是否拆卸翼子板布	□是　□否
(3) 是否将高压警示牌等放至原位置	□是　□否
(4) 是否清洁、整理场地	□是　□否

知识学习

1. 减速器维护周期

对于初期保养,减速器磨合完成后,建议行驶 3 000 km 或 3 个月更换润滑油,以后进行定期维护。其维护保养应在整车特约维修点进行,建议的维护周期如表 6-1-2 所示。

表 6-1-2　减速器维护周期

里程 /km	1×10^4	2×10^4	3×10^4	4×10^4	5×10^4	6×10^4	7×10^4	8×10^4
月数	6	12	18	24	30	36	42	48
方法	B	H	B	H	B	H	B	H

注:B 为在维护检查必要时更换润滑油;H 为更换润滑油。

注意:

(1) 维护周期应以里程表读数或月数判断,以先达到者为准。表 6-1-1 为 8×10^4 km 以内的定期维护,超过 8×10^4 km 按相同周期进行维护。

(2) 适用于各种工况行驶(重复的短途行驶;在不平整或泥泞的道路上行驶;在多尘路上行驶,在极寒冷季节或盐碱路上行驶;极寒冷季节的重复短途行驶)。

(3) 在维护保养中必要时更换润滑油。

(4) 如不因换油而是其他维修作业提升车辆时,也应同时检查减速器是否漏油。

（5）根据整车驾驶性能及供应商要求，整车将在维护保养时进行软件更新。

（6）要求润滑油为 GL-475W-90 合成油，持续许用温度 ≥ 140 ℃，油量为 0.9~1.1 L。

2. 减速器的检查

1）减速器外观检查

目测减速器外部是否有磕碰、变形、漏油的情况，若有异常，则进行维修或者更换处理。

2）减速器润滑油检查

（1）举升车辆。

（2）确认车辆是否处于水平状态，以检查油位。

（3）检查减速器是否有漏油痕迹，如有，应分析漏油原因，修理漏油部位。

（4）拆下油位螺塞（图 6-1-7），检查油位，若润滑油与油位螺塞孔齐平，则说明油位正常，否则，应补加规定润滑油，直到油位螺塞孔口出油为止。

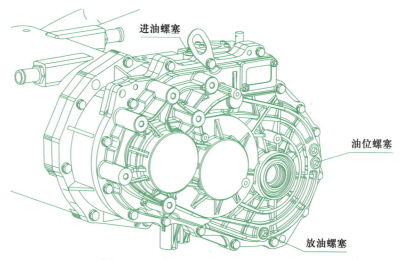

图 6-1-7　减速器维护相关螺塞位置图

3. 减速器润滑油的加注和更换

1）减速器润滑油的作用

（1）在齿轮传动中所起的主要作用是减轻滚珠轴承、球轴承、滚柱轴承、滚动轴承、滚针轴承等不同轴承及机械传动部件间的摩擦和磨损。

（2）降低部件接触面之间的摩擦阻力，减少能源消耗，提高机器的传动效率，延长各部件的使用寿命，保证设备的正常运转。

（3）在减速器中还可以起到吸振、冷却、降温、散热、防止生锈和降低噪声等作用。

2）减速器润滑油的选择

选择润滑油时需要满足齿轮轴系以及轴承的润滑冷却要求。润滑时，只要保证在运动接触表面上有能够形成油膜的润滑剂并且达到润滑油理想的工作温度就可以了。

润滑油的选择主要考虑运行环境、工况以及具体的机械结构。纯电动减速器润滑油可以借用燃油车变速器的润滑油,如果采用三合一设计,就需要单独考虑电机导热性以及电气安全特性要求,这是电动汽车与传统燃油车的区别。

3) 减速器润滑油封注意事项

电驱动系统的密封零件需要选择能承受比燃油车更高的转速的油封,油封唇口处的油温相比于壳体内部的油温高出 30~50 ℃(在选型过程中,除了考虑唇口结构、唇口温度的影响,还需要考虑高转速带来的影响)。

4) 减速器润滑油的更换方法

以吉利帝豪 EV450 车型为例介绍减速器润滑油的更换方法。

(1) 在换油前,必须停车断电,水平提升车辆。

(2) 拆卸机舱底部护板总成。

① 拆卸机舱底部左 / 右护板两侧固定螺钉及塑料卡扣。

② 拆卸机舱底部左 / 右护板下固定螺钉及塑料卡扣,留下一个固定卡扣以稳住机舱底部左 / 右护板。

③ 用手支撑住机舱底部左 / 右护板,拆卸并拆除最后一个固定卡扣。

(3) 在升起车辆的状态下,检查油位以及是否漏油,如有漏油,拆下放油螺塞,排放废油。

(4) 减速器润滑油的加注与更换(表 6-1-3)。

表 6-1-3　减速器润滑油的加注与更换操作步骤

步骤	操作内容	结构示意图
1	拆卸减速器加注口螺塞①	
2	拆卸减速器放注口螺塞②,用回收容器接收放出的减速器润滑油	
3	安装减速器放油螺塞②,放油螺塞涂上少量密封胶(乐泰 5699 平面密封硅胶),并按规定力矩拧紧,力矩:19~30 N·m	
4	加注孔塞添加专用的减速器润滑油,直到油液开始流出。参考用量:(1.7 ± 0.1)L	
5	重新安装并紧固加注孔螺塞①,进油螺塞涂上少量密封胶,按规定力矩拧紧,力矩:19~30 N·m	

续表

步骤	操作内容	结构示意图
6	安装机舱底部护板总成。 （1）安装机舱底部右护板，并卡入塑料卡扣。 （2）安装机舱底部左护板，并卡入塑料卡扣。 （3）安装机舱底部右护板固定螺钉，力矩：4 N·m。 （4）安装机舱底部左护板固定螺钉，力矩：4 N·m。	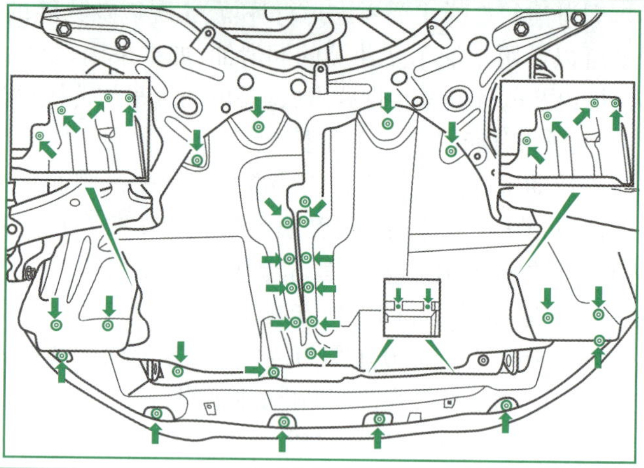

四、学习测试

1. 新能源汽车中减速器的主要功用是（　　）。

　　A. 增速增扭　　　B. 减速减扭　　　C. 增速减扭　　　D. 减速增扭

2. 简述减速器产生异常噪声的原因及其处理措施。

3. 简述减速器渗漏油的原因及其处理措施。

五、评价总结

（一）自我评价

结合学习过程及学习效果，对自己的学习主动性和效果进行自评，评价等级为优、良、合格和不合格,针对出现的失误进行反思,完善改进方向及改进措施。

评价维度		评价标准	评级
学习 主动性	课前	课前预习,完成老师布置的课前任务	
	课中	积极思考,参与课堂互动;辅助老师完成教学演示或模拟练习	
	课后	及时总结,完成课后练习任务,并向老师反馈学习建议	
学习效果		熟悉减速器的组成、类型与结构	
		能够描述减速器的工作原理	
		能够进行减速器常规检查与保养	
任务实施过程中 出现的失误			
改进的 方向及措施			

(二) 学生互评

通过提问、观察同学的演示以及上课的情况,对同学这次学习任务的效果开展评价,评价等级为优、良、合格和不合格,指出任务实施过程中出现的失误,给出改进建议。

小组成员姓名:

评价维度	评价标准	评级
学习效果	熟悉减速器的组成、类型与结构	
	能够描述减速器的工作原理	
	能够进行减速器常规检查与保养	
任务实施过程中 出现的失误		
建议		

任务二　减速器总成的检测与维修

 ### 一、任务描述

一辆 2018 款吉利帝豪 EV450 轿车,行驶中出现减速器故障,车主将车送往维修站,经过维修技师初步检查,需要对该车减速器总成进行更换。请根据该车的故障制订一份具体的减速器总成更换方案,并完成减速器总成的更换。

二、任务目标

实施步骤	素养目标	知识目标	技能目标
1. 更换减速器总成	在操作过程中树立高压安全意识。 通过学习减速器新技术,具备技术报国的家国情怀。 能在工作结束后按照"7S"管理规定整理、恢复作业场地,养成良好的工作习惯	掌握减速器不同故障的处理措施	具有依据维修手册完成减速器总成更换的能力
2. 减速器电控系统故障诊断	在操作过程中树立高压安全意识。 通过制定、优化故障检修流程,养成严谨细致、精益求精的工作习惯	掌握纯电动汽车减速器控制器工作原理。 掌握减速器控制器故障诊断与排除的流程。 熟悉纯电动汽车减速器控制器电路图	具有查阅并拆画减速器控制器电路图的能力。 具有对减速器控制器进行故障诊断与排除的能力

三、实施步骤

(一)更换减速器总成

技能实践

(1)根据所学的内容,参考维修手册,完成减速器总成的更换并填写工作任务单。

减速器总成的更换	工作任务单	班级：
		姓名：

1. 车辆信息记录

品牌		整车型号		VIN 码	
电机功率		减速器型号		行驶里程	
车辆维修记录					

2. 作业场地准备

(1) 是否设置隔离栏	□是　□否
(2) 是否设置安全警示牌	□是　□否
(3) 是否检查灭火器压力、有效期	□是　□否
(4) 是否安装车辆挡块	□是　□否

3. 举升车辆，执行相关检查

(1) 检查减速器外观	□正常　□异常
(2) 检查驱动轮的转动情况	□正常　□异常
(3) 转动驱动轮，检查减速器轴承的工作情况	□正常　□异常
(4) 转动驱动轮，检查减速器齿轮的工作情况	□正常　□异常

4. 拆装减速器总成

序号	拆装步骤	备注

续表

5. 作业操作结束检验	
(1) 车辆是否正常上电	□是　□否
(2) 车辆是否正常切换挡位	□是　□否
(3) 车辆是否正常行驶	□是　□否
6. 作业场地恢复	
(1) 是否拆卸车内三件套	□是　□否
(2) 是否拆卸翼子板布	□是　□否
(3) 是否将高压警示牌等放至原位置	□是　□否
(4) 是否清洁、整理场地	□是　□否

（2）减速器产生异常噪声，主要原因已经列出，请根据所学内容补充"处理措施"一栏。

故障原因	处理措施
润滑油不足	
轴承损坏或磨损	
齿轮损坏或磨损	
箱体磨损或破裂	

📙 知识学习

1. 减速器无动力传递

当整车无动力输出时，检查减速器是否损坏按下列操作执行。

第 1 步：检查整车驱动电机是否正常运转，若正常运转，则执行第 2 步检查，若提示驱动电机故障，则先检查驱动电机故障原因。

第 2 步：整车上电，将手柄挂入 N 挡，松开制动踏板，平地推车，检查车辆是否可以移动。或将整车放到升降台上，转动车轮，检查是否能转动。若车辆可以移动或车轮可以转动，则执行第 3 步检查，若车辆不能移动或车轮不能转动，则执行第 4 步检查。

第 3 步：拆卸驱动电机与减速器连接，检查花键是否异常磨损，若减速器输入轴花键磨损，则需维修减速器。

第 4 步：若车辆不能移动或车轮不能转动，说明减速器内部轴系卡死，需检查是否为驻车无法解锁，若是，则进行维修。

减速器无动力输出处理措施如图 6-2-1 所示。

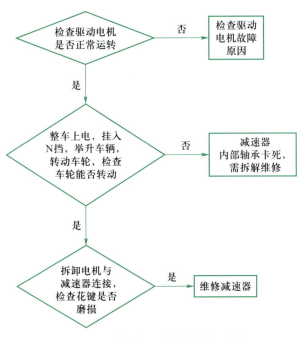

图 6-2-1　减速器无动力输出处理措施

2. 动力电池冷却液管路

新能源汽车减速器产生的噪声主要有两种：第一种是由于零件间的连接松动或是零件损坏产生的声音。这种声音主要是由零件之间的异常摩擦和碰撞引起的。第二种是由于滚动轴承和齿轮齿的缺陷引起的声音。例如，如果齿廓不准确，总齿面积不足，会导致持续的清晰声音，随着声速比的增加，声速会增加。滚动轴承之间的不正常匹配是指滚动轴承之间的间隙过大或过小，当间隙过大时，会产生连续的声音，声速随着间隙的增大而增大。

减速器产生异常噪声的主要原因为：润滑油不足、轴承损坏或磨损、齿轮损坏或磨损、箱体磨损或破裂、驻车机构零件损坏或磨损。其故障原因及处理措施如表 6-2-1所示。

表 6-2-1　减速器异响故障原因及处理措施

故障原因	处理措施
润滑油不足	按规定型号和油量添加润滑油
轴承损坏或磨损	更换减速器总成
齿轮损坏或磨损	更换减速器总成
箱体磨损或破裂	更换减速器总成

3. 更换减速器总成

实训器材：吉利帝豪 EV450 实车、举升平台、常用拆装工具及维修手册等。

作业准备：检查举升机，车辆停放在工位合适位置，铺好车内和车外护套。

拆卸减速器总成的操作步骤如表 6-2-2 所示。

表 6-2-2   拆卸减速器总成的操作步骤

步骤	操作方法	操作示意图	备注
1	使用指针式扭力扳手、六角长套筒拆卸左前和右前车轮		对角交叉预松车轮固定螺母
2	使用六角长套筒拆卸左右驱动轴固定螺母	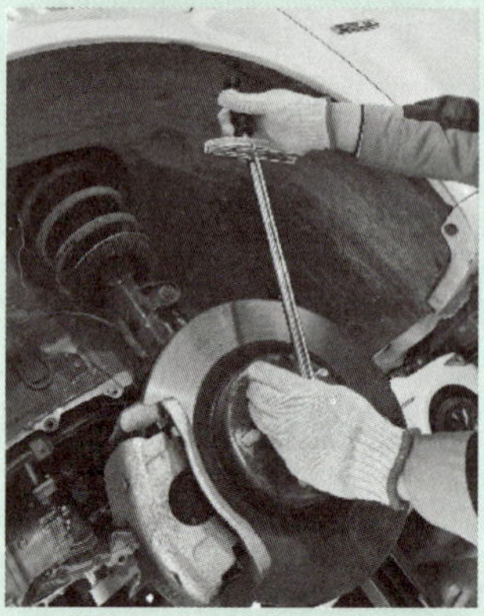	注意对螺母进行预松
3	使用六角长套筒拆卸左右转向节、减振器固定螺母	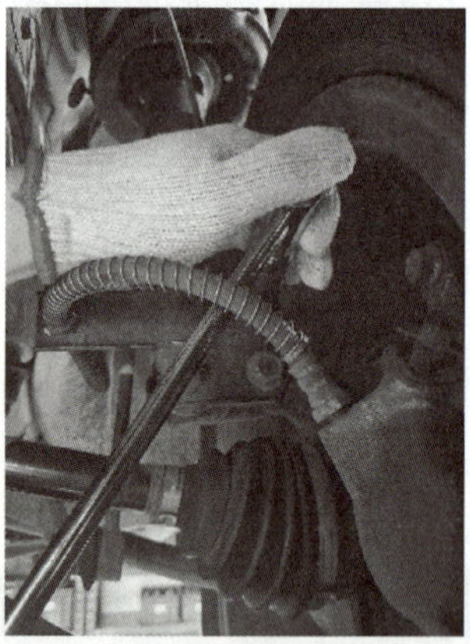	注意对螺母进行预松
4	取出左右驱动轴	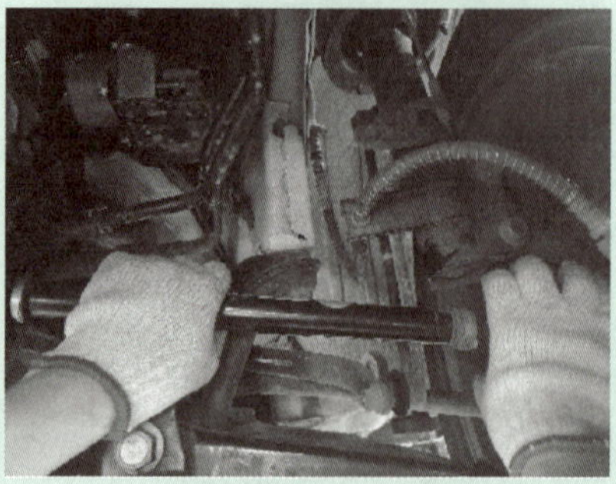	取出时可以借助橡胶锤等工具

续表

步骤	操作方法	操作示意图	备注
5	拆卸减速器放油螺栓，使用油液回收装置回收变速器油，紧固放油螺栓		放油螺栓紧固力矩为 30 N·m
6	使用鲤鱼钳拆卸电动水泵进水管和出水管	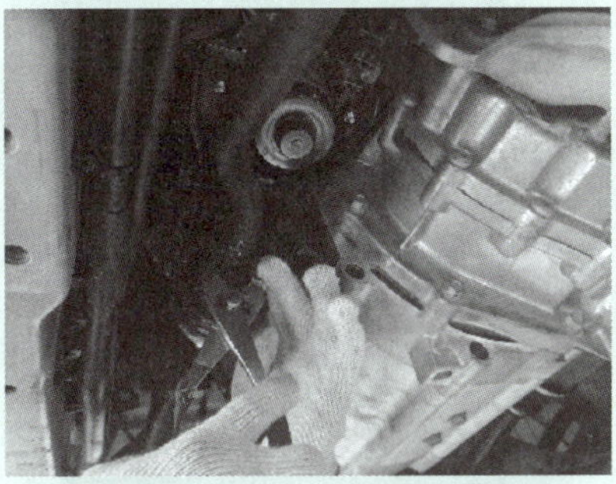	注意提前释放冷却液
7	使用内六角套筒拆卸电动水泵固定螺栓，取下电动水泵	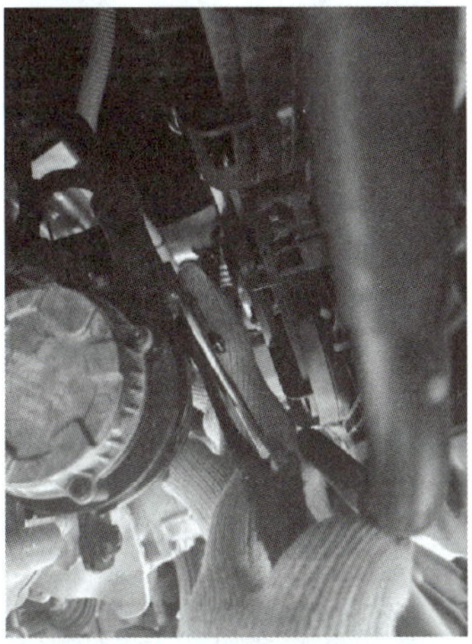	注意对固定螺栓进行预松处理
8	使用鲤鱼钳拆卸电机进水管和出水管	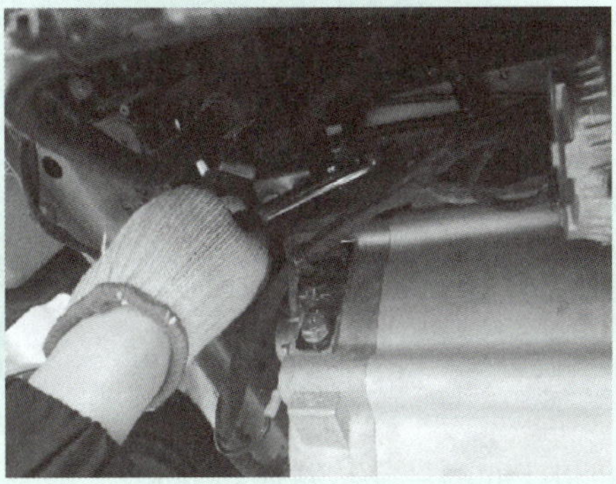	注意提前释放冷却液

续表

步骤	操作方法	操作示意图	备注
9	拆卸各线束连接器		按要求先解除插接器锁止机构
10	拆卸驱动电机搭铁线束固定螺栓		注意对固定螺栓进行预松处理
11	使用大号六角套筒拆卸前悬、后悬固定螺栓		注意对固定螺栓进行预松处理
12	使用六角长套筒、举升平台车,拆卸驱动电机固定螺母、减速器固定螺栓,取下减速器及电机总成		注意规范使用举升平台,安全操作

按照与拆卸相反的顺序安装减速器总成。

（二）减速器电控系统故障诊断

🖥 技能实践

（1）根据所学的内容，参考维修手册和电路图，完成减速器电控系统故障诊断并填写工作任务单。

减速器电控系统故障诊断	工作任务单	班级：
		姓名：

1. 车辆信息记录

品牌		整车型号		VIN 码	
电机功率		减速器型号		行驶里程	
车辆维修记录					

2. 作业场地准备

（1）是否设置隔离栏	☐是　☐否
（2）是否设置安全警示牌	☐是　☐否
（3）是否检查灭火器压力、有效期	☐是　☐否
（4）是否安装车辆挡块	☐是　☐否

3. 记录故障现象

4. 使用故障诊断仪读取故障码、数据流

故障码	
数据流	

5. 画出减速器电控系统电路简图

6. 故障检测

检测对象	检测条件	检测值	标准值	结果判断

7. 故障确认

故障点	故障类型	维修措施

8. 故障机理分析

9. 作业完成检验

(1) 车辆是否正常上电	□是 □否
(2) 车辆是否正常切换挡位	□是 □否
(3) 车辆是否正常行驶	□是 □否

10. 作业场地恢复

(1) 是否拆卸车内三件套	□是 □否
(2) 是否拆卸翼子板布	□是 □否
(3) 是否将高压警示牌等放至原位置	□是 □否
(4) 是否清洁、整理场地	□是 □否

（2）请根据你的理解将诊断仪的使用步骤进行排序,部分步骤可以重复使用。正确的操作顺序是:_____。

①读取数据流。

②选择品牌和车型。

③确认车辆点火开关处于 OFF 状态。

④将诊断仪与车辆连接。

⑤打开点火开关至 ON 状态。

⑥选择正确的系统,选择需求的功能。

⑦整理仪器,放至收纳箱,需要检查诊断仪与诊断盒编号是否对应。

（3）将诊断仪与车辆连接时,车辆点火开关应该处于_____状态;使用诊断仪读取数据流时,车辆点火开关应该处于_____状态。

知识学习

1. 减速器控制器的工作原理

吉利帝豪 EV450 轿车减速器控制器的工作原理框图如图 6-2-2 所示。吉利帝豪 EV450 轿车减速器控制器简称 TCU,它通过 CAN 报文接收整车控制器（VCU）的控制命令执行指定动作,达到驻车或解除驻车的目的。

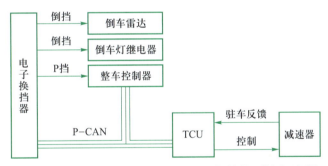

图 6-2-2　吉利帝豪 EV450 轿车减速器控制器工作原理框图

吉利帝豪 EV450 轿车驻车控制流程如图 6-2-3 所示,驾驶人操作电子换挡器进入 P 挡,电子换挡器将驻车请求信号发送到 VCU,VCU 结合当前驱动电机的转速和轮速判断是否符合驻车条件。当符合驻车条件时,VCU 发送驻车指令到 TCU,TCU 根据驻车条件判断是否进行驻车,TCU 控制驻车电机进入 P 挡,锁止减速器。驻车结束后,TCU 将收到减速器发出的 P 挡信号,并将此信号反馈给 VCU,完成换挡过程。

2. 换挡控制原理

吉利帝豪 EV450 轿车换挡控制原理框图如图 6-2-4 所示,当驾驶员操作电子换挡器切换挡位时,TCU 通过汽车 CAN 总线接收来自其他车辆控制系统的信息,包括驱动电机转速、车速等。当 TCU 接收到相关的换挡条件和换挡请求时,直接控制驻车电机驱动松开棘轮,实现解除驻车的功能,完成挡位切换。

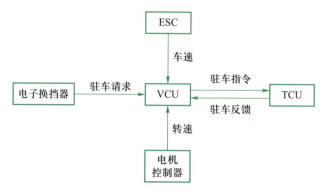

图 6-2-3   吉利帝豪 EV450 轿车驻车控制流程

注意：驻车电机中有一个编码器，输出 4 bit 代码确定驻车电机的位置。

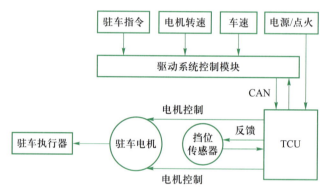

图 6-2-4   吉利帝豪 EV450 轿车换挡控制原理框图

吉利帝豪 EV450 轿车换挡驻车需要同时满足以下条件。

（1）驻车条件。接收到驻车请求，上一次的换挡操作已完成，供电电压处于 9~16 V，驻车电机和编码器无故障，电机转速低于 344 r/min，车速低于 5 km/h。

（2）驻车换挡解除条件。接收到解锁请求，上一次换挡操作已完成，供电电压为 9~16 V，驻车电机和编码器无故障，电机转速低于 7 r/min，ESC 车速低于 0.1 km/h。

3. 汽车故障诊断仪的使用

汽车故障诊断仪（又称为汽车解码仪）是一台可以跟汽车电控系统进行通信的计算机，能读取汽车电控系统中的数据流和故障代码，通过显示屏进行显示。其主要由诊断计算机、连接线、诊断盒（也称为 CAN 分析盒）组成，如图 6-2-5 所示。

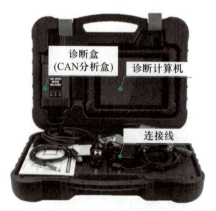

图 6-2-5   汽车故障诊断仪

连接线与汽车上的 OBD-Ⅱ诊断接口连接,吉利帝豪 EV450 轿车的诊断接口位于转向盘左侧仪表台下方,如图 6-2-6 所示。连接线与诊断盒连接,诊断盒将汽车 CAN 网络信息转换成计算机能识别的信息传递给诊断计算机,诊断计算机接收信息,并显示在显示器上。

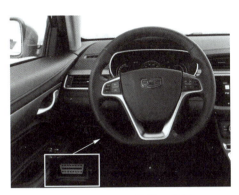

图 6-2-6　OBD-Ⅱ接口位置

连接诊断仪时,需要注意先关闭点火开关,将诊断盒通过连接线连接至汽车诊断接口上,再将诊断盒与诊断计算机连接(可以通过蓝牙连接诊断盒与诊断计算机)。连接完成后打开点火开关,读取车辆相关信息。断开诊断仪时也需要注意,先关闭点火开关,再断开连接线,以免诊断盒遭受电压冲击,保护诊断盒。

连接完成后进入诊断系统,读取相关数据流,操作步骤如表 6-2-3 所示。

表 6-2-3　诊断仪读取数据流操作步骤

图示	步骤详解
	第 1 步:选择品牌

续表

图示	步骤详解
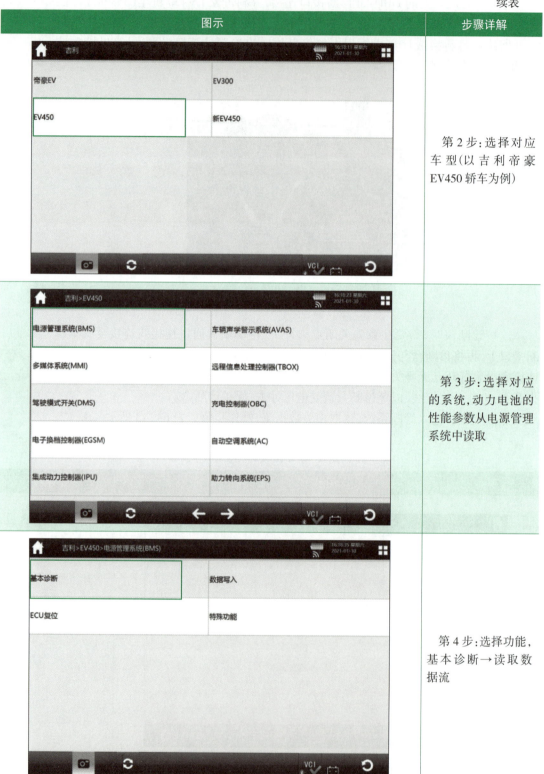	第 2 步:选择对应车型(以吉利帝豪 EV450 轿车为例) 第 3 步:选择对应的系统,动力电池的性能参数从电源管理系统中读取 第 4 步:选择功能,基本诊断→读取数据流

续表

图示	步骤详解
	第 5 步：选中需要的数据流，如动力电池包电压、母线电压、单体电池温度、正负极绝缘电阻值、SOC值、电池寿命等
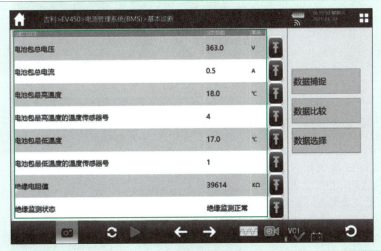	第 6 步：点击确认，读取数据流，记录并与参考值校对
现场"5S"整理时需要注意，核对诊断盒与诊断计算机的编号，避免出现诊断盒与诊断计算机不匹配的现象	第 7 步：收拾工具、整理现场

注意：

（1）连接和拆卸诊断仪的过程中，点火开关应该处于 OFF 状态；在使用诊断仪的过程中，点火开关应处于 ON 状态。

（2）整理工具时，务必点清楚所有仪器，并核对编号，避免将 CAN 盒与诊断计算机匹配错误。

4. 减速器控制器的故障诊断与排除

实训器材：吉利帝豪 EV450 实车、故障诊断仪、常用工具和维修手册。

作业准备：检查举升机，车辆停放在工位合适位置，铺好车内和车外护套。

启动车辆,操作选挡杆在 P、R、N、D 4 个挡位进行切换,观察车辆仪表是否显示对应的挡位。连接故障诊断仪,按下一键启动开关,进入 TCU 模块,读取故障码及数据流。

关闭点火开关,断开蓄电池负极,并可靠放置,等待 5 min 以上,断开直流母线,使用万用表验电,确保母线电压小于 50 V。

做好防护和安全设置后,减速器控制器故障诊断与排除操作步骤如表 6-2-4 所示。

表 6-2-4　减速器控制器故障诊断与排除操作步骤

步骤	检测项目及方法	操作示意图
1	测量辅助蓄电池电压: 将红色表笔接到辅助蓄电池的正极,将黑色表笔接到辅助蓄电池的负极,读取直流电压数值,正常情况下测量值为 11~14 V	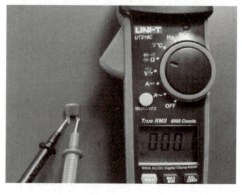
2	检查减速器控制器供电熔丝 EF26: 将红色表笔分别接到 EF26 的输入端和输出端,将黑色表笔接到车身的金属壳体,读取直流电压数值,正常情况下测量值为 11~14 V	
3	检查 EF26 插脚电阻: 将红色、黑色表笔分别接到 EF26 的输入端和输出端,读取电阻数值,正常情况下测量值应小于 1 Ω	

续表

步骤	检测项目及方法	操作示意图
4	检测熔丝 EF26 线路对地电阻: 　　将红色表笔接到 EF26 的输入端,将黑色表笔接到车身的金属壳体,读取电阻值,确认线路是否存在短路现象,正常情况下测量值应为无穷大	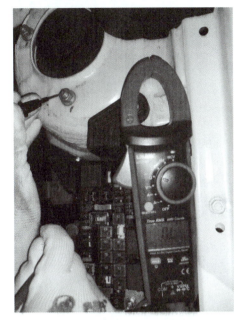
5	检测减速器控制器插接器 BV15 供电端子: 　　连接辅助蓄电池负极,将红色表笔接到 BV15 的 23、24 端子,将黑色表笔接到车身的金属壳体,读取直流电压数值,正常情况下测量值为 11~14 V	
6	检测减速器控制器插接器 BV15 接地端子: 　　断开辅助蓄电池负极,将红色表笔接到 BV15 的 7、8 端子,将黑色表笔接到车身的金属壳体,读取电阻值,正常情况下测量值应小于 1 Ω	

续表

步骤	检测项目及方法	操作示意图
7	检测 PCAN_H 通信线束断开辅助蓄电池负极： 　　将红色表笔接到 TCU BV15 的 14 端子，将黑色表笔接到 VCU CA66 的 8 端子，读取电阻值，正常情况下测量值应小于 1 Ω	
8	检测 PCAN_L 通信线束断开辅助蓄电池负极： 　　将红色表笔接到 TCU BV15 的 15 端子，将黑色表笔接到 VCU CA66 的 7 端子，读取电阻值，正常情况下测量值应小于 1 Ω	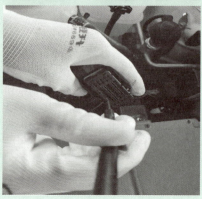

续表

步骤	检测项目及方法	操作示意图
9	若以上检测均正常,则更换 TCU 模块	
10	更换 TCU 模块: 断开蓄电池负极电缆; 拆卸机舱底部护板总成; 拆卸 TCU 模块: (1) 断开 TCU 模块线束连接器①。 (2) 拆卸 TCU 支架 2 个固定螺栓②,取下 TCU 控制模块③。 按照相反顺序安装 TCU 模块	

 四、学习测试

1. 当符合驻车条件时,VCU 发送驻车指令到 TCU,TCU 根据驻车条件判断是否进行驻车,TCU 控制驻车电机进入_____挡,锁止减速器。

2. TCU 通过 CAN 报文接收( )的控制命令执行指定动作,达到驻车或解除驻车的目的。

    A. BMS   B. VCU   C. OBC   D. EPB

3. 写出图示中数字所指模块的名称。

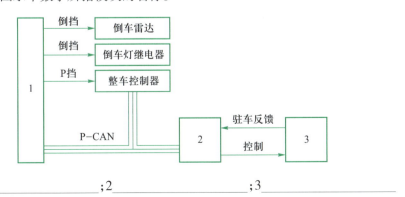

1_____;2_____;3_____

4. 绘制吉利帝豪 EV450 轿车减速器控制器电路简图。

五、评价总结

(一) 自我评价

结合学习过程及学习效果,对自己的学习主动性和效果进行自评,评价等级为优、良、合格和不合格,针对出现的失误进行反思,完善改进方向及改进措施。

评价维度		评价标准	评级
学习 主动性	课前	课前预习,完成老师布置的课前任务	
	课中	积极思考,参与课堂互动;辅助老师完成教学演示或模拟练习	
	课后	及时总结,完成课后练习任务,并向老师反馈学习建议	
学习效果		能够完成减速器总成更换	
		能够完成减速器电控系统故障诊断	
		能绘制电路简图且会使用测量工具	
		会使用解码仪	
		能进行故障分析	
任务实施过程中 出现的失误			
改进的 方向及措施			

(二) 学生互评

通过提问、观察同学的演示以及上课的情况,对同学这次学习任务的效果开展评价,评价等级为优、良、合格和不合格,指出任务实施过程中出现的失误,给出改进建议。

小组成员姓名:

评价维度	评价标准	评级
学习效果	能够完成减速器总成更换	
	能够完成减速器电控系统故障诊断	
	能绘制电路简图且会使用测量工具	
	会使用解码仪	
	能进行故障分析	
任务实施过程中出现的失误		
建议		

任务三　混合动力汽车变速箱的检查与保养

一、任务描述

客户王先生想购买一辆最新款五菱星辰汽车,到4S店后发现该类车型的油电混合版本十分热销,王先生想了解油电混合车辆与传统燃油汽车的变速箱有何不同。作为售后服务人员,请根据客户的需求,为他介绍混合动力汽车变速箱的主要部件。

二、任务目标

实施步骤	素养目标	知识目标	技能目标
认识混合动力汽车传动系统的类型	树立良好的安全防范意识	了解混合动力汽车传动系统的类型及其特点	具有依据维修手册检查混合动力汽车传动系统主要部件的能力
熟悉混合动力汽车传动系统的结构	培养生产作业中良好的职业素养	熟悉典型混合动力汽车传动系统的结构	
混合动力汽车传动系统检查与保养		熟悉混合动力汽车传动系统检查与保养流程	具有依据维修手册完成混合动力汽车传动系统检查与保养的能力

三、实施步骤

（一）认识混合动力汽车传动系统的类型

技能实践

（1）绘制出串联式混合动力汽车的动力传递路线图。

（2）绘制出并联式混合动力汽车的动力传递路线图。

（3）绘制出混联式混合动力汽车的动力传递路线图。

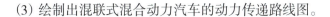 知识学习

混合动力汽车传动系统主要分为串联式混合动力系统、并联式混合动力系统和混联式混合动力系统。

1. 串联式混合动力系统

串联式混合动力系统的结构及驱动方式如图6-3-1所示。串联式混合动力系统利用发动机动力发电,从而带动驱动电机驱动车轮。其基本结构由驱动电机、发动机、发电机、动力蓄电池和变压器等组成。由发动机进行运转来带动发电机,直接向驱动电机供应电力,或一边给动力蓄电池充电一边行驶。由于发动机的动力是以串联的方式供应到驱动电机的,因此称为串联式混合动力系统。

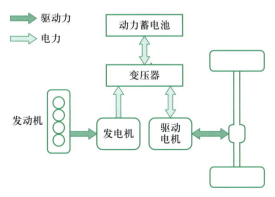

图 6-3-1　串联式混合动力系统

发动机和发电机构成辅助动力单元,发动机输出的驱动力(能)首先通过发电机转化为电能,转化后的电能一部分用来给动力蓄电池充电,另一部分经由驱动电机和传动装置驱动车轮。在这种结构中,发动机的唯一功能就是发电,而驱动车轮的转矩全部来自驱动电机。动力蓄电池实际上起平衡发动机输出功率和驱动电机输入功率的作用。当发电机的发电功率大于驱动电机所需的功率时(如汽车减速滑行、低速行驶或短时停车等工况),控制器控制发电机向动力蓄电池充电;当发电机发出的功率小于驱动电机所需的功率时(如汽车起步、加速、高速行驶、爬坡等工况),动力蓄电池向驱动电机提供额外的电能。串联式结构可使发动机不受汽车行驶工况的影响,始终在其最佳的工作区稳定行驶,因此可降低汽车的油耗和排放。串联式混合动力系统的结构简单,控制容易,但是由于发动机的输出需全部转换为电能再转换为驱动汽车的机械能,而机电能量转换和蓄电池充放电的效率较低,因此使得串联式结构的能量利用效率较低。

问界 M5 汽车为串联式混合动力电动汽车(图 6-3-2)。与普通增程式混动汽车不同的是,问界 M5 汽车搭载的是专为混动打造的 1.5T 四缸发动机,同时做了发电机方面的优化,首先就是增加压缩比,通过 DCVVT 进排气气门可变正时,控制进气门和排气门的开关时机,让发动机的有效压缩比小于有效膨胀比。压缩比达到 15:1,热效率达到 41%,作为发电机,意味着一箱油可以发更多的电。最大 75 kW 发电功率以及装载电量 40 度电的动力电池,满电满油状态可以选择自动 + 节能模式组合,以后驱为主,四驱为辅,满足低能耗、长续航的实际用车需求。

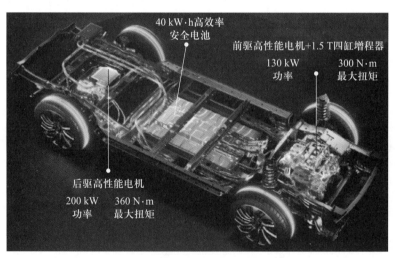

图 6-3-2 华为问界 M5 汽车纯电驱增程平台

问界 M5 汽车四驱版搭载了两种品牌的电机,其中前置电机由东风电驱动公司打造,属于交流异步电机,特点是扭矩高,420 N·m 可以带来更快的加速感受,后部则是一台永磁同步电机,来自华为 DriveONE,相比交流电机,稳定性更好,不容易过热,两台电机综合扭矩为 720 N·m,百公里加速仅需 4.8 s。

问界 M5 汽车混动系统的优点如下：

（1）安静，起步扭矩大，与纯电车型一样。如果充电条件优越，可以一直不加油行驶，使用成本较低。

（2）节约成本，相比其他混合动力模式，增程式混动少了变速箱、传动轴，成本会有所下降，而且自身带有发电机，不必担心续航里程。

（3）增程式混动里的发动机不控制车轮驱动，不受汽车速度等限制，能一直处于最佳转速，所以燃油经济性和 NVH 表现都更好。

问界 M5 汽车混动系统的缺点如下：

（1）整体结构比较复杂，成本比较高，售价优势不大。

（2）在高速巡航的情况下，需要将发动机输出的机械能转换为电能，再由驱动电机将电能转换为机械能驱动车轮，能量转换后会损失一部分效率，所以高速行驶时油耗会有所增加。

2. 并联式混合动力系统

并联式混合动力系统使用驱动电机和发动机两种不同的装置来驱动车轮，动力的流向为并联，所以称为并联式混合动力系统。它可以采用发动机单独驱动、驱动电机单独驱动或发动机和驱动电机混合驱动 3 种工作模式。典型的并联式混合动力系统的结构及驱动方式如图 6-3-3 所示，其由驱动电机、发动机、动力蓄电池、变压器和变速器等组成。

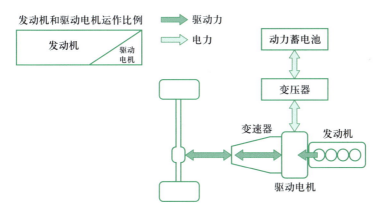

图 6-3-3　串联式混合动力系统的结构及驱动方式

并联式混合动力系统利用动力蓄电池的电力来驱动驱动电机，驱动电机在汽车制动时进行制动能量回收，此时驱动电机用作发电机使用。

从结构形式上可以将并联式混合动力系统分为单轴式和双轴式两种。单轴式混合动力系统中，发动机和驱动电机的输出采用同一根传动轴，这样有利于驱动电机和变速器结构的一体化模块设计。单轴式结构的合成方式为转矩合成，这种结构导致驱动电机和发动机两者的瞬时转速值相同，限制了驱动电机的工作区域。双轴式结构中可以有两套机械式变速器，内燃机和驱动电机各自与一套变速机构相连，然后通过齿轮系统进行复合。

并联式混合动力系统的典型车型为大众 GTE 系列，包括迈腾 GTE 和探岳 GTE。目前市面上采用并联式混合动力系统的车型还包括宝马 3 系、宝马 5 系、奔驰 C 级、奔驰 E 级等车型的 48V 轻混系统等。

大众探岳 GTE 汽车配备了 85 kW/330 N·m 的驱动电机和 1.4 L 的四缸涡轮增压发动机，在纯电模式下，发动机处于关机状态，由 13 kW·h 的高功率三元电池包提供电能，让 85 kW/330 N·m 的驱动电机驱动车辆前进，该种状态下的驾乘体验可以与 A 级纯电动车相媲美。在发动机直驱模式下，发动机效率最高，这时电池不放电也不充电，驱动电机也不工作，动力完全来源于发动机。大众探岳 GTE 汽车配备了 1.4 L 的四缸涡轮增压发动机，最大马力为 150 Ps，最大功率为 110 kW，最大扭矩为 250 N·m，和主流燃油乘用车的动力水平相当，这也是并联式混合动力系统的一大优势，这时发动机的效率明显高于串联式混合动力系统中发动机的效率。在混动模式下，发动机和驱动电机同时为车辆提供前行的动力，这时大众探岳 GTE 汽车的综合功率就会比纯电模式（85 kW/330 N·m）和发动机直驱模式（110 kW/250 N·m）大得多，此时，综合功率为 155 kW，最大扭矩为 400 N·m，动力输出更足。

大众探岳 GTE 汽车混动系统的优点如下：

（1）发动机通过机械传动机构直接驱动汽车，无机械能、电能的转换损失，并联式混合动力系统的燃油经济性要比串联式混合动力系统的高。

（2）当电机仅起功率调峰作用时，驱动电机、发动机的功率可适当减小，蓄电池的容量也可减小。

大众探岳 GTE 汽车混动系统的缺点如下：

（1）发动机与驱动电机并联驱动时，还需要动力复合装置，因此并联驱动系统的传动机构较为复杂。

（2）并联式混合动力系统与车轮之间直接机械连接，发动机的运行工况会受车辆行驶工况的影响，所以车辆在行驶工况频繁变化的情况下运行时，发动机有可能不在其最佳工作区域内运行，其油耗和排放指标可能不如串联式混合动力系统。并联式混合动力系统最适合于汽车在中、高速工况下稳定行驶。

3. 混联式混合动力系统

混联式混合动力系统的结构及驱动方式如图 6-3-4 所示，在结构上综合了串联式和并联式的特点。混联式混合动力系统利用驱动电机和发动机这两个动力来驱动车轮，同时驱动电机在行驶过程中还可以发电。根据行驶条件的不同，可以仅靠驱动电机驱动来行驶，或者利用发动机和驱动电机共同驱动行驶。另外，系统中还安装有发电机，可以一边行驶一边给动力蓄电池充电。混联式混合动力系统由驱动电机、发动机、动力蓄电池、发电机、动力分配机构、电子控制单元（变压器、转换器）等组成。利用动力分离装置将发动机的动力分成两部分，一部分用来直接驱动车轮；另一部分用来发电，给驱动电机供应电力和为动力蓄电池充电。

混联式混合动力系统的结构复杂，但动力性能和燃油经济性都相当出色。比亚迪 DM-i 混合动力系统和五菱星辰混合动力系统都采用混联式结构。五菱星辰混动版拥有由 2.0 L 发动机、电机、五菱混动专用 DHT 组成的动力总成，在中低速场景中电机用于驱动,而驱动电机的总功率是 177 Ps,最大扭矩为 320 N·m,0~100 km/h 加速时间为 7.8 s,并且在城市走走停停的路段下,电机平顺直接的出力特性对用车体验有一定的优化作用,不像双离合变速箱一样会出现频繁换挡的顿挫感。在油耗方面,这款汽车在城市工况下的油耗为 4.6 L/100 km,WLTC 综合油耗为 5.7 L/100 km,满油情况下续航达到 1 100 km。

五菱星辰混联式混合动力系统将发动机输出的动力通过动力分离装置分解为发电机的驱动力和车轮的驱动力,发电机产生的电力一部分供给车轮驱动用的驱动电机;另一部分通过变压器把交流电变为直流电给动力蓄电池充电。动力蓄电池通过变压器把直流电变成交流电给驱动电机供电以驱动车轮,此部分为串联式混合动力部分。另外,尽管发动机可以通过减速器来驱动车轮,但是还可以通过增加电机来共同驱动,此部分构成并联式混合动力部分。五菱星辰混合动力系统的核心是用离合器组成的耦合器装置,用于协调发动机和驱动电机的运动和动力传递。

五菱星辰混联式混合动力系统具有低油耗和低排放的效果,根据行驶工况的不同,以不同的模式工作,最大限度地适应车辆的行驶工况,使系统达到最高的燃油经济性和最低排放,但低速大功率输出或者高速再加速整车平顺性差。

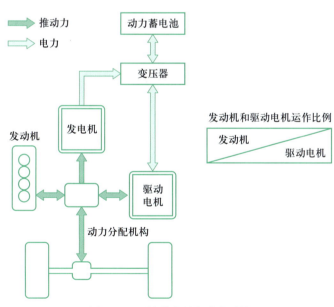

图 6-3-4　混联式混合动力系统

(二)熟悉混合动力汽车传动系统的结构

🖥 **技能实践**

(1)拆下耦合器总成,观察耦合器外观,填写数字序号标注处分别连接哪个部件?

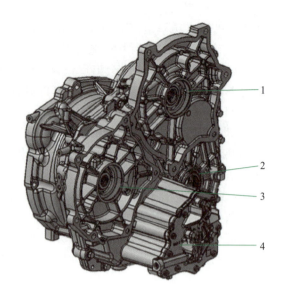

1＿＿＿＿＿＿＿＿＿＿＿＿＿；2＿＿＿＿＿＿＿＿＿＿＿＿＿；

3＿＿＿＿＿＿＿＿＿＿＿＿＿；4＿＿＿＿＿＿＿＿＿＿＿＿＿

（2）拆下耦合器总成，观察耦合器外观，填写数字序号标注处分别连接哪个部件？

1＿＿＿＿＿＿＿＿＿＿＿＿＿；2＿＿＿＿＿＿＿＿＿＿＿＿＿；3＿＿＿＿＿＿＿＿＿＿＿

🖐 知识学习

1. 传动系统结构

以五菱星辰混动版轿车为例，其传动系统总成包括 P1 发电机、P3 驱动电机、耦合器装置、变速箱输入减振器总成、中间轴齿轮、减速齿轮、差速器齿轮机构和油泵。

2. 耦合器装置结构

发动机、P1 发电机和 P3 驱动电机通过复合齿轮装置机械连接。复合齿轮装置由动力分配行星齿轮机构和电机减速行星齿轮机构组成，每一个行星齿圈与复合齿轮机构结合，如图 6-3-5 所示。另外，此复合齿轮还集成了中间轴主动齿轮和驻车挡齿轮。

图 6-3-5 耦合器连接

3. 传动桥减振器

为了吸收发动机原动力的转矩波动,采用变速器输入减振器总成。该总成包括具有低扭转特性的螺旋弹簧。转矩限制器采用干式、单盘摩擦材料。通过使用这些零件,减振器能够很好地吸收发动机原动力的振动,减振器如图 6-3-6 所示。

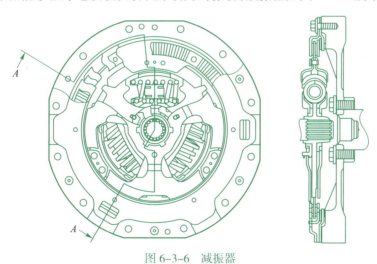

图 6-3-6 减振器

4. 传动桥润滑系统

传动桥润滑系统采用了经由减速主动齿轮和集油箱的甩油式润滑方式。集油箱暂时存储甩起的油,并向齿轮系的不同部位供油。此外,为了向 P1 和 P3 高效供油,集油箱内采用了油孔和润滑机构部件。

5. 电子换挡杆系统

电子换挡杆系统是一个使用线控换挡技术的换挡控制系统。此系统根据各种传感器、开关和 ECU 提供的信息判断车辆状态，并根据驾驶人的变速器地板式换挡总成和 P 位置开关（变速器换挡主开关）操作激活适当的换挡控制。

（三）混合动力汽车传动系统检查与保养

技能实践

根据所学的内容，参考维修手册和电路图，完成混合动力汽车传动系统检查与保养并填写工作任务单。

传动系统检查与保养		工作任务单	班级：
			姓名：

1. 车辆信息记录

品牌		整车型号		VIN 码	
电机功率		减速器型号		行驶里程	
车辆维修记录					

2. 作业场地准备

（1）是否设置隔离栏	□是　□否
（2）是否设置安全警示牌	□是　□否
（3）是否检查灭火器压力、有效期	□是　□否
（4）是否安装车辆挡块	□是　□否

3. 使用故障诊断仪读取故障码、数据流

故障码	
数据流	

4. 测量变速箱油压（连接 SST）

拆卸发动机底罩	□是　□否
拆下油泵盖螺塞和 O 形圈	□是　□否
将发动机置于保养模式	□是　□否
测量油压＿＿＿＿＿＿	□正常　□异常

5. 拆卸 SST

6. 安装油泵盖螺塞和 O 形圈

在新 O 形圈上涂抹 ATF，并将其安装到油泵盖螺塞上	□是　□否
安装油泵盖螺栓，安装力矩为＿＿＿＿＿＿	□是　□否

续表

7. 作业场地恢复

(1) 是否拆卸车内三件套	□是　□否
(2) 是否拆卸翼子板布	□是　□否
(3) 是否将高压警示牌等放至原位置	□是　□否
(4) 是否清洁、整理场地	□是　□否

 知识学习

1. 混合动力汽车使用前的检查

(1) 绕车确认汽车周围、车底等处无人和障碍物。

(2) 检查轮胎气压是否符合标准,清理胎纹中的杂物,检查车轮螺母是否松动、脱落,必要时进行紧固。

(3) 检查是否漏水、漏电、漏气。检查前机舱高压电器表面是否有积水,若有积水,则用布拭去;检查动力蓄电池是否固定牢靠;检查车下是否有油迹、水迹,管路是否有渗漏的地方。

(4) 检查所有的车窗玻璃、门锁、后视镜、车灯等是否正常工作。

(5) 检查机舱盖和行李舱盖是否关紧,随车工具是否齐全,车内行李物品是否安放好。

(6) 检查转向盘、座椅、安全带是否调整好,车门是否关紧。

(7) 检查电机冷却液液位、制动液液位、玻璃清洗液液位,清理刮水片上的杂物。

(8) 检查制动踏板、驻车制动器操作装置是否正常。

2. 检测混合动力汽车变速箱油压

实训器材:五菱星辰混动版实车、举升机、常用工具和维修手册等。

作业准备:检查举升机,车辆停放在工位合适位置。确认车辆下电,妥善保管智能钥匙,规范举升车辆。做好防护和安全设置后,变速箱油压检测操作步骤如表 6-3-1 所示。

表 6-3-1　变速箱油压检测操作步骤

步骤	检测项目及方法	操作示意图
1	拆卸发动机 1 号底罩总成	

续表

步骤	检测项目及方法	操作示意图
2	拆卸发动机后部左侧底罩	
3	从变速器油泵盖分总成上拆下油泵盖螺塞和 O 形圈	
4	将 SST 安装到变速器油泵盖分总成上	
5	将发动机置于保养模式,将电源开关置于 ON;选择 P 挡,完全踩下加速踏板两次;选择 N 挡,完全踩下加速踏板两次;选择 P 挡,完全踩下加速踏板两次;踩下制动踏板,将电源开关置于 ON 启动发动机	

续表

步骤	检测项目及方法	操作示意图
6	测量传动桥油压:将发动机怠速转速(保养模式)保持至 900~1 000 r/min 进行测量,混合动力传动桥油压应为 10 kPa 或更高	
7	从变速器油泵盖分总成上拆下 SST,更换新 O 形圈并将其安装到油泵盖螺塞上,将油泵盖螺塞安装到变速器油泵盖分总成上,油泵盖螺塞拧紧力矩为 8 N·m	

四、学习测试

(一) 单项选择题

1. EGR 阀清理周期为(　　　),同时使用物品有驱动电源、酒精、带小喷管容器、化油器清洗剂。

　　A. 10 000 km/ 次　　　　　　　　B. 30 000 km/ 次

　　C. 20 000 km/ 次　　　　　　　　D. 40 000 km/ 次

2. 凯捷 HEV 车型的驾驶模式的判定方法为(　　　)。

　　A. 离合器闭合是串联模式、离合器断开是并联模式

　　B. 离合器闭合是并联模式、离合器断开是串联模式

　　C. 发动机启动是串联模式、发动机未启动是并联模式

　　D. 发动机启动是并联模式、发动机未启动是串联模式

(二) 多项选择题

1. 对于凯捷 HEV 车型的工作模式,描述正确的是(　　　　　)。

　　A. EV 模式:电机驱动、发动机未启动

  B. 串联模式：电机驱动、发动机启动

  C. 发动机直驱模式：发动机驱动、电机待机

  D. 并联模式：电机驱动、发动机驱动

2. 发动机启动的情况包括（　　　　　）。

  A. SOC 低于 45%　　　　　　　　B. 空调开热风

  C. 真空泵故障　　　　　　　　　　D. 急加速

  E. P 挡深踩油门

3. 凯捷 HEV 汽车实现串联模式的输入条件有（　　　　　）。

  A. 车速低于 78 km/h　　　　　　　B. 急加速过程

  C. 电池 SOC 电量低　　　　　　　　D. 耦合器故障

4. 凯捷 HEV 汽车上电控制的条件有（　　　　　）。

  A. 钥匙 START　　　　　　　　　　B. 挡位 P/N

  C. 刹车踩下　　　　　　　　　　　D. 高压互锁闭合

  E. 电机电池无故障　　　　　　　　F. HCU 供电正常

5. 凯捷 HEV 汽车变速器中的耦合器采用的形式是（　　　　　）。

  A. 电磁控制式　　　　　B. 电动液压式　　　　　C. 机械式

6. 凯捷 HEV 汽车的工作模式有（　　　　　）。

  A. EV 行驶　　　　　　　B. 串联驱动　　　　　　C. 发动机直驱

  D. 并联驱动　　　　　　E. 能量回收　　　　　　F. 怠速停机

（三）判断题

1. 星辰 HEV 混合动力汽车是外接充电式混合动力汽车。　　　　　　（　　　）

2. 星辰 HEV 汽车的动力系统中有两个电机，P1 为发电机，P3 为驱动电机。

  （　　　）

3. 星辰 HEV2.0L 汽车的发动机采用的是阿特金森循环技术。　　　（　　　）

4. 星辰 HEV 汽车的动力电池采用风冷技术，风机进出口严禁遮挡，以免动力电池因冷却系统故障导致过温。　　　　　　　　　　　　　　　　　（　　　）

5. 星辰 HEV 汽车的 MCU 中有两个旋变传感器，一个是 P1 发电机的，另一个是 P3 驱动电机的。　　　　　　　　　　　　　　　　　　　　　　（　　　）

6. 星辰 HEV 汽车的 HCU 监控油门位置传感器信号。　　　　　　（　　　）

7. 星辰 HEV 汽车的热管理系统中，发动机冷却系统、高压冷却系统共用一个膨胀水壶。　　　　　　　　　　　　　　　　　　　　　　　　　　　（　　　）

8. 电动汽车目前主流的车型有 BEV、HEV、PHEV、EREV 几种。　　（　　　）

9. 星辰 HEV 汽车采用的是 M20A 发动机 +P1 发电机 +P3 驱动电机的混动模式。　　　　　　　　　　　　　　　　　　　　　　　　　　　　　（　　　）

10. 星辰 HEV 汽车可以 EV 行驶、串联驱动、发动机直驱、并联驱动、能量回收、怠速停机等各种模式工作。　　　　　　　　　　　　　　　　　　　（　　　）

11. EGR 采用快速响应的直流电机执行器，精准控制 EGR 率，提高瞬态响应，

降低燃烧温度和压力,降低泵气损失,提升发动机效率,同时降低氮氧化合物(NO_x)排放。　　　　　　　　　　　　　　　　　　　　　　（　　　）

12. EGR 阀清理周期为每 20 000 km 一次,使用物品有驱动电源、酒精、带小喷管容器、化油器清洗剂。　　　　　　　　　　　　　　　（　　　）

13. 星辰 HEV 汽车的动力电池是一个 1 并 96 串、电压为 355 V、容量为 2.1 kW·h、使用风冷的动力电池。　　　　　　　　　　（　　　）

14. 星辰 HEV 汽车采用电动真空泵,而当电动真空泵出现故障时发动机会一直启动。　　　　　　　　　　　　　　　　　　　（　　　）

15. 星辰 HEV 汽车动力电池出现故障时,不会点亮整车故障指示灯。（　　　）

🖥 五、评价总结

(一) 自我评价

结合学习过程及学习效果,对自己的学习主动性和效果进行自评,评价等级为优、良、合格和不合格,针对出现的失误进行反思,完善改进方向及改进措施。

评价维度		评价标准	评级
学习主动性	课前	课前预习,完成老师布置的课前任务	
	课中	积极思考,参与课堂互动;辅助老师完成教学演示或模拟练习	
	课后	及时总结,完成课后练习任务,并向老师反馈学习建议	
学习效果		掌握混合动力汽车传动系统的类型	
		熟悉不同混合动力汽车传动系统类型的特点	
		掌握典型混合动力汽车传动系统的结构	
任务实施过程中出现的失误			
改进的方向及措施			

(二) 学生互评

通过提问、观察同学的演示以及上课的情况,对同学这次学习任务的效果开展评价,评价等级为优、良、合格和不合格,指出任务实施过程中出现的失误,给出改进建议。

小组成员姓名：

评价维度	评价标准	评级
学习效果	掌握混合动力汽车传动系统的类型	
	熟悉不同混合动力汽车传动系统类型的特点	
	掌握典型混合动力汽车传动系统的结构	
任务实施过程中出现的失误		
建议		

参考文献

［1］桂长江,刘星.汽车传动系统维修［M］.北京:高等教育出版社,2019.

［2］陈社会.新能源汽车结构与检修［M］. 2 版.北京:人民交通出版社,2021.

［3］王鸿波,周娜.新能源汽车日常使用与维护［M］.北京:高等教育出版社,2022.

［4］何泽刚.智能新能源汽车认知与操作安全［M］.北京:北京理工大学出版社,2020.

［5］侯红宾,缑庆伟.汽车底盘故障诊断与修复［M］.北京:人民交通出版社,2018.

［6］李春明.汽车底盘电控技术［M］. 3 版.北京:机械工业出版社,2018.

［7］闵思鹏.汽车底盘电控系统检修［M］.北京:北京理工大学出版社,2022.

［8］包科杰,李健.新能源汽车维护与故障诊断［M］. 2 版.北京:人民交通出版社,
    2022.

［9］张振东等.汽车底盘系统检修［M］. 2 版.北京:高等教育出版社,2022.

［10］张金柱.新能源汽车技术［M］.北京:机械工业出版社,2023.

郑重声明

高等教育出版社依法对本书享有专有出版权。任何未经许可的复制、销售行为均违反《中华人民共和国著作权法》,其行为人将承担相应的民事责任和行政责任;构成犯罪的,将被依法追究刑事责任。为了维护市场秩序,保护读者的合法权益,避免读者误用盗版书造成不良后果,我社将配合行政执法部门和司法机关对违法犯罪的单位和个人进行严厉打击。社会各界人士如发现上述侵权行为,希望及时举报,我社将奖励举报有功人员。

反盗版举报电话　(010)58581999　58582371
反盗版举报邮箱　dd@hep.com.cn
通信地址　北京市西城区德外大街4号　高等教育出版社法律事务部
邮政编码　100120

读者意见反馈

为收集对教材的意见建议,进一步完善教材编写并做好服务工作,读者可将对本教材的意见建议通过如下渠道反馈至我社。

咨询电话　400-810-0598
反馈邮箱　gjdzfwb@pub.hep.cn
通信地址　北京市朝阳区惠新东街4号富盛大厦1座
　　　　　高等教育出版社总编辑办公室
邮政编码　100029